国家卫生和计划生育委员会"十二五"规划教材
全国高等医药教材建设研究会"十二五"规划教材

全国高等学校器官-系统整合教材

Organ-systems-based Curriculum

供临床医学及相关专业用

运动系统

主　　编　刘　勇　谭德炎

副 主 编　蔡道章　刘仁刚

编　　者（以姓氏笔画为序）

王　峰（齐齐哈尔医学院附属第一医院）	杨　柳（第三军医大学西南医院）
乔洪旺（齐齐哈尔医学院附属第二医院）	陈新林（西安交通大学）
刘仁刚（华中科技大学）	罗　刚（海南医学院）
刘宝全（哈尔滨医科大学）	赵　虎（华中科技大学）
刘　勇（西安交通大学）	唐康来（第三军医大学西南医院）
吕田明（南方医科大学第三附属医院）	钱亦华（西安交通大学）
闫宏伟（西安交通大学第二附属医院）	陶树清（哈尔滨医科大学第二附属医院）
何　军（齐齐哈尔医学院）	高恒宇（齐齐哈尔医学院）
张建水（西安交通大学）	蔡道章（南方医科大学第三附属医院）
李文生（复旦大学）	谭德炎（复旦大学）
李　锋（上海交通大学）	潘爱华（中南大学）

学术秘书　张建水（西安交通大学）

OSBC

器官-系统
整合教材
OSBC

人民卫生出版社
PEOPLE'S MEDICAL PUBLISHING HOUSE

图书在版编目（CIP）数据

运动系统 / 刘勇，谭德炎主编 . —北京：人民卫生出版社，2015
　　ISBN 978-7-117-21125-3

　　Ⅰ. ①运… 　Ⅱ. ①刘… ②谭… 　Ⅲ. ①运动系统疾病 - 诊疗 - 医学院校 - 教材 　Ⅳ. ①R68

中国版本图书馆 CIP 数据核字（2015）第 173910 号

| 人卫社官网 | www.pmph.com | 出版物查询，在线购书 |
| 人卫医学网 | www.ipmph.com | 医学考试辅导，医学数据库服务，医学教育资源，大众健康资讯 |

运 动 系 统

主　　编：刘　勇　谭德炎
出版发行：人民卫生出版社（中继线 010-59780011）
地　　址：北京市朝阳区潘家园南里 19 号
邮　　编：100021
E - mail：pmph @ pmph.com
购书热线：010-59787592　010-59787584　010-65264830
印　　刷：北京铭成印刷有限公司
经　　销：新华书店
开　　本：850×1168　1/16　　印张：15　　插页：16
字　　数：413 千字
版　　次：2015 年 9 月第 1 版　　2020 年 5 月第 1 版第 3 次印刷
标准书号：ISBN 978-7-117-21125-3/R · 21126
定　　价：49.00 元

打击盗版举报电话：010-59787491　E-mail：WQ @ pmph.com
（凡属印装质量问题请与本社市场营销中心联系退换）

20 世纪 50 年代，美国凯斯西储大学(Case Western Reserve University)率先开展以器官 - 系统为基础的多学科综合性课程(organ-systems-based curriculum, OSBC)改革，继而遍及世界许多国家和地区，如加拿大、澳大利亚和日本等国家和地区的医学院校。1969 年，加拿大麦克马斯特大学(McMaster University)首次将"以问题为导向"的教学方法(problem-based learning，PBL)应用于医学课程教学实践，且取得了巨大的成功。随后的医学教育改革不断将 OSBC 与 PBL 紧密结合，出现了不同形式的整合课程与 PBL 结合的典范，如 1985 年哈佛大学建立的"新途径(New pathway)"课程计划、2003 年约翰·霍普金斯大学医学院开始的"Gene to society curriculum"新课程体系等。世界卫生组织资料显示，目前全世界约有 1700 所医药院校在开展 PBL 教学。

20 世纪 50 年代起，我国部分医药院校即开始 OSBC 教学实践。20 世纪 80 年代，原西安医科大学(现西安交通大学医学部)和原上海第二医科大学(现上海交通大学医学院)开始 PBL 教学。随后，北京大学医学部、复旦大学上海医学院、浙江大学医学院、四川大学华西医学院、中国医科大学、哈尔滨医科大学、汕头大学医学院、辽宁医学院等一大批医药院校开始尝试不同模式的 OSBC 和 PBL 教学。但长期以来，缺乏一套根据 OSBC 要求重新整合的国家级规划教材一直是制约我国 OSBC 和 PBL 教育发展的瓶颈。2011 年，教育部、原卫生部联合召开了全国医学教育改革工作会议，对医学教育综合改革进行了系统推动，提出深化以岗位胜任力为导向的教育教学改革，把医学生职业素养和临床能力培养作为改革关键点，积极推进基础医学与临床课程整合，优化课程体系；积极推进以问题为导向的启发式、研讨式教学方法改革；积极推进以能力为导向的学生评价方式；强化临床实践教学，严格临床实习实训管理，着力提升医学生临床思维能力和解决临床实际问题的能力。

2013 年 6 月，全国高等医药教材建设研究会、人民卫生出版社和教育部临床医学改革西安交通大学项目组共同对国内主要开展 OSBC 和 PBL 教学的医药院校进行了调研，并于同年 10 月在西安组织全国医学教育专家，对我国医学教育中 OSBC 和 PBL 教学现状、教材使用等方面进行了全面分析，确定编写一套适合我国医学教育发展的 OSBC 和 PBL 国家级规划教材。会议组建了"全国高等学校临床医学及相关专业器官 - 系统整合规划教材评审委员会"，讨论并确定了教材的编写思想和原则、教材门类、主编遴选原则及时间安排等。2014 年 3 月，本套教材主编人会议在西安召开，教材编写正式启动。

本套教材旨在适应现代医学教育改革模式，加强学生自主学习能力，服务医疗卫生改革，培养创新卓越医生。教材编写仍然遵循"三基""五性""三特定"的特点，同时坚持"淡化学科，注重整合"的原则，不仅注重学科间知识内容的整合，同时也注重了基础医学与临床医学的整合，以及临床医学与人文社会科学、预防医学的整合。

整套教材体现五个特点。①纵横对接：基础与临床纵向贯通，实现早临床、多临床、反复临床；预防、人文和社会科学等学科横向有机融合，实现职业素养、道德和专业素质的综合培养。②"双循环"与"单循环"的对接：根据我国医学教育目前存在的 OSBC 和 PBL 师资不足以及传统教学机构设置等实际情况，此次教材编写中，各系统基础课程教材与临床课程教材暂时分开编写，即实现所谓"双循环"。器官 - 系统整合教材编写和课程实施最终将实现各系统基础与临床课程的全面整合，即所谓"单循环"打通。③点与面的对接：基础或临床的每个知识点都考虑与整个系统的对接与整合，同时做到知识、创新、岗位胜任力统一。④基础与临床的对接：教材编写和教学虽然按各器官 - 系统的基础课程和临床课程体系进行，但基础课程教材前瞻临床问题，临床课程教材回顾基础知识，相互对接，解决临床问题。组织一个共同的编委会进行基础与相应临床课程的教材编写，基础课程教材有相应领域的临床专家参与编写，临床课程教材也有相关的基础医学专家参与编写，以解决整合与交叉重复问题。⑤教与学的对接：变教材为学材，促进学生主动学习、自主学习和创新学习。

本套教材分为三类共 27 种，分别是导论与技能类 4 种，基础医学与临床医学整合教材类 21 种，PBL 案例教材类 2 种。

导论与技能类教材包括《器官 - 系统整合课程 PBL 教程》《基础医学导论》《临床医学导论》和《临床技能培训与实践》。

基础医学与临床医学整合类教材包括《运动系统》《运动系统损伤与疾病》《血液与肿瘤》《血液与肿瘤疾病》《中枢神经系统与感觉器官》《神经与精神疾病》《内分泌系统》《内分泌与代谢系统疾病》《病原与宿主防御系统》《感染性疾病》《心血管系统》《心血管系统疾病》《呼吸系统》《呼吸系统疾病》《消化系统》《消化系统疾病》《泌尿系统》《泌尿系统疾病》《生殖系统》《女性生殖系统疾病》和《儿童疾病与生长发育》。

PBL 案例类教材包括《生物医学 PBL 教学案例集》和《临床医学 PBL 教学案例集》。

为便于学生同步掌握重点内容，并兼顾准备国家执业医师资格考试复习，除 2 种 PBL 案例集、PBL 教程和《临床技能培训与实践》外，每种教材均编写了与之配套的学习指导及习题集。

本套教材主要用于长学制和五年制临床医学及相关专业教学，也可作为国家卓越医生培养计划及"5+3"住院医师规范化培训教材使用。

24	感染性疾病	主审 李兰娟 翁心华 主编 杨东亮 唐 红	副主编 毛 青 蔺淑梅
25	感染性疾病学习指导及习题集	主编 唐 红 杨东亮	副主编 毛 青 蔺淑梅
26	心血管系统	主审 杨宝峰 主编 臧伟进 吴立玲	副主编 王国平 黄 岚
27	心血管系统学习指导及习题集	主编 吴立玲 臧伟进	副主编 王国平 黄 岚 裴建明
28	心血管系统疾病	主审 葛均波 主编 马爱群 王建安	副主编 肖颖彬 刘锦纷 陈晓平 夏黎明
29	心血管系统疾病学习指导及习题集	主编 郑小璞 马爱群	副主编 孙彦隽 刘志军 黄 莹
30	呼吸系统	主编 郑 煜 陈 霞	副主编 艾 静 罗自强 郭雪君
31	呼吸系统学习指导及习题集	主编 陈 霞 郑 煜	副主编 艾 静 罗自强 郭雪君
32	呼吸系统疾病	主审 钱桂生 主编 杨 岚 沈华浩	副主编 王长征 郭述良 朱文珍
33	呼吸系统疾病学习指导及习题集	主编 沈华浩 杨 岚	副主编 王长征 郭述良 朱文珍
34	消化系统	主编 董卫国	副主编 魏云巍 富冀枫
35	消化系统学习指导及习题集	主编 董卫国	副主编 富冀枫 魏云巍
36	消化系统疾病	主编 赵玉沛 吕 毅	副主编 姜洪池 唐承薇 府伟灵
37	消化系统疾病学习指导及习题集	主编 吕 毅 赵玉沛	副主编 张太平 胡 兵 刘连新
38	泌尿系统	主审 郭应禄 唐孝达 主编 徐长福 魏 强	副主编 张 宁 赵成海 陈 斌
39	泌尿系统学习指导及习题集	主编 徐长福 魏 强	副主编 张 宁 赵成海 陈 斌 任淑婷
40	泌尿系统疾病	主审 刘志红 孙颖浩 主编 陈江华 王子明	副主编 陈 楠 邹和群 安瑞华
41	泌尿系统疾病学习指导及习题集	主编 王子明 陈江华	副主编 陈 楠 邹和群 安瑞华
42	生殖系统	主编 李 和 黄 辰	副主编 谭文华 谢遵江
43	生殖系统学习指导及习题集	主编 黄 辰 谢遵江	副主编 徐锡金 周劲松 郝爱军 李宏莲
44	女性生殖系统疾病	主编 李 旭 徐丛剑	副主编 刘彩霞 李雪兰 漆洪波
45	女性生殖系统疾病学习指导及习题集	主编 徐丛剑 李 旭	副主编 刘彩霞 李雪兰 漆洪波 鹿 欣
46	儿童疾病与生长发育	主审 许积德 主编 孙 锟 母得志	副主编 高 亚 武军驻 黄松明 祝益民
47	儿童疾病与生长发育学习指导及习题集	主编 母得志 孙 锟	副主编 高 亚 黄松明 祝益民 罗小平
48	生物医学 PBL 教学案例集	主编 夏 强 钱睿哲	副主编 李庆平 潘爱华
49	临床医学 PBL 教学案例集	主编 李宗芳 狄 文	副主编 侯晓华 陈世耀 武宇明
50	器官-系统整合课程 PBL 教程	主审 陈震寰 主编 曹永孝	副主编 梅文瀚 黄亚玲

器官-系统
整合教材
OSBC

刘　勇

　　教授,博士生导师,从事人体解剖学和神经生物学教学工作三十余年,主编卫生部"十一五"规划教材《局部解剖学》英文版一部,培养了30余名硕士和博士研究生。主持了陕西省重大专项、国家"十一五"重大专项研究分课题、国家自然科学基金等多项研究课题。获陕西省科技进步二等奖1项。在国内外学术期刊上发表学术论文100余篇。曾任陕西省医学会常务理事,陕西省解剖学会理事长,西安交通大学医学院副院长,现任西安交通大学神经生物学研究所所长。陕西省"三五"人才,享受国务院教育专家突出贡献政府津贴。

谭德炎

　　复旦大学临床解剖中心教授,复旦大学华山医院(国际)应用解剖研究与培训中心副主任,中国解剖学会科学技术咨询工作委员会委员,上海市解剖学会理事。上海市抗癌协会肿瘤微创治疗专业委员会委员。

　　长期从事人体解剖学的教学与临床应用的研究,参与完成国家及上海市自然科学基金4项,获国家和上海市科技成果奖4项;近10年发表临床类论文10余篇,参与专著编写5部。获复旦大学博士生课程教学成果二等奖,获复旦大学上海医学院优秀教师称号。

蔡道章

南方医科大学第三附属医院教授、博士生导师。中华医学会运动医学分会委员、中国医师协会骨科分会常委、广东省医学会运动医疗分会主任委员、《中华关节外科杂志》《中华显微外科杂志》《中华创伤骨科杂志》《中山大学学报(医学版)》《循证医学杂志》《解剖与临床》《岭南现代临床外科杂志》编委。从事关节外科学教学、科研及医疗工作30年。研究领域涉及关节损伤及治疗的新机制和原理,主持和参与多项国家自然科学基金项目的研究工作,在国内外期刊发表论文80余篇。

刘仁刚

华中科技大学同济医学院教授。中国解剖学会再生医学专业委员会委员、湖北省解剖学会常务理事、《中国组织化学与细胞化学杂志》编委。从事解剖学教学及科研工作31年,参与多部"十一五"、"十二五"国家级规划教材《系统解剖学》和《局部解剖学》的编写工作。研究领域涉及神经细胞生物学和肿瘤细胞生物学,主持和参与多项国家自然科学基金项目的研究工作,在国内外期刊发表论文40余篇。

为满足我国临床医学教育发展改革和"5+3"人才培养模式的需求,遵照强调"三基"(基本理论、基本知识、基本技能),体现"五性"(思想性、科学性、先进性、启发性、适用性),突出"三特定"(特定目标、特定对象、特定限制)的原则,由全国高等医药教材建设研究会组织编写本《运动系统》规划教材。

近年来,全国多所医学院校在临床医学专业进行了器官-系统整合课程和以问题为导向的(problem-based leaning,PBL)教学探索,获得了良好的教学效果。以培养学生在掌握基础理论、基本知识和基本技能的同时,注重自学和创新能力,以及发现问题、分析问题和解决问题能力的培养。

本着展现医学教育改革成果、明确教材定位、教材内部"淡化学科,注重整合",基础区段和临床区段相应教材对接、协调、统一,全套教材整体优化的总体要求,在注重素质教育和培养创新卓越医学人才目标指引下,编者总结和吸收了近年来国内外器官-系统整合教学的实践经验,将人体解剖学、组织胚胎学和生理学中与运动系统结构和功能相关的基础知识加以提炼整合,进行重点阐述,便于学习者掌握运动系统的基本结构和功能特点。适度引入与临床密切结合的知识点,并且在每章结尾专辟一节,介绍相关结构的临床联系知识,采用言简意赅、点到即止的简介描述方法,力求达到拓展视野、激发兴趣、启迪思维的目的。为满足双语教学和日益增长的对医学生专业英语水平的需求,书中专有中文名词均配有对应英文名词,书末附有各章节内的中英文对照名词索引表,以便读者对照和回顾。全书应用中国人体质调查数据和全国科学技术名词审定委员会公布的术语名词。在编写上追求详简适当、重点突出,力求使读者感到形式新颖、内容精炼、条理清楚、语言流畅。

本书分为上、下两篇,共9章。内容上既保持了运动系统知识体系的完整性,也考虑到学生基础阶段的学习特点,并充分结合了国家执业医师考试的要求。内容编排上在系统介绍运动系统基本结构和功能后,每章后用一节来重点介绍临床联系,以便学生更容易地将基础知识和临床应用联系起来。全书共有插图257幅,尽可能保持了插图与文字位置的关联以及图文结构名词表达的一致性。适当加入了临床检查图片,如X线、CT、MRI及关节内镜等。感谢南方医科大学第三附属医院为本书提供的临床图片资料。

本教材编委会由全国12所医学院校及附属医院的专家、教授和有长期教学经验的教师组成,涉及学科包括人体解剖学、组织胚胎学、生理学、骨科学和神经病学。在本教材的编写过程中秘书张建水协助主编进行了稿件的整理汇总、审阅及组织协调等工作。我们衷心希望这本教材能够符合我国卓越医生培养计划的总体目标要求和医学教学改革的需要。本教材为第一部全国统一组

织编写的器官 - 系统整合教材,各位编者理论水平和写作风格存在差异,内容不当甚至疏漏之处在所难免,诚请读者批评指正,提出修改意见,使本教材再版时能够不断充实、提高和完善。

本教材的适用对象是八年制临床医学及相关专业学生,也可作为五年制临床医学及相关专业的教材,并可供基础、预防、口腔、护理等专业的师生参考和使用。

刘 勇

2015 年 4 月

OSBC

目　录

第一篇 骨与骨连结

OSBC

器官·系统
整合教材
O S B C

第一章　总　论

运动系统由骨、骨连结和骨骼肌组成,约占人体重的 60%~70%。骨借骨连结形成骨骼,构成骨支架,支持身体重量,赋予人体基本形态。骨构成体腔的壁以保护脏器。骨骼肌附着于骨,以关节为支点,收缩或舒张牵引骨改变位置,产生运动。骨是人体矿物质重要的存储地,骨髓腔中红骨髓具有造血功能。骨能不断地进行新陈代谢,并具有修复、再生和改建能力。

第一节　骨的构造和功能

一、骨的构造

骨(bone)主要由骨质、骨膜和骨髓构成。

1. **骨质**　由骨组织构成,分骨密质和骨松质。**骨密质**(compact bone)质地致密,耐压性大,配布于骨的表面。**骨松质**(spongy bone)呈海绵状,由**骨小梁**(trabeculae)交织排列而成,配布于骨的内部。骨小梁的排列与骨所承受的压力和张力的方向一致,因而骨能承受较大的重量。颅盖骨的外层和内层为骨密质,分别称**外板**和**内板**,外板厚而坚韧,富有弹性,内板薄而松脆,故颅盖骨骨折多发生于内板。两板之间的骨松质称**板障**(diploe),有板障静脉通过(图 1-1)。每块骨的骨密质和骨松质的厚度及分布取决于该骨的形态、位置和功能。

2. **骨膜**(periosteum)　除关节面外,新鲜骨的表面均有骨膜覆盖。骨膜由纤维结缔组织构成,富含血管、神经和淋巴管,对骨的营养、生长和感觉有重要作用。骨膜分内、外两层,外层厚而致密,为纤维层,由结缔组织构成,形成许多胶原纤维束穿入骨质,附着于骨;内层为疏松的细胞层,含有成骨细胞和破骨细胞,具有产生新骨质和破坏旧骨质的功能。幼年期成骨细胞功能活跃,促进骨的生长;成年时相对静止状态。若发生骨损伤,如骨折,骨膜可重新恢复成骨功能,参与骨折处的修复愈合。衬在骨髓腔内面和松质骨间隙内的结缔组织膜称**骨内膜**(endosteum),是一层薄的结缔组织膜,也含有成骨细胞和破骨细胞,具有成骨和破骨功能(图 1-2)。

3. **骨髓**(bone marrow)　为填充于骨髓腔和骨松质间隙内的一种海绵状组织。有红骨髓和黄骨髓之分。**红骨髓**(red bone marrow)呈红色,胎儿和幼儿的骨髓腔内含有大量不同发育阶段的红细胞、血小板和其他幼稚型的血细胞,有造血和免疫功能。5 岁以后,长骨骨干内的红骨髓逐渐被脂肪组织所代替,呈黄色,称**黄骨髓**(yellow bone marrow),失去造血能力。在失血过多或重度贫血时,黄骨髓可在一定程度上转化为红骨髓,恢复造血功能。人体的椎骨、髂骨、肋骨、胸骨、肱骨和股骨的近侧端骨松质内,终生存在红骨髓,因此临床常选胸骨或髂骨进行骨髓穿刺,检查骨髓象。

4. **骨的血管、淋巴管和神经**

血管　长骨的动脉包括**滋养动脉**、**干骺端动脉**、**骺动脉**和**骨膜动脉**。滋养动脉是长骨的主要动脉,一般有 1~2 支,经骨干中段斜穿滋养孔进入骨髓腔,分为升支和降支,分布于骨髓、干骺端和骨密质的内层。在成人,滋养动脉与干骺端动脉及骺动脉的分支吻合。干骺端

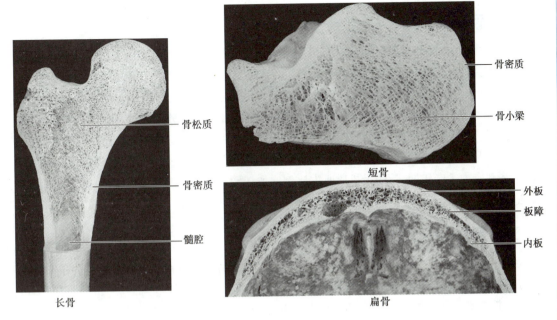

图 1-1　骨的内部构造（见书后彩图）

动脉发自邻近动脉，骺动脉发自关节周围动脉，从骺软骨附近穿入骨质。幼儿期的骨膜动脉较为丰富。上述各动脉均有静脉伴行。不规则骨、扁骨和短骨的动脉来自骨膜动脉或滋养动脉（图 1-2）。

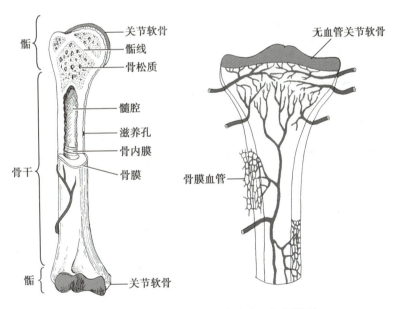

图 1-2　长骨的构造及血液供应（见书后彩图）

　　淋巴管　骨膜的淋巴管十分丰富，骨质内是否存在淋巴管尚有争议。

　　神经　长骨的两端、大的扁骨、椎骨和骨膜等处含有大量的神经，这些神经伴滋养血管进入骨质内，分布到哈佛斯管的血管周围间隙中。神经主要为内脏运动纤维和躯体感觉纤维，前者分布于血管壁，后者多分布于骨膜。骨膜对张力或撕扯的刺激较为敏感，故骨折和骨脓肿常引起剧痛。

Note

二、骨的理化成分

骨主要由有机质和无机质组成。有机质主要是骨胶原纤维束和黏多糖蛋白等,构成骨的支架,赋予骨弹性和韧性。无机质主要是碱性磷酸钙,赋予骨硬度和脆性。用酸脱去骨的无机质,骨保持原来形状但柔软有弹性,称脱钙骨;通过煅烧可去掉骨的有机质,虽形状不变,但脆而易碎,称煅烧骨。骨的化学成分决定骨的物理特性。机体骨两种成分的含量,可随年龄的增长而发生变化。幼年期,有机质和无机质各占一半,故骨的弹性大而柔韧,在外力作用下易发生形态改变,但不易发生骨折;成年期,骨的有机质和无机质的比例约为 3:7,骨具有较大硬度和一定弹性,坚韧有力。老年期,骨的无机质所占比例增加,骨的脆性变大,若出现脱钙、疏松和骨质吸收现象,易发生骨折。

三、骨的一般形态结构

每块骨都具有唯一形态。骨的表面附着有肌肉和血管神经穿行,并与邻近器官毗邻。因此,骨的表面具有一定的形态特征,对此赋予其相应的解剖学名称。

1. 骨两端的较圆的膨大称**头**(head)或**小头**(capitulum),头下略细的部分称**颈**(neck)。椭圆的膨大称**髁**(condyle),髁上突出部分称**上髁**(epicondyle)。如股骨上端的股骨头和股骨颈,股骨下端的内、外侧髁和内、外上髁。

2. 骨的平滑面称**面**(surface)。骨的边缘称**缘**(border),边缘缺损处称**切迹**(notch)。如额骨的眶面、眶上缘和眶上切迹。

3. 骨面明显的突起称**突**(process),如胸椎的关节突;较尖锐的突起称**棘**(spine),如坐骨棘。底部较宽的突起称**隆起**(eminence),如髂耻隆起;粗糙而低平的隆起叫**粗隆**(tuberosity),如胫骨粗隆。圆的隆起称**结节**(tuber)或**小结节**(tubercle),如肱骨的大结节和小结节;细长的隆起称**嵴**(crest),低而粗涩的嵴称**线**(line),如股骨的转子间嵴和胫骨的比目鱼肌线。

4. 骨面的凹陷大的称**窝**(fossa),如肩胛骨的冈上窝,小的称**凹**(fovea)或**小凹**(foveola),如股骨头凹;细长的凹陷称**沟**(sulcus),如肱骨下端的尺神经沟,浅的凹陷称**压迹**(impression),如颞骨的三叉神经压迹。

5. 骨内腔道　骨内的空腔称**腔**(cavity)、**窦**(sinus)或**房**(antrum),小的称**小房**(cellule),如上颌骨的上颌窦、颞骨的乳突小房;骨内的管道称**管**(canal)或**道**(meatus),如颞骨的颈动脉管。腔或管的开口称**口**(aperture)或**裂**(foramen),不规则的开口称**裂孔**(hiatus),如颞骨的颈动脉管外口、蝶骨的眶上裂、颅底的破裂孔。

四、骨的功能

骨有 4 个基本功能,即支持与保护功能、杠杆功能、造血功能和储备矿物质的功能。

1. **支持和保护**　全身骨骼形成的骨架为机体软组织提供附着点,骨骼形成的空腔和通道可保护其内部的器官和结构。例如,各颅骨围成的颅腔保护着大脑,椎骨形成的椎管保护着脊髓。胸廓为其内部的心脏和肺提供保护。

2. **运动杠杆**　骨骼是机体运动的杠杆,关节作为杠杆的支点,肌肉作为动力器官,收缩和舒张即可完成机体特定运动。

3. **造血功能**　成人骨内部的空腔,含有红骨髓和黄骨髓。红骨髓能产生血细胞,是一种疏松结缔组织。血细胞的生成过程称为造血,主要发生于颅骨、骨盆、肋骨、胸骨等处,也存在于长骨骨干内。随年龄增长,红骨髓转变为黄骨髓,主要成分是脂肪组织,分布于长骨干的骨髓腔。黄骨髓可作为造血的储备,当需要大量红细胞的时候,黄骨髓会重新转变为红骨髓。

Note

4. 储备矿物质　骨内储备的矿物质使骨具有刚性。钙和磷酸盐等矿物质如同骨中的"水泥",形成的晶体在胶原纤维附近沉积。这些矿物质不仅赋予骨硬度,而且能够从骨中释放入血,作为极其重要的化学元素发挥作用。例如,钙呈碱性,可维持血液的酸碱平衡。如果血液呈酸性,骨中沉积的钙释放入血,从而稳定血液的 pH 值。随着年龄的增加,机体内骨"储存库"中的钙、磷酸盐和其他骨矿物质的量开始减少,随着储备量越来越少,骨密度随即下降,严重的可导致骨质疏松,增加了骨折发生的风险。

(张建水)

第二节　骨 的 分 类

成人全身共有 206 块骨(图 1-3),除六块听小骨外可分为颅骨、躯干骨和四肢骨三部分。其中颅骨和躯干骨合称为中轴骨。由于功能的不同,骨具有不同的形态,按形态骨可分为 4 类,即长骨、短骨、扁骨和不规则骨(图 1-4)。

1. 长骨(long bone)　呈长管状,分一体两端,分布于四肢。体又称**骨干**(shaft),是长骨中间较细的部分,内有空腔,称**髓腔**(medullary cavity),其内容纳骨髓。骨两端的膨大,称为**骺**(epiphysis),其表面覆有关节软骨,称为关节面,参与构成关节。骨干与骺相邻的部分称为**干骺端**(metaphysis),幼年时,骺与骨干之间留有一层透明软骨,称**骺软骨**(epiphysial cartilage),其内的软骨细胞可不断分裂繁殖并骨化,骨的长度不断增长。成年后,骺软骨骨化,骨干与骺融为一体,骺软骨处遗留的痕迹,称**骺线**(epiphysial line)。长骨分布于四肢,在运动中起杠杆作用。

2. 短骨(short bone)　一般呈立方形,具有多个关节面。短骨形体较小,相互之间连结牢固且运动灵活,它们成群地分布于身体的某些部位,如手腕和足的后部,主要起支持作用。

3. 扁骨(flat bone)　呈扁宽的板状,常围成腔,支持、保护其内的重要器官,如颅骨形成颅腔保护脑,胸骨和肋参与构成胸廓保护心、肺、肝等。扁骨亦为骨骼肌的附着提供宽阔的骨面,如肩胛骨、髋骨等。

4. 不规则骨(irregular bone)　形状不规则,功能多样,如椎骨、髋骨和上颌骨等。有些不规则骨内有含气的腔洞,称为**含气骨**(pneumatic bone),如蝶骨、筛骨等。此外,尚有发生于某些肌腱内的扁圆形小骨,称**籽骨**(sesamoid bone),其体积较小,在运动中起减少摩擦和转变肌牵引方向的作用,髌骨是人体最大的籽骨。

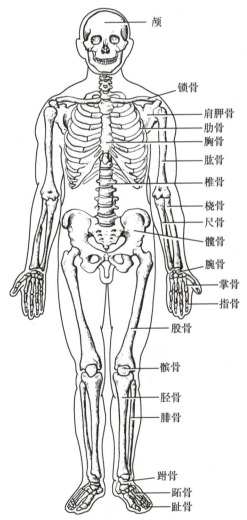

颅
锁骨
肩胛骨
肋骨
胸骨
肱骨
椎骨
桡骨
尺骨
髋骨
腕骨
掌骨
指骨
股骨
髌骨
胫骨
腓骨
跗骨
跖骨
趾骨

图 1-3　全身骨骼

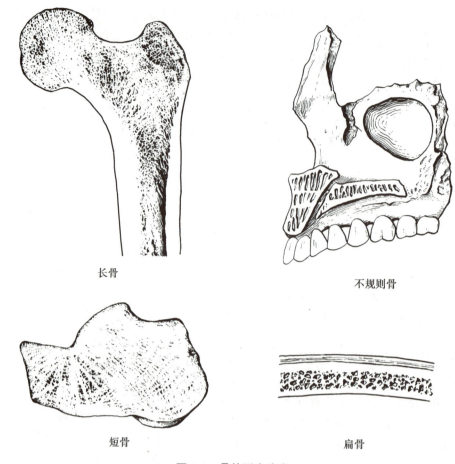

长骨

不规则骨

短骨

扁骨

图 1-4　骨的形态分类

（刘宝全）

第三节　骨的发生与修复

一、骨的发生

骨发生于中胚层，来源于胚胎时期的间充质，骨发生过程有两种方式，即**膜内成骨**（intramembranous ossification）和**软骨内成骨**（cartilaginous ossification）。膜内成骨是在间充质分化成的原始结缔组织膜内发生的，软骨内成骨是由间充质先分化成软骨，再破坏软骨组织，然后形成骨组织。骨发生虽有两种不同的方式，但其骨组织形成的基本过程是一致的，都是由成骨细胞生成，而且在骨的发育生长过程中，不仅有骨组织的形成，同时也有骨组织的吸收与改建。

骨组织由成骨细胞形成。骨发生的最初阶段，成骨细胞由间充质细胞分裂分化而来，骨膜形成后则由骨膜的一些细胞分化而来。在将要形成骨组织的地方，许多成骨细胞排成单层，彼此可由突起相连。成骨细胞生成骨组织的纤维和有机基质，它生成有机的细胞间质以后，本身被埋于间质中变成骨细胞。这时骨盐尚未形成，称为**类骨质**（osteoid）。随后，当大量骨盐沉着在有机的细胞间质中，即成为骨组织。

骨发生和生长过程中，参与骨吸收过程的细胞是破骨细胞。破骨细胞贴附在骨组织吸收的部位，胞膜形成皱褶缘。细胞从皱褶缘释放某些溶酶体酶，分解骨组织的有机成分，并能促使局部产生一些酸，溶解骨盐，于是骨组织被溶解吸收。这一过程称为破骨细胞性溶骨作用。

在骨器官发生与生长过程中,骨组织不断形成,增多,使骨不断长大。同时,已形成的骨组织又经常被吸收和改建,以致骨的外形和内部结构不断发生变化。

1. 膜内成骨 间充质分化成富有血管的胚胎性结缔组织膜,膜上开始成骨的部位称**骨化中心**(ossification centre)。该处间充质细胞首先分化成骨原细胞,骨原细胞再分化为成骨细胞,继之成骨细胞形成类骨质,再钙化成为骨组织。这些骨质为针状或片状,互相连接成网,有许多腔隙,形成原始的骨松质。成骨过程由骨化中心向四周扩展,形成的骨质的面积越来越大。其表面的间充质分化为骨膜,骨膜内的成骨细胞又在原始骨松质的表面造骨,使骨逐渐增厚增大(图1-5)。脑颅骨的一些扁骨和面颅骨以及锁骨以膜内成骨方式发生。

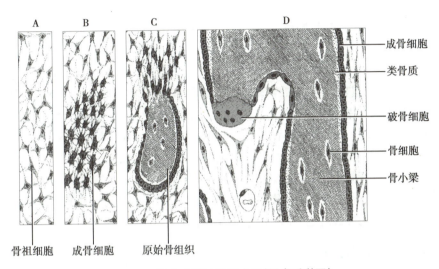

图 1-5 膜内成骨过程模式图(见书后彩图)

A. 未分化间充质细胞阶段,含骨祖细胞;B. 骨祖细胞分化为成骨细胞;C. 成骨细胞开始成骨,形成原始骨组织;D. 原始骨组织进一步生长和改建,形成骨小梁

2. 软骨内成骨 人体的四肢骨、躯干骨和部分颅底骨都是软骨内成骨。下面以长骨为例,说明软骨内成骨的过程。

(1) 软骨雏形形成:在将要形成长骨的部位,先由间充质分化成软骨组织,其形状与所成之骨相似,故称软骨雏形。软骨雏形外面被覆有间充质分化成的软骨膜。软骨雏形形成后,继续生长。

(2) 骨领形成:软骨雏形中段的软骨膜开始以膜内成骨的方式生成骨组织,环绕软骨雏形中段形如领圈,称为**骨领**(bone collar)。开始形成的骨领既薄又短,以后继续以膜内成骨的方式增厚加长,成为原始的骨松质,代替软骨起支持作用。骨领形成后,其周围的软骨膜变成骨外膜。

(3) 初级骨化中心出现:在骨领出现的同时,软骨中段的软骨细胞分裂繁殖并变得肥大,随之软骨基质有钙盐沉着。肥大的软骨细胞继之退化死亡。该区为软骨内首先成骨的区域,称为初级骨化中心。

(4) 血管侵入:骨外膜的血管连同间充质细胞、成骨细胞、破骨细胞等穿过骨领,进入初级骨化中心,溶解钙化的软骨基质,形成许多不规则的隧道,称为初级骨髓腔,腔内充满初级骨髓。随后成骨细胞贴在残存的钙化软骨基质表面,先形成类骨质,而后钙化成为骨质,形成以钙化软骨基质为中轴表面覆盖有骨组织的过渡型骨小梁。

(5) 骨髓腔形成:初级骨化中心所形成的骨小梁存在短暂,不久即被破骨细胞溶解消失,初级骨髓腔融合成更大的腔,称为骨髓腔,周围被骨领环绕。此后,骨领的外表面不断成骨使骨干不断加粗,而骨领的内表面又不断被破骨细胞破坏消失,于是骨髓腔不断增宽,骨干在增粗的同时保持骨组织有适当的厚度。此后骨干两端的软骨继续生长,初级骨化中心的成骨过程也从骨干向两端推移,而使长骨不断加长。

在胎儿长骨的纵切面上,从软骨到骨髓腔之间的连续而又有顺序的变化,依次可分为以下各区:①**软骨储备区**(zone of reserve cartilage):此区在长骨两端,软骨细胞数目多,体积较小。在软骨内成骨初期,此区范围较大。②**软骨增生区**(zone of proliferating cartilage):此区在静止软骨区近骨干侧,细胞进行分裂繁殖,细胞变大,顺骨的长径排列成行。③**软骨钙化区**(zone of calcifying cartilage):此区在软骨细胞繁殖区近骨干侧,软骨细胞失去繁殖能力,细胞显著肥大,软骨基质有钙盐沉着,软骨细胞逐渐变成空泡状,最后退化、死亡。④**成骨区**(zone of ossification):此区近骨髓腔。可见过渡型骨小梁以及其间的初级骨髓腔。骨小梁表面有成骨细胞和破骨细胞。

(6)次级骨化中心出现与骨骺形成:出生后数月至数年,在长骨两端的软骨内出现新的骨化中心,称为次级骨化中心。在不同的长骨以及在同一长骨的两端,出现次级骨化中心的时间有所不同,但变化过程一致,皆与初级骨化中心的成骨过程基本相似。次级骨化中心内的成骨过程自中心向四周扩展,最终由骨组织代替软骨组织形成骨骺。在接近关节面处始终保留一层软骨,终生存在,称为关节软骨。在骨骺与骨干交界处,也保留一层软骨,称为骺板。骺板的存在是长骨继续加长的基础。骺板的软骨细胞继续保持繁殖能力,不断生成新的软骨,并依照骨干两端软骨内成骨的过程成骨,因此骨干能不断增加长度。正常情况下,骺板的软骨增生速度与软骨破坏及成骨速度保持平衡,故骺板的厚度相对恒定。到17~20岁,软骨失去增生能力,骺板完全被骨组织代替,骨骺与骨干完全融合,称为骨骺闭合,此时长骨停止加长。在成人长骨的干骺端常显出一条骨化的骺板遗迹,称为骺线(图1-6)。

二、骨的损伤与修复

骨是人体承担力学功能的器官。最常见的骨损伤为骨折。骨折是骨骼在外力作用下,骨的完整性及连续性中断。另外,如果骨本身有疾患,会在轻微外力的作用下出现骨折,这种情况称之为病理性骨折。

骨折后局部会出现肿胀、疼痛、功能障碍等临床症状。因骨的支撑作用丧失会造成肢体的畸形、骨折部位出现异常活动,在搬动患肢时,会有骨擦音、骨擦感,以上三个骨折专有体征(畸形、异常活动、骨擦音或骨擦感),出现一个体征便可诊断为骨折。X线、CT等检查可进一步明确骨折的部位及形态。

骨损伤的修复过程是个复杂又连续的过程。骨折愈合修复过程分两种,一种为一期愈合,一种为二期愈合。一期愈合可通过哈佛系统重建直接连接而愈合,X线上看不到骨痂形成,而骨折线逐渐消失。通过内外骨痂形成的骨折愈合方式为二期愈合。二期愈合骨折是最常见的愈合方式。

影响骨修复过程的因素众多。既有年龄和健康状况等全身性因素,也有血供、局部软组织的损伤程度等局部因素。在这些影响因素中,骨折断端的血供对骨折愈合至关重要,为骨折愈合中的首要因素。正是由于骨折断端的血供如此重要,因此如何减少对血供的破坏就成了骨折治疗过程中的重点,也导致了骨折临床治疗理念的一些新变化。譬如,过去主张骨折后的固定方式是坚强固定,广泛地剥离显露软组织,对骨外膜剥离多,这些治疗方式对断端血供破坏很大,而现在则转变为主张采用生物学固定,需充分重视局部软组织及骨的血运,并能固定坚强而无需加压,减少对断端血供的影响。自体骨和异体骨是当前骨损伤修复广泛采用的植入材料。自体骨易被患者接受,但会造成患者的二次损伤和痛苦;异体骨取材简便,但存在免疫排斥和疾病传播等生物安全性隐患。因此,人工骨组织修复材料越来越受到临床青睐,包括高分子材料、陶瓷材料、金属材料以及仿生纳米骨等复合材料,仿生骨生物医用修复材料的应用将是今后该领域的发展趋势。

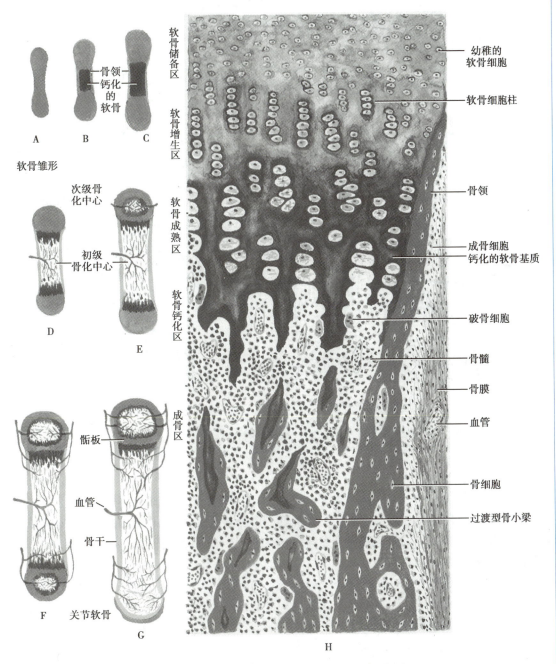

图 1-6　长骨发生与生长过程模式图（见书后彩图）

A 至 G. 软骨内成骨及长骨生长；H. 骺板成骨

（刘宝全　闫宏伟）

第四节　骨　的　连　结

　　骨与骨之间借纤维结缔组织、软骨或骨相连，形成骨连结。按骨连结的形式不同可分为直接连结和间接连结两类（图 1-7）。

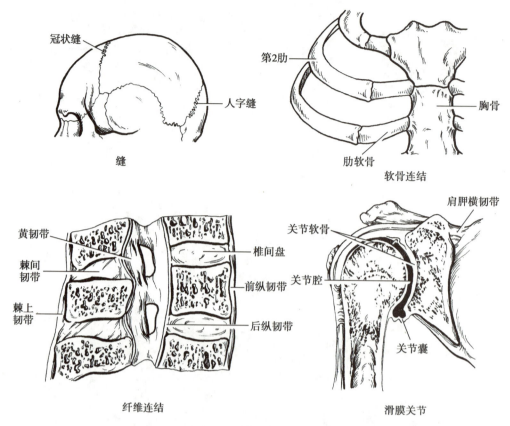

冠状缝

人字缝

缝

第2肋

胸骨

肋软骨

软骨连结

黄韧带

棘间韧带

棘上韧带

椎间盘

前纵韧带

后纵韧带

纤维连结

肩胛横韧带

关节软骨

关节腔

关节囊

滑膜关节

图 1-7　骨连结的分类

一、直接连结

骨与骨之间借纤维结缔组织或软骨及骨直接相连,其连结之间无间隙,连结牢固,运动范围极小或完全不能活动。这种连结可分为**纤维连结**(fibrous joint)、**软骨连结**(cartilaginous joint)和**骨性结合**(synostosis)三种类型。

(一)纤维连结
骨与骨之间借纤维结缔组织相连,常有两种连结形式。

1. **韧带连结**(syndesmosis)　连接两骨的纤维结缔组织比较长,呈条索状或膜板状,富有弹性,如椎骨棘突之间的棘间韧带、前臂骨间膜等。

2. **缝**(suture)　两骨之间借很薄的纤维结缔组织相连,无活动性。这种连结可随年龄的增加,出现结缔组织骨化,如颅的冠状缝、矢状缝等。

(二)软骨连结
骨与骨之间借软骨相连,可分两种。

1. **透明软骨结合**(synchondrosis)　常为暂时性的结合,多见于幼年发育时期,到一定年龄即骨化形成骨性结合。

2. **纤维软骨结合**(symphysis)　多位于人体中轴承受压力之处,坚固性大,弹性低,如椎体之间的椎间盘、耻骨之间的耻骨联合等。纤维软骨结合一般为永久性结合,终身不骨化。

(三)骨性结合
两骨之间借骨组织相连,常由纤维连结或透明软骨结合骨化而成,如髂、耻、坐骨之间的结合以及各骶椎之间的结合等。

Note

二、间接连结

间接连结又称**关节**(articulation)或**滑膜关节**(synovial joint),是骨连结的最高分化形式。相对骨面之间无直接连结,具有充以滑液的腔隙,一般活动度较大。关节的结构有基本结构和辅助结构。

(一) 关节的基本结构

1. **关节面**(articular surface)　是组成关节各相关骨的接触面,每一关节至少包括两个关节面,一般一凸一凹,凸的称关节头,凹的称关节窝。关节面上覆有**关节软骨**(articular cartilage)。关节软骨多数由透明软骨构成,表面光滑,与关节面紧密相连,厚度因年龄和部位而异,一般为2~7mm,关节软骨具有弹性,能承受压力和吸收震荡,关节软骨表面光滑,覆以少量滑液,可减小运动时的摩擦,关节软骨无血管、神经和淋巴管分布,其营养由滑液和滑膜的血管供应。

2. **关节囊**(articular capsule)　由纤维结缔组织构成的囊,附于关节面周围的骨面并与骨膜融合,它包围关节,密闭关节腔。关节囊的松紧和厚薄因关节的不同而异,活动较大的关节,关节囊较松弛而薄,反之亦然。关节囊可分为内、外两层。

外层为**纤维膜**(fibrous membrane),由致密结缔组织构成,厚而坚韧,富有血管、神经和淋巴管。在某些部位,纤维膜增厚形成韧带,可增强关节的稳定性,并限制关节的过度运动,纤维膜的厚薄和韧带强弱与关节的功能有关,如下肢关节负重较大,其关节囊的纤维膜厚而紧张,上肢关节负重较小,则纤维膜薄而松弛。

内层为**滑膜**(synovial membrane),由薄而柔润的疏松结缔组织膜构成,衬贴于纤维膜的内面,其边缘附着于关节软骨周缘,包被着关节内除关节软骨、关节唇和关节盘以外的所有结构。滑膜内表面常形成微小突起的皱襞,称滑膜绒毛和滑膜襞。滑膜富含血管网,能产生滑液。滑液是透明蛋清样液体,呈弱碱性,能为关节软骨提供营养,保证关节软骨的新陈代谢,并增加滑润,减少摩擦。

3. **关节腔**(articular cavity)　由关节面和关节囊的滑膜层共同围成的密闭腔隙。腔内有少量滑液,关节腔内呈负压,可维持关节的稳定性(图 1-8)。

(二) 关节的辅助结构

关节除具备上述基本结构外,某些关节为适应特殊功能的需要还形成一些特殊结构,这些结构对增加关节的灵活性,维持关节的稳固性都有重要作用。

1. **韧带**(ligament)　是连于相邻两骨之间的致密纤维结缔组织束,可加强关节的稳固性并限制关节的过度运动。位于关节囊外的称囊外韧带,一些囊外韧带为关节囊局部增厚所形成,如髋关节的髂股韧带;有的与关节囊分离存在,如膝关节的腓侧副韧带;有的是关节周围肌腱的直接延续,如膝关节的髌韧带。位于关节囊内的称囊内韧带,被滑膜包裹,如髋关节的股骨头韧带。

2. **关节盘和关节唇**(articular disc and articular labrum)　为存在于关节腔内两种不同形态的纤维软骨。

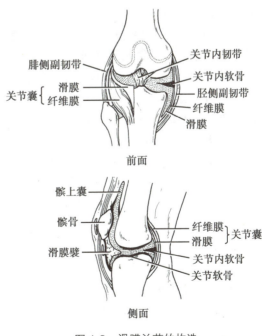

图 1-8　滑膜关节的构造

（1）**关节盘**（articular disc）　位于两关节面之间,其周缘附着于关节囊,将关节腔分为两部分,关节盘多呈圆形,中央稍薄,周缘略厚。有的关节盘呈半月形,如膝关节的半月板。关节盘使两关节面更为适合,减少运动时外力对关节面的冲击和震荡,并可增加关节的稳定性。此外,被关节盘分成的两个腔可分别做不同的运动,从而增加关节运动的形式和范围。

（2）**关节唇**（articular labrum）　附着于关节窝周缘,可加深关节窝,增大关节面,增加关节的稳固性。如肩关节的盂唇。

3. 滑膜襞（synovial fold）**和滑膜囊**（synovial bursa）　有些关节的滑膜面积大于纤维膜,以致滑膜重叠卷折,并突向关节腔内而形成滑膜襞,如果其内含有脂肪,则形成滑膜脂垫。在关节运动时,关节腔的形态、容积和压力发生改变,滑膜脂垫可起调节或充填作用,滑膜襞和滑膜脂垫也扩大了滑膜的面积,有利于滑液的分泌和吸收。在有些关节,滑膜从纤维层缺如或薄弱处膨出,充填于肌腱与骨面之间,则形成滑膜囊,它可减少肌肉活动时与骨面之间的摩擦。

高等脊椎动物的关节结构非常精细,其形态结构与生理功能高度适应,关节的功能表现为灵活性与稳定性的对立统一。如上肢关节纤细灵活,以适应上肢作为劳动器官的功能需要,而下肢关节粗大稳固,以适应其承重和行走的功能。决定关节的灵活性与稳固性的因素主要有关节面的形状、关节面的面差、关节囊的厚薄和松紧、囊内外韧带多少和强弱、有无关节盘的介入、关节周围肌肉的强弱和收缩幅度,以及是否有肌腱的附着和加固等。

（三）关节的运动

关节面的形态决定运动轴的多少和方向,从而决定着关节的运动形式和范围。滑膜关节的运动形式基本上可依照关节的三轴分为三组拮抗性运动（图1-9）。

1. 屈和伸（flexion and extension）　是关节沿冠状轴进行的一组运动。运动时组成关节的两骨相互靠拢,角度变小称为屈;相反,角度增大称为伸。一般情况下,关节的屈是指向腹侧面靠拢或成角,但膝关节则相反。在踝关节,足上抬,足背向小腿前面靠拢为踝关节的伸,习惯上称为**背屈**（dorsiflexion）;足尖下垂为踝关节的屈,习惯上称为**跖屈**（plantar flexion）。

2. 收和展（adduction and abduction）　是关节沿矢状轴进行的运动,运动时骨向正中矢状面靠拢,称为收;反之,远离正中矢状面,称为展。手指的收展是以中指为准的靠拢、散开运动;足趾则是以第二趾为准的靠拢、散开运动。

3. 旋转（rotation）　是关节沿垂直轴进行的运动,其中,骨向前内侧旋转,称为**旋内**

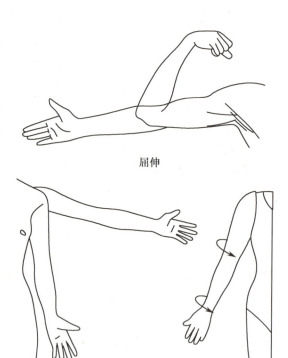

屈伸

收展　　　　　旋转

图1-9　滑膜关节的运动

（medial rotation）;反之,向后外侧旋转,称为**旋外**（lateral rotation）。在前臂,桡骨围绕从桡骨头中心到尺骨茎突基底部的轴旋转,将手背转向前的运动,称**旋前**（pronation）,将手掌恢复到向前而手背转向后的运动,称**旋后**（supination）。

4. 环转（circumduction）　骨的上端在原位转动,下端则做圆周运动,全骨按照圆锥形的轨迹运动。能沿两轴以上运动的关节均可作环转运动,如肩关节、髋关节和桡腕关节等。环转运

Note

动实际上是屈、展、伸、收依次交替的连续动作。

5. 移动（translation）　一个骨关节面在另一骨关节面的滑动，如腕骨间关节的运动。

（四）关节的分类

关节有多种分类，可按构成关节的骨的数目、运动形式、运动轴的数目以及关节面的形状进行分类。只由两块骨构成的关节为单关节，如肩关节；由两块以上的骨构成的关节为复关节，如肘关节。可单独进行活动的关节为单动关节；结构完全独立的两个或两个以上关节，活动必须同时进行，为联动关节，如两侧的颞下颌关节。根据关节运动的轴的数目，可将关节分为单轴、双轴和多轴关节（图 1-10）。

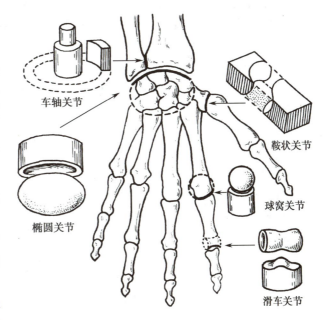

图 1-10　滑膜关节的类型

1. 单轴关节的关节只能绕一个运动轴做一组运动。包括两种形式。

（1）**屈戌关节**（hinge joint）　关节头呈滑车状，又称滑车关节。通常只能绕冠状轴作屈、伸运动，如指间关节。

（2）**车轴关节**（trochoid joint or pivot joint）　关节头多为圆柱状。可沿垂直轴做旋转运动，如桡尺近侧关节。

2. 双轴关节的关节可沿两个相互垂直的运动轴进行两组运动。包括两种形式。

（1）**椭圆关节**（ellipsoidal joint）：关节头呈椭圆形，可沿冠状轴做屈、伸运动，沿矢状轴做收、展运动，并可做环转运动，如桡腕关节。

（2）**鞍状关节**（sellar joint or saddle joint）：关节头和关节窝的关节面都呈鞍状，可沿二轴作屈、伸、收、展和环转运动。如拇指腕掌关节。

3. 多轴关节具有 2 个以上的运动轴，可做各种方向的运动，包括两种形式。

（1）**球窝关节**（ball-and-socket joint or spheroidal joint）：关节头较大呈球形，关节窝浅而小，其面积不到关节头的 1/3。此类关节最灵活，可做屈、伸、收、展、旋转和环转运动，如肩关节。有的球窝关节关节窝特别深，包绕关节头 1/2 以上，称杵臼关节，其运动幅度受到一定限制，如髋关节。

（2）**平面关节**（plane joint）：两骨的关节面仅有一定的弯曲和弧度，均近似"平面"，多出现于短骨之间，可做多轴性滑动或转动，但活动范围小，如腕骨间关节和跗跖关节等。

（五）关节的血管、淋巴管和神经

1. **血管**　关节的动脉很丰富，主要来自附近动脉的分支，它们彼此吻合，在关节周围形成动脉网。自动脉网发出的分支直接进入关节囊，分布至纤维膜和滑膜，并与邻近骨膜的动脉吻合。在滑膜附着缘形成关节血管环，分支供应滑膜。关节软骨无血管。

2. **淋巴管**　关节囊的纤维膜和滑膜都有淋巴管，彼此借小淋巴管吻合成网，并与骨膜淋巴管吻合，关节囊的淋巴经输出管汇入附近的淋巴结。关节软骨无淋巴管。

3. **神经**　关节的神经支配来自运动该关节肌肉的神经分支，称为关节支，分布于关节囊和韧带。承受较大重量或运动范围较大的关节，其神经分布也较丰富。关节软骨无神经分布。

（刘宝全）

Note

本章小结

骨是正常成年体内密度最高、硬度最大的器官。全身骨靠骨连结组成骨骼,构成人体支架,赋予人基本形态。骨按形态分为长骨、短骨、扁骨和不规则骨。每块骨有各自独特的形态,其表面结构为骨骼肌提供附着点并与邻近的器官形态相适应。骨主要由骨膜、骨质和骨髓构成。骨质有骨密质和骨松质之分,主要由有机质和无机质组成。骨髓包括具有造血功能的红骨髓和黄骨髓。两块或两块以上骨的两端借关节囊包裹于密闭腔内形成滑膜关节,骨骼肌收缩或舒张牵引骨产生运动。骨的发生有膜内成骨和软骨内成骨之分。骨损伤后可进行自我修复,常见的骨损伤为骨折,其主要的体征是畸形、异常活动、骨擦音或骨擦感。

思考题

1. 骨的构造在骨折后修复过程中发挥的作用。
2. 膜内成骨和软骨内成骨的基本过程。
3. 关节的基本结构和辅助结构及其作用。

第二章　颅骨及其连结

颅骨是人中轴骨的一部分,形态结构最复杂。颅骨连结中唯一联动的滑膜关节为颞下颌关节。颅骨骨折、颌骨骨折、颞下颌关节脱位和颞下颌关节紊乱综合征是外科和口腔科常见的疾病。

第一节　颅骨的组成和形态结构

颅骨(skull)　位于脊柱的上方,由 23 块不规则骨和扁骨组成(不包括中耳的 3 对听小骨)。除下颌骨和舌骨以外,各骨借软骨或缝牢固连结。以眶上缘和外耳门上缘的连线为分界线,颅骨分为后上部的脑颅骨和前下部的面颅骨。脑颅骨共 8 块,围成颅腔,容纳和保护脑,包括不成对的额骨、筛骨、蝶骨、枕骨和成对的顶骨、颞骨。颅腔的顶是穹隆形的**颅盖**(calvaria),由额骨、枕骨和顶骨构成。颅腔的底由中部的蝶骨、后方的枕骨、两侧的颞骨、前方的额骨和筛骨构成。面颅骨共 15 块,构成面部的支架,围成眶、骨性鼻腔和骨性口腔,容纳和支持视觉、嗅觉和味觉等器官,包括成对的鼻骨、肋骨、上颌骨、颧骨、下鼻甲、腭骨和不成对的下颌骨、犁骨、舌骨(图 2-1、图 2-2、图 2-3、图 2-4)。

一、脑颅骨的形态结构

1. 额骨(frontal bone)　位于颅的前上方,可分为三部分:①额鳞:是瓢形和贝壳形的扁骨,两侧中央隆起成额结节;②眶部:是眶和颅腔之间水平伸出的薄骨板;③鼻部位于左右眶部之间,呈马蹄铁形,与筛骨和鼻骨连接,额骨内的空腔称额窦,开口于鼻腔(图 2-1)。

2. 筛骨(ethmoid bone)　位于两眶之间,上接额骨鼻部并凸入于鼻腔内。构成鼻腔上部、鼻腔外侧壁和鼻中隔。此骨额状切面呈"巾"字形,可分三部:①筛板:为水平方向分隔颅腔前部与鼻腔的薄骨板,板的正中有向上突起的鸡冠,其两侧有多数筛孔。②垂直板:呈矢状位,由筛板下面正中向下伸出,参加组成鼻中隔。③筛骨迷路:位于筛板两侧的下方由多数空泡状筛泡组成,称筛窦,窦口通鼻腔。迷路外侧面为薄骨片,参加组成眶的内侧壁,称眶板,迷路的内侧面有两片向内下方卷曲的薄骨片,即上鼻甲和中鼻甲(图 2-2)。

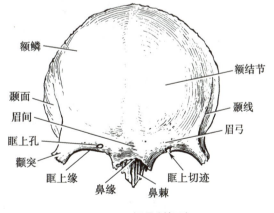

图 2-1　额骨(前面)

额鳞
额结节
颞面
颞线
眉间
眉弓
眶上孔
颧突
眶上切迹
眶上缘
鼻缘　鼻棘

3. 蝶骨(sphenoid bone)　形如蝴蝶,位于前方的额骨、筛骨和后方的颞骨、枕骨之间,横向伸展于颅底部中央。分四部分:①体:位居中央,构成颅中窝的中央部,呈马鞍状,称蝶鞍,其中央凹陷,称垂体窝;体内的空腔,称蝶窦,向前开口于蝶筛隐窝。②小翼:从体部前上方向左右平

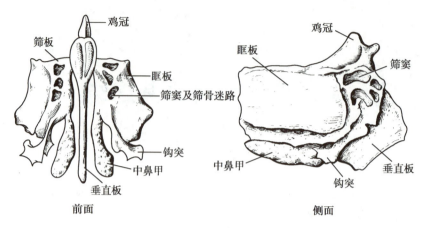

图 2-2　筛骨

伸的三角形薄板,小翼后缘是颅前窝和颅中窝的分界线。小翼根部有视神经管通过,两视神经管内口之间有视交叉沟相连。③大翼:由体部平伸向两侧,继而上翘,分为凹陷的大脑面、前内侧的眶面和外下方的颞面;在大翼近根部处由前向后可见圆孔、卵圆孔和棘孔,从棘孔入颅的脑膜中动脉在骨面上留有动脉沟。体部两侧有由后向前行走的浅沟,称颈动脉沟,颈内动脉经颈动脉管入颅后行于此沟内。在小翼和大翼之间有狭长的眶上裂,颅中窝与眶腔借此裂相通。④翼突:位于蝶骨下面,由大翼根部向下伸出,由内侧板和外侧板构成,两板的后部之间有楔形深窝叫翼突窝,翼突根部有前后方向贯穿的翼管(图 2-3、图 2-4)。

4. **枕骨**(occipital bone)　位于顶骨之后,并延伸至颅底。在枕骨的下面中央有一个大孔,称枕骨大孔,脑和脊髓在此处相续。枕骨借此孔可分为四个部分,后为鳞部,前为基底部,两侧

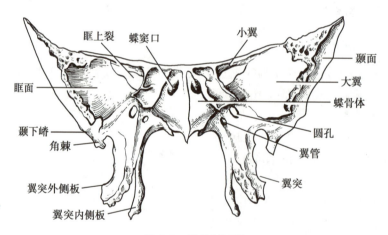

图 2-3　蝶骨(前面)

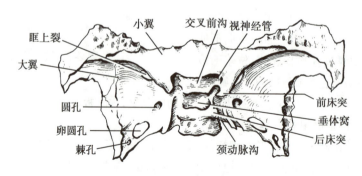

图 2-4　蝶骨(上面)

Note

为侧部。枕骨与顶骨、颞骨及蝶骨相接。枕骨的内面：由枕骨大孔向前上为斜坡，枕骨大孔的前外侧有舌下神经管，管的两端开口分别称舌下神经管内口和外口。在枕骨大孔后方有枕内嵴向后上延伸至枕内隆凸，其上方有矢状沟，两侧为横沟。枕骨前外侧缘有颈静脉切迹，它和颞骨上的颈静脉窝共同围成颈静脉孔。枕骨外面：在枕骨大孔两侧有椭圆形隆起的关节面，称枕骨髁，与寰椎的上关节窝组成寰枕关节。大孔前方有隆起的咽结节，大孔后方有枕外嵴延伸至枕外隆凸，隆凸向两侧有上项线，其下方有与之平行的下项线。

5. 顶骨（parietal bone）   外隆内凹，呈四边形，位于颅顶中部，左右各一，中央隆起处称顶结节。

6. 颞骨（temporal bone）   位于颅骨两侧，并延至颅底，以外耳门为中心可分为颞鳞、鼓部和岩部三部分，周围与顶骨、枕骨及蝶骨相接。①颞鳞：位于外耳门前上方，呈鳞片状，内面有脑膜中动脉沟，外面光滑。前部下方有颧突，颧突水平伸向前，与颧骨的颞突相接形成颧弓。颧突根部下方有椭圆形的窝称下颌窝，窝的前缘隆起，称关节结节。②鼓部：位于下颌窝后方，为弯曲的骨片。从前、下、后三面围绕外耳道。③岩部：又名颞骨锥体，锥体有三个面，呈三棱锥形，尖指向前内对着蝶骨体，底与颞鳞、乳突部相接。岩部的前上面位于颅中窝，中部有一弓状隆起，其外侧较薄的部分，称鼓室盖。隆起近尖端处有光滑的三叉神经压迹。岩部的后面位于颅后窝，近中央部有内耳门，内接内耳道。后面和前上面相接处为岩部上缘。岩部的下面正对向颅底外面，凹凸不平，近中央部有颈动脉管外口，向前内通入颈动脉管，此管先垂直上行，继而折向前内，开口于岩部尖，称颈动脉管内口；颈动脉管外口后方的深窝是颈静脉窝，它与后方枕骨上的颈静脉切迹围成颈静脉孔，窝的外侧有细而长的茎突，茎突根部后方的孔为茎乳孔。位于外耳门后方的肥厚突起称为乳突，内有许多腔隙称乳突小房（图 2-5）。

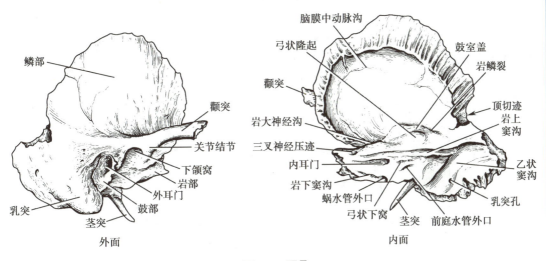

图 2-5 颞骨

二、面颅骨的形态结构

1. 鼻骨（nasal bone）   为成对长方形骨板，上厚下薄，上窄下宽，鼻骨和鼻软骨构成鼻的支架结构。

2. 上颌骨（maxilla）   位于颜面中部，左、右各一，可分为 1 体和 4 突起，即上颌骨体及额突、颧突、腭突和牙槽突。上颌骨体内为一空腔，即上颌窦，体分前面、眶面、鼻面及颞下面。前面上份有眶下孔，眶下神经和血管从此孔穿出。孔的下方凹陷，称尖牙窝。眶面构成眶的下壁，有矢状位的眶下沟，向前下连于眶下管。鼻面构成鼻腔外侧壁，后份有大的上颌窦裂孔，通入上颌窦，

前份有纵形的泪沟,颞下面朝向后外,中部有小的牙槽孔。在4个突起中,额突、颧突和腭突,各自和同名的骨块相联结,牙槽突有牙槽,容纳上颌牙根(图2-6)。

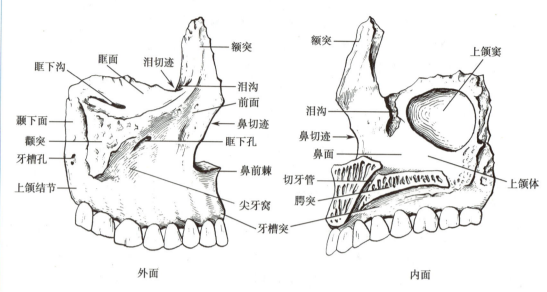

图 2-6　上颌骨

　　3. 泪骨(lacrimal bone)　是成对菲薄的方形小骨片,位于眼眶内侧壁的前份。前接上颌骨额突,后连筛骨眶板。

　　4. 颧骨(zygomatic bone)　位于面中部前面,眼眶的外下方,呈菱形,左、右各一,形成面颊的骨性突起。有颞突、颌突、额蝶突和眶突四个突起。颞突向后接颞骨的颧突,构成颧弓。

　　5. 腭骨(palatine bone)　位于上颌骨的后方,为成对的呈"L"形的骨板,分为水平板与垂直板两部分,水平板构成硬腭后份。垂直板构成鼻腔外侧壁的后份(图2-7)。

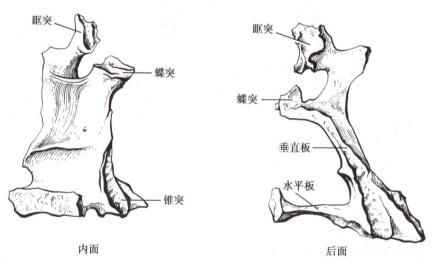

图 2-7　腭骨

　　6. 下鼻甲(inferior nasal concha)　为薄而卷曲的小骨片,左、右各一,附于上颌体和腭骨垂直板的鼻面,形成鼻腔外侧壁的一部分。

　　7. 下颌骨(mandible)　为面颅骨中最大并唯一能动者。分为一体两支。①下颌体:为弓形的骨板,分为上、下两缘和内、外两面。下缘圆钝,为下颌底;上缘构成牙槽弓,有容纳下牙根的

牙槽。体的前外侧面有颏孔,有颏神经和血管穿过。②下颌支:是由体后方向上延伸的方形骨板。其末端有两个突起,前方的称冠突,后方的称髁突,两突之间的凹陷为下颌切迹。髁突上端的膨大为下颌头,头下方缩细处为下颌颈。下颌支后缘与下颌底相交处称下颌角,在体表可扪及。下颌支内面中央有下颌孔,通下颌管至颏孔,有下牙槽神经和血管穿过。孔的前缘有伸向上后的骨突,称下颌小舌(图 2-8)。

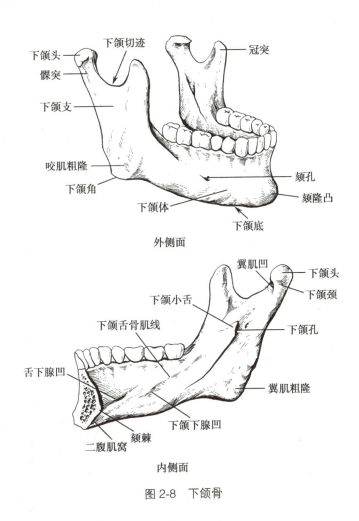

外侧面

内侧面

图 2-8 下颌骨

8. **犁骨(vomer)** 为斜方形小骨片,组成骨性鼻中隔的后下份。

9. **舌骨(hyoid bone)** 位于下颌骨的下后方,呈马蹄铁形,分为中间部的体、向后外延伸的大角和向上突出的小角。大角和舌骨体可在体表扪及(图 2-9)。

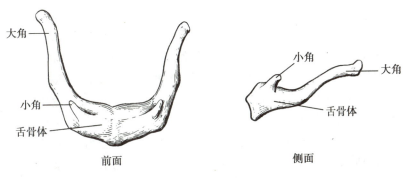

前面   侧面

图 2-9 舌骨

Note

三、颅的整体观

除下颌骨和舌骨以外,颅骨借膜和软骨牢固结合成一整体。整体颅的形态结构,对临床应用极为重要。

1. **颅的上面观(颅顶面)**　由额骨、左右顶骨、枕骨组成,呈卵圆形,前窄后宽,光滑隆凸。顶骨中央最隆凸处,称顶结节。可见三条缝:①**冠状缝**(coronal suture)居前,位于额骨与左、右顶骨之间。②**矢状缝**(sagittal suture)居中,位于左、右顶骨之间。③**人字缝**(lambdoid suture)居后,位于枕骨与左、右顶骨之间。

颅顶的内面凹陷,正中线处有上矢状窦沟,沟的两侧有许多小的颗粒小凹,为蛛网膜粒的压迹。两侧有许多脑回的压迹和树枝状的动脉沟。

2. **颅后面观**　可见人字缝和枕鳞。枕鳞中央最突出部是**枕外隆凸**(external occipital protuberance)。隆凸向两侧的弓形骨嵴称上项线,其下方有与上项线平行的下项线。

3. **颅的侧面观**　由额骨、顶骨、蝶骨、颞骨和枕骨,颧骨及上、下颌骨等构成(图 2-10)。以外耳门为中心,其后方为乳突,前方为**颧弓**(zygomatic arch),二者在体表均可摸到。颧弓将颅侧面分为上方大而浅的颞窝和下方大而深的颞下窝。颞窝的上界为颞线,起自额骨与颧骨相接处,弯向上后,经额骨、顶骨、再转向下前达乳突根部。颞窝前下部较薄,在额、顶、颞、蝶骨会合处最为薄弱,此处常构成"H"形的缝,称**翼点**(pterion),其内面有脑膜中动脉前支通过,临床 X 线检查及手术中应注意。

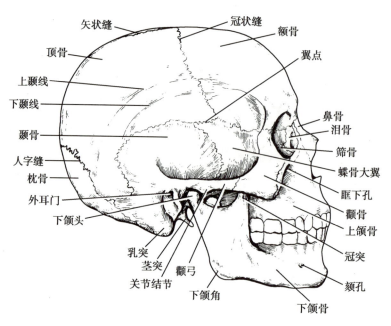

矢状缝　　冠状缝　　额骨
顶骨　　　　　　　　　翼点
上颞线
下颞线　　　　　　　　鼻骨
颞骨　　　　　　　　　泪骨
　　　　　　　　　　　筛骨
人字缝　　　　　　　　蝶骨大翼
枕骨　　　　　　　　　眶下孔
外耳门　　　　　　　　颧骨
下颌头　　　　　　　　上颌骨
　　　　　　　　　　　冠突
乳突　　　　　　　　　颏孔
茎突　　颧弓
关节结节　下颌角
　　　　下颌骨

图 2-10　颅侧面观

颞下窝(infratemporal fossa)是上颌骨体和颧骨后方的不规则间隙。其内有翼内、外肌和血管神经等,向上与颞窝相连。窝前壁为上颌骨体和颧骨,内壁为翼突外侧板,外壁为下颌支,下壁与后壁空缺。此窝向上借卵圆孔和棘孔与颅中窝相通,向前借眶下裂通眶,向内借上颌骨与蝶骨翼突之间的翼上颌裂通翼腭窝。

翼腭窝(pterygopalatine fossa)为上颌骨体、蝶骨翼突和腭骨之间的窄间隙,深藏于颞下窝内侧,有神经、血管由此经过。此窝向外通颞下窝,向前借眶下裂通眶,向内借腭骨与蝶骨围成的蝶腭孔通鼻腔,向后借圆孔通颅中窝,借翼管通颅底外面,向下移行于腭大管,继而经腭大孔通

口腔。

4. **颅底外面观**　颅底外面高低不平,有许多神经血管经过的孔、裂(图 2-11)。颅底外面的前部有上颌牙槽弓和硬腭。硬腭正中有腭中缝,缝的前端有切牙孔,通切牙管,内有鼻腭神经穿过;近后缘两侧有腭大孔,通翼腭管。硬腭上方有被鼻中隔后缘(犁骨)分成左、右两半的鼻后孔。鼻后孔两侧的垂直骨板,即翼突内侧板。蝶骨翼突内、外侧板之间为翼突窝。翼突外侧板根部的后外侧有卵圆孔和棘孔,通颅中窝。鼻后孔后方中央可见枕骨大孔,孔前方为枕骨基底部,与蝶骨体直接结合;孔的两侧有呈椭圆形的枕髁;孔后方正中的突起称枕外隆凸,向两侧延伸为上项线。枕髁前方为破裂孔,是颞骨、枕骨和蝶骨的会合处,活体状态下被软骨封闭;枕髁前外侧稍上有舌下神经管外口;枕髁外侧(枕骨与颞骨岩部交界处)有颈静脉孔。颈静脉孔前方有圆形的颈动脉管外口,颈静脉孔后外侧为细长的骨性突起,称茎突。茎突根部与乳突之间的孔称为茎乳孔,向上通面神经管。颧弓根部后方有下颌窝,窝前缘的隆起称关节结节。

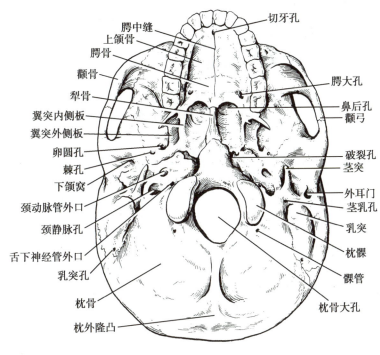

图 2-11　颅底外面观

5. **颅底内面观**　颅底内面高低不平,由前向后,由高到低分别称为颅前、中、后窝(图 2-12)。窝内有许多孔、裂,与颅底外相通。颅底骨质厚薄不一,其中颅前窝最薄,颅后窝最厚。

(1) **颅前窝**(anterior cranial fossa):由额骨眶部、筛骨筛板和蝶骨小翼组成,容纳大脑的额叶。其正中线上由前至后有额嵴、盲孔、鸡冠等结构,其两侧的筛板上有筛孔向下通骨性鼻腔。

(2) **颅中窝**(middle cranial fossa):由蝶骨体、蝶骨大翼和颞骨岩部等组成。窝中央狭窄,两侧宽广。窝中央是蝶骨体,上面有垂体窝,容纳垂体,下方与蝶窦相邻。前外侧有视神经管,向前通眶,内有视神经和眼动脉经过;管口外侧有突向后方的前床突。垂体窝前方的隆起为鞍结节,后方横位的隆起是鞍背。鞍背两侧角向上突起为后床突。垂体窝和鞍背合称蝶鞍,其两侧浅沟为颈动脉沟,沟向前外侧可经蝶骨大翼与小翼之间的眶上裂通眶,眶上裂内有动眼神经、滑车神经、展神经和眼神经等经过。沟后端有孔称破裂孔,破裂孔的后外侧壁上有颈动脉管内口,内有颈内动脉经过。在眶上裂的后方,蝶鞍两侧,由前内向后外,依次排列有圆孔、卵圆孔和棘孔。其中圆孔向前通翼腭窝,孔内有上颌神经穿过;卵圆孔和棘孔向下通颞下窝。卵圆孔内有下颌神经穿过,棘孔内有脑膜中动脉穿过;自棘孔向外上方延伸的沟为脑膜中动脉沟。弓状隆起与

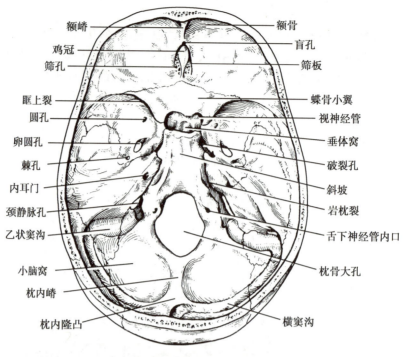

额嵴　　　　　　　　额骨
鸡冠　　　　　　　　盲孔
筛孔　　　　　　　　筛板
眶上裂　　　　　　　蝶骨小翼
圆孔　　　　　　　　视神经管
卵圆孔　　　　　　　垂体窝
棘孔　　　　　　　　破裂孔
内耳门　　　　　　　斜坡
颈静脉孔　　　　　　岩枕裂
乙状窦沟　　　　　　舌下神经管内口
小脑窝　　　　　　　枕骨大孔
枕内嵴
枕内隆凸　　　　　　横窦沟

图 2-12　颅底内面观

颞鳞之间的薄骨板为鼓室盖,颞骨岩部尖端有一凹陷为三叉神经压迹。

(3) **颅后窝**(posterior cranial fossa):主要由枕骨和颞骨岩部组成。窝中央有**枕骨大孔**(foramen magnum),孔前上方的平坦斜面为**斜坡**(clivus),孔前外缘有舌下神经管内口;孔后方有枕内隆凸,由此向上的浅沟为上矢状窦沟,向两侧的浅沟为横窦沟,行至颞骨岩部延续为乙状窦沟,末端终于**颈静脉孔**(jugular foramen),通颅底外面。颞骨岩部后面中份有向前内的开口,即内耳门,通入内耳道。

6. **颅的前面观**　颅的前面分为额区、眶、骨性鼻腔和骨性口腔(图 2-13)。

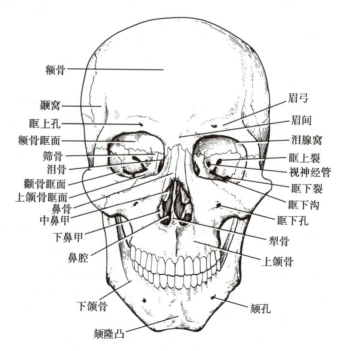

额骨　　　　　　　　眉弓
颞窝　　　　　　　　眉间
眶上孔　　　　　　　泪腺窝
额骨眶面　　　　　　眶上裂
筛骨　　　　　　　　视神经管
泪骨　　　　　　　　眶下裂
颧骨眶面　　　　　　眶下沟
上颌骨眶面　　　　　眶下孔
鼻骨　　　　　　　　犁骨
中鼻甲　　　　　　　上颌骨
下鼻甲
鼻腔
下颌骨　　　　　　　颏孔
　　　　　　　　　　颏隆凸

图 2-13　颅前面观

（1）**额区**：为眶以上的部分，由额骨的额鳞构成。两侧可见隆起的额结节，结节下方有与眶上缘平行的弓形隆起，称眉弓。左右眉弓间的平坦部，称眉间，眉弓与眉间都是重要的体表标志。

（2）**眶**（orbit）：为额区下外方一对一对四棱锥形深腔，容纳眼球及附属结构。由额骨、蝶骨、筛骨、泪骨、颧骨和上颌骨组成。分为一底一尖和四壁（上、下、内侧、外侧四壁）。

尖向后内，尖端有一圆形孔，即视神经管，通入颅中窝，有视神经和眼动脉穿过。底朝前外，即眶口，呈四边形，向前下外倾斜。眶上缘中、内 1/3 交界处有**眶上孔**（supraorbital foramen）或**眶上切迹**（supraorbital notch），有眶上神经和血管穿过；眶下缘中点下方有一孔为**眶下孔**（infraorbital foramen），有眶下神经和血管穿过。上壁由额骨眶部和蝶骨小翼组成，与颅前窝相邻，前外侧份有一深窝，称**泪腺窝**（fossa for lacrimal gland），容纳泪腺。内侧壁最薄，由前向后为上颌骨额突、泪骨、筛骨眶板和蝶骨体组成，与筛窦和鼻腔相邻。前下份有一个长圆形窝，容纳泪囊，称泪囊窝，此窝向下经**鼻泪管**（nasolacrimal canal）通鼻腔。下壁主要由上颌骨构成，壁下方为上颌窦。下壁和外侧壁交界处后份，有**眶下裂**（inferior orbital fissure）向后通入颞下窝和翼腭窝，裂中部有前行的眶下沟，沟向前导入眶下管，管开口于眶下孔。外侧壁较厚，由颧骨和蝶骨组成。外侧壁与上壁交界处的后份有**眶上裂**（superior orbital fissure）向后通入颅中窝。

（3）**骨性鼻腔**（bony nasal cavity）：位于面颅中央，介于两眶与上颌骨之间。被骨性鼻中隔（由犁骨和筛骨垂直板构成）分隔为左、右两半。

鼻腔顶主要由筛骨的筛板组成，有筛孔通颅前窝。底由上颌骨的腭突和腭骨的水平板组成，前端有切牙管向下通口腔。外侧壁由上颌骨体、腭骨垂直板、筛骨迷路和下鼻甲组成，此壁从上而下有三个卷曲的骨片，分别称上、中、下鼻甲；每个鼻甲下外方的鼻道，分别称上、**中、下鼻道**（superior,middle and inferior nasal meatus）。上鼻甲后上方与蝶骨体之间的间隙，称蝶筛隐窝（图 2-14）。中鼻甲后方有一孔，为蝶腭孔，向外侧通翼腭窝。鼻腔前方开口称为梨状孔，后方开口称为鼻后孔，通鼻咽部。

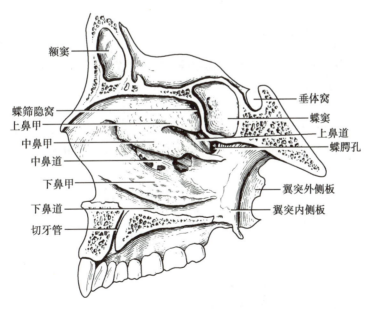

图 2-14　鼻腔外侧壁

鼻旁窦（paranasal sinuses）是位于鼻腔周围的含气空腔，借孔裂开口于鼻腔，包括额窦、筛窦、蝶窦和上颌窦 4 对。

①**额窦**（frontal sinus）位于额骨眉弓深面，左右各一，窦口向后下，开口于中鼻道前部。②**筛窦**（ethmoidal sinuses），又名**筛小房**（ethmoidal cellules），为筛骨迷路内呈蜂窝状的腔隙，分为前、中、

Note

后三群。前、中群筛窦开口于中鼻道,后群筛窦开口于上鼻道。③**蝶窦**(sphenoidal sinus)位于蝶骨体内,被骨板隔成左右两腔,开口于蝶筛隐窝。④**上颌窦**(maxillary sinus)最大,位于上颌骨体内,窦顶为眶下壁,窦底为上颌骨牙槽突,与第1、2磨牙及第2前磨牙紧邻。窦前壁的凹陷处称尖牙窝,骨质最薄。内侧壁即鼻腔外侧壁,上颌窦开口于中鼻道。窦口高于窦底,当窦内有积液时,直立位时不易引流(图2-15)。

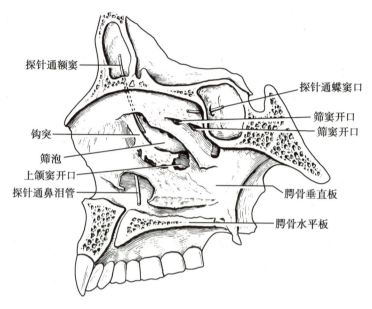

图 2-15　鼻旁窦开口

(4) **骨性口腔**(bony oral cavity):由上颌骨、腭骨和下颌骨围成。顶即硬腭,前壁及外侧壁由上、下颌骨牙槽部及牙围成,向后通咽,底由软组织封闭。

四、新生儿颅骨的特点及其生后变化

胎儿时期由于脑及感觉器官发育早,而咀嚼和呼吸器官,尤其是鼻旁窦尚未发育,故新生儿的脑颅大于面颅,新生儿面颅占全颅的1/8,而成人为1/4。额结节、顶结节和枕鳞都是骨化中心部位,发育明显,从颅顶观察,新生儿颅呈五角形。颅顶各骨尚未完全发育,骨缝间充满纤维结缔组织膜,在多骨交接处,间隙的膜较大,称**颅囟**(cranial fontanelles),包括前囟、后囟、蝶囟和乳突囟(图2-16)。**前囟**(anterior fontanelle)位于矢状缝与冠状缝相接处,呈菱形,最大,出生

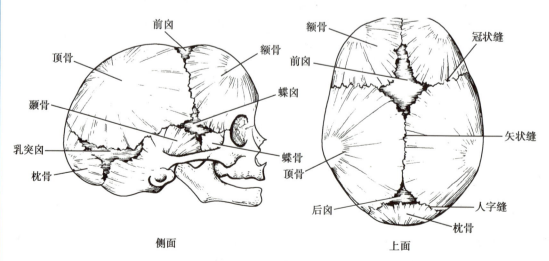

侧面　　　　　　　　　　　　　　　上面

图 2-16　新生儿颅骨

后 1~2 年闭合。前囟可作为判断胎儿体位的标志和了解婴儿骨骼的生长发育。**后囟**（posterior fontanelle）位于矢状缝与人字缝会合处,呈三角形,出生后 6 个月闭合。蝶囟和乳突囟分别位于顶骨的前下角和后下角,生后不久即闭合。以后随着牙齿生长,面颅不断增大,鼻旁窦也随年龄增长而出现并加大。

第二节　颅骨的连结

多数分块的颅骨,以直接连结的形式结合,只有下颌骨与颞骨之间形成活动的颞下颌关节。故颅骨的连结可分为直接连结和滑膜关节两类。

一、颅骨的直接连结

(1) 纤维连结:颅顶各骨之间借薄层结缔组织膜相连,形成缝,如冠状缝、矢状缝、人字缝和蝶顶缝等。在鼻骨和鼻骨之间,两侧腭骨水平板之间,缝较直,称直缝。舌骨借韧带与颅底相连。

(2) 软骨连结:颅底各骨之间多借软骨相连,如蝶枕软骨结合、蝶岩软骨结合、岩枕软骨结合等。

(3) 骨性结合:随着年龄的增长有的缝和软骨可发生骨化而成为骨性结合。如蝶枕骨性结合等。

二、颅骨的滑膜关节

颞下颌关节（temporomandibular joint）又称下颌关节,为颅骨连结中唯一的滑膜关节。由下颌骨的下颌头与颞骨的下颌窝及关节结节构成。其关节面表面覆有纤维软骨;关节囊上方附着于下颌窝及关节结节周围,下方附着于下颌颈,关节囊比较松弛,关节囊的外侧部有外侧韧带(颞下颌韧带)加强。关节腔内有纤维软骨性的关节盘,呈卵圆形,内外径大于前后径,关节盘的厚度不是均匀一致的,关节盘的周缘与关节囊相连,将关节腔分为上、下两部分。关节囊的前份较薄弱,下颌关节易向前脱位(图 2-17)。

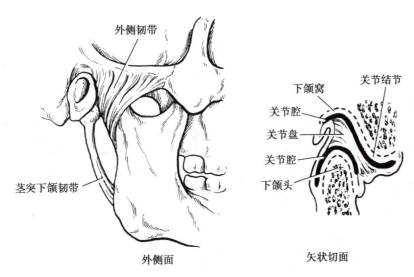

外侧面　　　　　　　　矢状切面

图 2-17　颞下颌关节

颞下颌关节属于联合关节,两侧必须同时运动。运动方式包括下颌骨的上提、下降、前进、后退和侧方运动。下颌骨的上提和下降,主要发生于下关节腔(关节旋转);下颌骨的前进和后退,主要发生于上关节腔(关节滑动);下颌骨的侧方运动是一侧的下颌头对关节盘做旋转运动,而对

Note

侧的下颌头和关节盘一起对关节窝作前进滑动运动。张口是下颌骨下降并伴有向前的运动,闭口则是下颌骨上提并伴下颌头和关节盘一起滑回关节窝的运动。

(李　锋)

第三节　临床联系

一、颅底部骨折

颅底骨折根据累及部位不同,可产生不同部位的皮下淤血,脑脊液漏及相应颅神经损伤的临床表现。

1. 颅前窝骨折(fracture of anterior fossa)
骨折累及额骨眶顶和筛骨(图 2-18),引起的出血经前鼻孔流出或流进眶内、眶周皮下及球结合膜下形成淤斑,称之"熊猫眼"征,若骨折处脑膜、骨膜均破裂,脑脊液可经额窦或筛窦由前鼻孔流出,形成脑脊液鼻漏。筛板及视神经管骨折可引起嗅神经和视神经损伤。

2. 颅中窝骨折(fracture of middle fossa)
常累及颞骨岩部(图 2-19),脑膜和骨膜均破裂时,脑脊液经中耳由鼓膜裂孔流出形成脑脊液耳漏;如鼓膜完好,脑脊液则经咽鼓管流往鼻咽部;若累及蝶骨,可有鼻出血,脑脊液经蝶窦由鼻孔流出,形成脑脊液鼻漏。常合并第Ⅶ或Ⅷ颅神经损伤;如骨折累及蝶骨和颞骨内侧可伤及脑垂体和第Ⅱ、Ⅲ、Ⅳ、Ⅴ及Ⅵ颅神经;如果伤及颈内动脉海绵窦段可形成颈内动脉海绵窦瘘而出现搏动性突眼。颈内动脉如在破裂孔或在颈内动脉管处破裂,则可发生致命性鼻出血或耳出血。

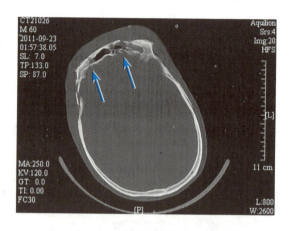

图 2-18　颅前窝骨折 CT 图像
箭头所指处即为骨折位置(骨折累及额窦),可见骨连续性中断

3. 颅后窝骨折(fracture of posterior fossa)　骨折累及颞骨岩部后外侧时,多在伤后 1~2 日出现乳突部皮下瘀血。骨折累及枕骨基底部,可在伤后数小时出现枕下部肿胀及皮下瘀血。骨折累及枕大孔或岩骨尖后缘,可出现个别或全部后组颅神经(即Ⅸ ~ Ⅻ颅神经)受累的症状,如声音嘶哑,吞咽困难(图 2-20)。

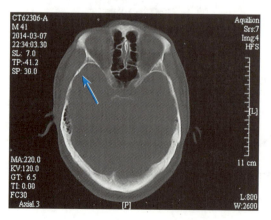

图 2-19　颅中窝骨折 CT 图像
箭头所指处即为骨折位置(骨折累及颞骨),见骨连续性中断

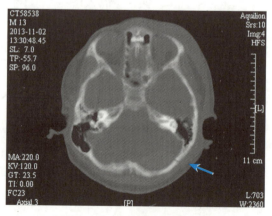

图 2-20　颅后窝骨折 CT 图像
箭头所指处即为骨折位置,骨折累及枕骨,可见骨连续性中断

颅底骨折根据病因、临床表现和 X 线或 CT 扫描等检查确诊。这类骨折多数无需特殊治疗，而要着重处理合并的脑损伤和其他并发损伤。耳鼻出血和脑脊液漏，不可堵塞或冲洗，以免引起颅内感染。多数脑脊液漏能在两周左右自行停止。

二、狭颅症

狭颅症（craniostenosis）又称颅缝早闭（craniosynostosis）或颅缝骨化症（craniostosis），因在生长发育过程中颅缝过早闭合，以致颅腔狭小不能适应脑的正常发育所致。主要表现为头颅畸形，颅内压升高和脑功能障碍。头颅畸形因早闭的颅缝的不同而异，所有颅缝均过早闭合，形成尖头畸形或塔状头；矢状缝过早闭合，形成舟状头或长头畸形；两侧冠状缝过早闭合，形成短头或扁头畸形；一侧冠状缝过早闭合，形成斜头畸形（图 2-21）。X 线照片可见颅骨骨缝过早消失。治疗方法首选手术，越早疗效越好，手术有两种方式，颅缝再造术和颅骨切开术。

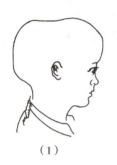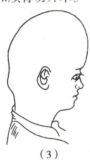

（1）　　　　　　（2）　　　　　　（3）

图 2-21　狭颅症患儿头颅外观
（1）舟状头；（2）塔状头；（3）扁头

三、颅底凹陷症

患者女，44 岁，因"颈部酸痛伴右上肢麻木、乏力 10 年，加重 1 个月"入院。查体：下颈椎棘突旁肌肉轻度痉挛并有轻度压痛，颈部后伸活动稍受限。右侧三角肌、肱二头肌、肱三头肌、指间肌、屈指肌的肌力Ⅳ级，右手握力下降，右手、右前臂、上臂外侧痛温觉减退。生理反射存在，病理征未引出。

影像学检查（图 2-22、图 2-23）提示：①Chiari 畸形并脊髓空洞。②颈椎退行性变；颈 C4/5、C6/7 椎间盘膨出，颈 5/6 椎间盘突出中央偏右。

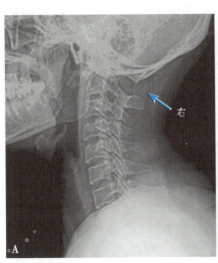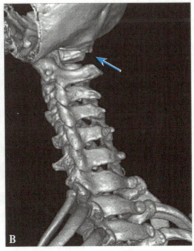

图 2-22　颈椎影像学结果显示：寰枕融合
A. 颈椎侧位 X-Ray 图像；B. 颈椎 CT 三维重建图像

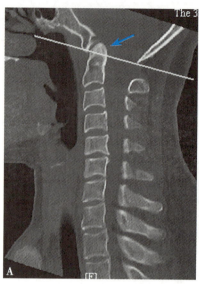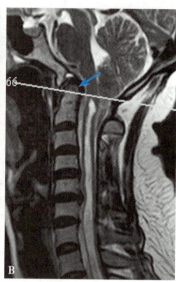

图 2-23　颈椎影像学显示:枢椎齿状突向上移位进入枕骨大孔
A.颈部矢状位 CT 图像;B.颈部矢状位 MRI 图像

　　诊断:①颅颈段畸形:Chiari 畸形(颅底凹陷症;先天性寰椎发育不良并寰枕融合;小脑扁桃体下疝畸形)并脊髓空洞症;②神经根型颈椎病。

　　枕骨大孔连系颅腔与椎管,脑和脊髓在此处相续。枕骨大孔是颅底的重要组成成分。

　　颅底凹陷是枕骨大孔区最常见的畸形,90% 以上颅底凹陷症是枕骨和寰枢椎的畸形,枕骨的基部、髁部及鳞部以枕骨大孔为中心向颅腔内陷入,枕骨大孔边缘有寰椎距离变短,甚至与寰椎后弓融合,枕骨髁发育不良、不对称,枕骨基底部变短、变直、高低不平,颅底呈漏斗状,寰椎突入颅内,枢椎的齿状突高出正常水平而进入枕骨大孔,枕骨大孔前后缩短,而使颅后窝缩小,从而压迫延髓、小脑和牵拉神经根,产生一系列神经系统症状和体征。

　　除上述骨改变外,局部软组织还可产生增厚和紧缩,枕骨大孔附近的筋膜、韧带、硬脑膜和蛛网膜的粘连、增厚呈束带状,从而压迫小脑、延髓、脑神经、上颈髓、颈神经和椎动脉等,而产生症状。晚期常出现脑脊液循环障碍而导致梗阻性脑积水和颅内压增高。颅底凹陷常合并脑脊髓和其他软组织畸形,如小脑扁桃体疝、脊髓空洞症及蛛网膜粘连等。

　　Hadley 将本病分为 2 型,①先天型:又称原发性颅底凹陷症,伴有寰枕融合、枕骨变扁、枕骨大孔变形、齿状突向上移位甚至进入枕骨大孔内,致使枕骨大孔前后径缩小。在胚胎发育 2~3周时,由于胚胎分节的局部缺陷,寰椎不同程度地进入枕骨大孔内,有时与之融合等。近年来有人发现本病与遗传因素有关,即同一家族兄弟姐妹中可有数人发病。②继发型:又称获得型颅底凹陷症,较少见,常继发于骨炎、成骨不全、佝偻病、骨软化症、类风湿性关节炎或甲状旁腺功能亢进等。导致颅底骨质变软,变软的颅底骨质受到颈椎压迫而内陷,枕骨大孔升高,有时可达岩骨尖,且变为漏斗状。同时颈椎也套入颅底,为了适应寰椎后弓,在枕骨大孔后方可能出现隐窝,而寰椎后弓并不与枕骨相融合。

　　神经系统症状及体征主要表现为枕骨大孔区综合征,其主要临床表现为:

　　1. 上颈神经根刺激症状　主要是由于颅底畸形骨质刺激和压迫寰枕筋膜、韧带和硬脊膜,使其发生增生、肥厚或形成纤维束带,压迫上颈神经根。患者常常诉说枕部慢性疼痛,颈部活动受限,感觉减退,一侧或双侧上肢麻木、疼痛、肌肉萎缩、强迫头位等。

　　2. 后组脑神经障碍症状　常因脑干移位、牵拉或蛛网膜粘连,使后组脑神经受累,而出现吞咽困难、呛咳、声音嘶哑、舌肌萎缩、言语不清、咽反射减弱等延髓性麻痹的症状,以及面部感觉减退、听力下降、角膜反射减弱等症状。

3. **延髓及上颈髓受压体征**　主要因小脑扁桃体下疝、局部病理组织压迫延髓及上颈髓和继发脊髓空洞症所致。患者表现为四肢无力、感觉障碍、锥体束征阳性、尿潴留、吞咽、呼吸困难、手指精细动作障碍,位置觉消失;有时出现脊髓颈胸段单侧或双侧节段性痛、温觉消失,而触觉和深感觉存在,这种分离性感觉障碍为脊髓空洞症的特征表现。

4. **小脑功能障碍**　以眼球震颤为常见,多为水平震颤,亦可为垂直或旋转震颤。晚期可出现小脑性共济失调,表现为步态不稳、说话不清、查体可见指鼻试验不准,跟膝胫试验不稳,闭目难立征阳性等。

5. **椎动脉供血障碍**　表现为发作性眩晕、视力障碍、恶心呕吐、共济失调、面部感觉障碍、四肢瘫痪及延髓性麻痹等临床症状。

6. **颅内压增高症状**　早期患者一般无颅内压增高,一旦出现说明病情严重,而且多为晚期。症状系发生梗阻性脑积水所致,个别出现较早的患者可能为合并颅内肿瘤或蛛网膜囊肿。患者表现为剧烈头痛、恶心呕吐、视盘水肿,甚至发生枕骨大孔疝,出现意识障碍,呼吸循环障碍或突然呼吸停止而死亡。

(蔡道章)

本章小结

　　颅骨包括脑颅骨和面颅骨。脑颅骨共8块,包括不成对的额骨、筛骨、蝶骨、枕骨和成对的顶骨、颞骨。面颅骨共15块,包括成对的鼻骨、泪骨、上颌骨、颧骨、下鼻甲、腭骨和不成对的下颌骨、犁骨、舌骨。颅的上面观可见冠状缝、矢状缝和人字缝。颅的侧面观,颞窝前下部较薄,在额、顶、颞、蝶骨会合处最为薄弱,此处常构成H形的缝,称翼点。其内面有脑膜中动脉前支通过。鼻旁窦是位于鼻腔周围的含气空腔,借孔裂开口于鼻腔,包括额窦、筛窦、蝶窦和上颌窦4对。颞下颌关节由下颌骨的下颌头与颞骨的下颌窝及关节结节构成,其关节面表面覆有纤维软骨,内有纤维软骨性的关节盘,将关节腔分为上、下两部分。颞下颌关节属于联合关节,两侧必须同时运动。运动方式包括下颌骨的上提、下降、前进、后退和侧方运动。

思考题

1. 颅骨的组成。
2. 翼点位置、组成和临床意义。
3. 颅底内面三窝的组成,三窝中主要孔裂名称和经过的结构。
4. 骨性鼻旁窦的位置及开口。
5. 颞下颌关节的组成、结构特点和运动方式。

第三章　躯干骨及其连结

　　躯干骨包括椎骨、骶骨、尾骨、肋骨和胸骨。其中椎骨借骨连结形成脊柱,构成人体的中轴,传递体重、容纳和保护脊髓。椎骨、肋和胸骨以骨连结围成胸廓,容纳和保护心、肝、肺等重要器官,其运动还是重要的呼吸运动。骶骨参与组成骨盆,除了可传递体重外,亦可容纳和保护消化、泌尿和生殖系统的器官。

第一节　脊　　柱

　　脊柱(vertebral column)由 24 块椎骨、1 块骶骨和 1 块尾骨借骨连结构成。位于人体背部中央,构成人体中轴,上承托颅,中段与胸骨、肋构成胸廓,下端与下肢带骨构成骨盆。脊柱的椎管可容纳和保护脊髓,胸廓和骨盆可保护胸、腹、盆腔的脏器,脊柱可支持体重,还有广泛的运动功能。

一、椎骨

(一)椎骨的一般形态

　　椎骨(vertebrae)　幼儿时有 33 或 34 块,其中颈椎 7 块,胸椎 12 块,腰椎 5 块,骶椎 5 块及尾椎 3~5 块。随着年龄增长,5 块骶椎融合成 1 块骶骨,尾椎融合成 1 块尾骨,因此,成人一般为 26 块。椎骨连结成脊柱,构成人体的中轴,传递体重,并有参与胸腔、腹腔和盆腔的构成,容纳脊髓,保护胸、腹、盆腔器官,支持体重,并具有运动功能。

　　椎骨的一般形态:

　　椎骨由前方的椎体和后方的椎弓组成(图 3-1)。

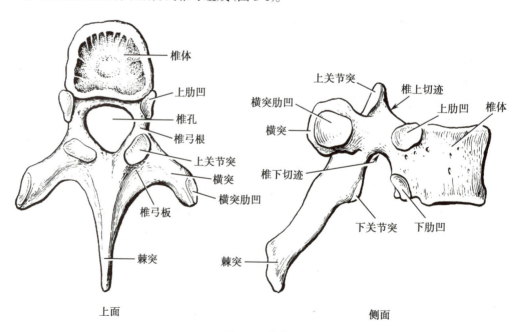

上面

侧面

图 3-1　胸椎

椎体(vertebral body)呈短圆柱状,内部为骨松质,表面是薄层骨密质,上、下面较粗糙,相邻椎体间以纤维软骨连成柱状,椎体后面略凹,与椎弓共同围成**椎孔**(vertebral foramen),当椎骨连成脊柱时,各椎孔连通,构成容纳保护脊髓的**椎管**(vertebral canal)。椎体是椎骨负重的主要部分,当遇到垂直暴力损伤,可导致椎体骨折。

椎弓(vertebral arch)位于椎体后方的弓形骨板。与椎体相连的缩窄部分称**椎弓根**(pedicle of vertebral arch),根的上、缘下各有一切迹,分别称椎上切迹和椎下切迹,椎上切迹较浅,椎下切迹较深。相邻椎骨椎上、下切迹共同围成**椎间孔**(intervertebral foramina),有脊神经和血管通过。椎弓根向后内扩展变宽呈板状,称**椎弓板**(lamina of vertebral arch)。左、右椎弓板在中线相连形成完整的椎弓。椎弓上有七个突:由椎弓正中向后方或后下方伸出的一个称**棘突**(spinous process),多数可在背部正中线摸到,有肌及韧带附着;对脊柱伸直及轻微旋转运动起杠杆作用。自椎弓根和椎弓板连接处向外或后外左右各伸出一对**横突**(transverse process),对脊柱的侧屈或旋转运动起杠杆作用,横突也有韧带和肌肉附着;椎弓根与椎弓板结合处各有一对向上、下的突起,称**上关节突**(superior articular processes)和**下关节突**(inferior articular processes),表面均有光滑的关节面,相邻椎骨的上、下关节突组成关节突关节。各部椎骨的关节面的方位不同,与该部脊柱运动相适应。

(二)各部椎骨的形态特征

1. 颈椎(图 3-2)　颈椎(cervical vertebrae)的椎体较小,横断面呈椭圆形。第 3~7 颈椎体上面侧缘向上突起,称椎体钩。椎体钩与上位椎体下面两侧的唇缘相接,则形成钩椎关节,又称 Luschka 关节。若 Luschka 关节过度增生肥大,可使椎间孔狭窄,压迫脊神经,产生颈椎病的症状。颈椎的椎孔大,呈三角形;上、下关节突的关节面卵圆形,几乎呈水平位。横突根部有横突孔(transverse foramen),有椎动脉和椎静脉通过。横突末端分为前、后结节,两结节间的沟为脊神经前支通过,第 6 颈椎横突的前结节较大,颈总动脉经其前面上行,故称为颈动脉结节(carotid tubercle),当头部受伤出血时,可用手指将颈总动脉压于此结节暂时止血。第 2~6 颈椎棘突短而分叉。

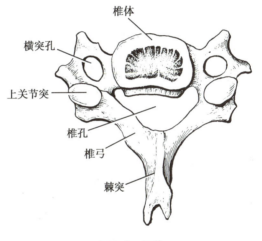

图 3-2　颈椎

第 1 颈椎又称**寰椎**(atlas)(图 3-3),呈环状。无椎体、棘突和关节突,主要由前弓、后弓及侧块组成。前弓较短,前面正中央处有前结节,后面有齿突凹,与枢椎的齿突相关节。后弓较长,

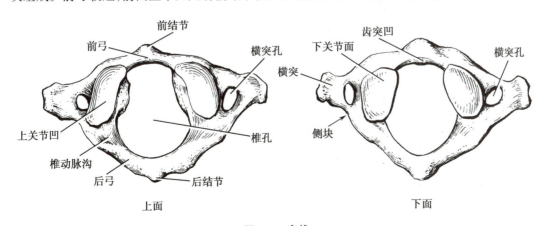

图 3-3　寰椎

后面中点向后方突起为后结节,上面横行的椎动脉沟,有椎动脉通过。椎动脉出横突孔经此沟而入枕骨大孔。侧块连接前后两弓,其上面有椭圆形的上关节凹,与枕髁相关节,下面有圆形的关节面与枢椎上关节面相关节。

第2颈椎又称**枢椎**(axis)(图 3-4),椎体向上伸出指状突起称齿突,与寰椎的齿突凹相关节。齿突原为寰椎椎体,发育过程中与枢椎椎体融合而脱离寰椎,实为适应头部的旋转运动所致。齿突根部较窄,遇暴力冲击时可发生骨折,若向后移位,可压迫脊髓产生严重后果。

第7颈椎又名**隆椎**(vertebrae prominens)(图 3-5),棘突特别长,末端不分叉,活体容易扪到,是临床上计数椎骨序数和针灸取穴的标志。

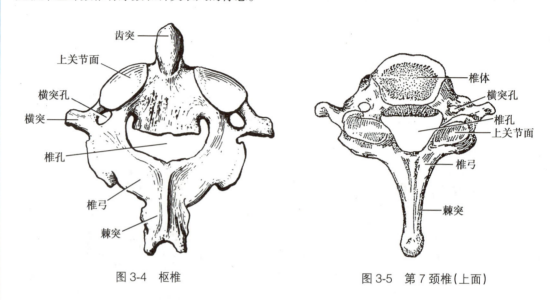

图 3-4　枢椎　　　　　　　　　　　图 3-5　第 7 颈椎(上面)

2. **胸椎**　胸椎(thoracic vertebrae)(图 3-1),椎体横断面呈心形,从上向下椎体逐渐增大。上位胸椎体近似颈椎椎体,下位胸椎椎体与腰椎相似。椎体的后外侧上、下缘处有与肋骨头相关节的半圆形浅凹,分别称上、下肋凹。横突末端前面也有横突肋凹,与肋结节相关节。棘突较长,斜向后下方,依次掩叠,呈叠瓦状排列。关节突关节面几乎呈冠状位,上关节突关节面朝向后。

第 1 胸椎椎体的肋凹有两对,上方一对为圆形的全肋凹,下方一对为半圆形的下肋凹;第 10 胸椎椎体只有一个上肋凹;第 11、12 胸椎各有一个全肋凹,无横突肋凹。

3. **腰椎**　腰椎(lumbar vertebrae)(图 3-6),椎体粗壮,横断面呈肾形,椎孔大呈卵圆形或三

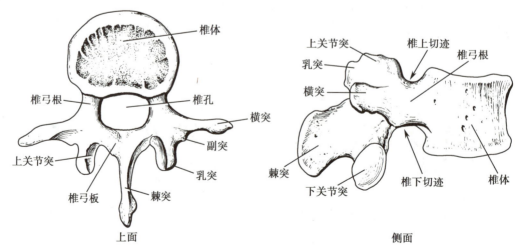

上面　　　　　　　　　　　　　　侧面

图 3-6　腰椎

角形,关节突粗大,关节面几乎呈矢状位,上关节突后缘的卵圆形突起称乳突,横突根部后下方有一副突。棘突宽而短,呈板状,水平伸向后方,棘突间间隙较宽,临床上常在此作腰椎穿刺。

4. **骶骨**　**骶骨**(sacral bone)(图 3-7),由 5 块骶椎融合而成,呈三角形。分为底、尖、前面、后面及外侧部。骶骨底朝向上方,与第 5 腰椎相接,其前缘向前突出称岬,是产科骨盆测量的一个重要标志。尖向下接尾骨。骶骨前面又称盆面,凹陷而光滑,中部有四条横线,是骶椎椎体融合的痕迹。横线两端有 4 对骶前孔。骶骨后面粗糙隆凸,沿中线的纵行突起是骶椎棘突融合而成的骶正中嵴,可在体表扪及,棘两侧有 4 对骶后孔。骶前、后孔均与骶管相通,分别有骶神经的前、后支通过。骶管为骶椎椎孔连接而成,是椎管的下段,其下端的"U"形裂孔称**骶管裂孔**(sacral hiatus),是第 4、5 骶椎的椎弓板缺如形成的。裂孔两侧有向下突出的第 5 骶椎下关节突称骶角,可在体表扪及,临床上,常以骶角作为确定骶管裂孔位置的标志进行骶管麻醉。骶骨的外侧面上宽下窄,上部有耳状面与髂骨的耳状面相关节。耳状面上端平对第 1 骶椎,下端一般平第 3 骶椎,耳状面后方的骨面凹凸不平,为骶髂背侧韧带附着。

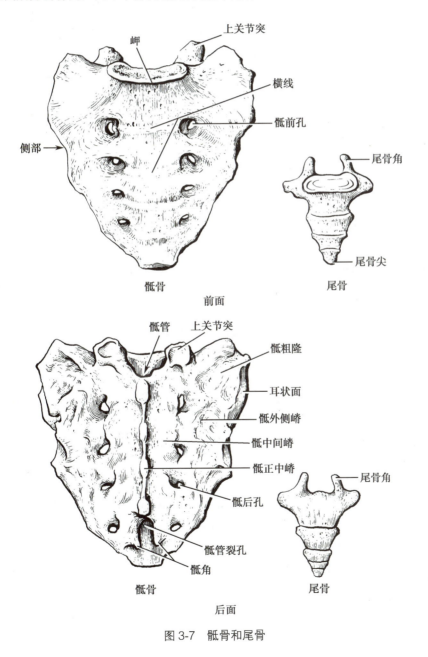

图 3-7　骶骨和尾骨

5. 尾骨　尾骨(coccyx)由3~5块退化的尾椎融合而成。三角形,上接骶骨,下端游离为尾骨尖。

二、椎骨的连结

各椎骨之间借韧带、软骨、滑膜关节和骨性结合相连,形成脊柱,分为椎体间连结和椎弓间连结。

1. 椎体间的连结　相邻各椎体之间借椎间盘、前纵韧带和后纵韧带相连。

(1) **椎间盘**(intervertebral discs):是连结相邻两个椎体的纤维软骨盘,成人有23个椎间盘。23个椎间盘厚薄不一,以胸段最薄,由此向上、向下逐渐增厚,颈部较厚,腰部最厚,故脊柱颈、腰部活动度较大,尤其腰部最大。椎间盘由两部分构成,中央部为**髓核**(nucleus pulposus),是柔软而富有弹性的胶状物质,为胚胎时脊索的残留物。周围部为**纤维环**(anulus fibrosus),由多层纤维软骨环按同心圆排列组成,富于坚韧性,牢固连结各椎体上、下面,保护髓核并限制髓核向周围膨出。椎间盘既坚韧,又富弹性,承受压力时被压缩,除去压力后又复原,具有"弹性垫"样缓冲作用,并允许脊柱做各个方向的运动(图3-8)。颈、腰部的椎间盘前厚后薄,胸部的则与此相反。其厚薄和大小因年龄而异。在过度疲劳、体位骤变、猛力动作或暴力撞击下,纤维环破裂,髓核易向后外侧脱出,压迫脊髓或脊神经根,引起牵涉性痛,即称为椎间盘脱出症。

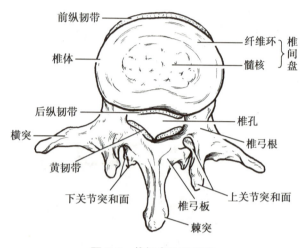

图3-8　椎间盘和关节突

（图中标注：前纵韧带、椎体、后纵韧带、横突、黄韧带、下关节突和面、纤维环、髓核（椎间盘）、椎孔、椎弓根、上关节突和面、椎弓板、棘突）

(2) **前纵韧带**(anterior longitudinal ligament):为全身最长的韧带,位于椎体前面,宽而坚韧,上起枕骨大孔前缘,下达第1或第2骶椎体,其纤维与椎体及椎间盘连结牢固,有防止脊柱过度后伸和椎间盘向前脱出的作用。

(3) **后纵韧带**(Posterior longitudinal ligament):位于椎管内、椎体后面,细长而坚韧,起自枢椎并与覆盖枢椎体的覆膜相续,向下达骶管,与椎体后面疏松结合,而与椎间盘纤维环及椎体上下缘紧密联结,有限制脊柱过度前屈的作用。

2. 椎弓间的连结　包括椎弓板之间和各突起之间的连结(图3-9)。

(1) **黄韧带**(ligamenta flava):连结相邻两椎弓板间的韧带,由黄色的弹力纤维构成。参与围成椎管,并有限制脊柱过度前屈的作用(图3-10)。

(2) **棘间韧带**(interspinal ligaments):连结相邻棘突间的薄层纤维,腰部者较厚,前接黄韧带,后方移行于棘上韧带和项韧带。

(3) **棘上韧带**(supraspinal ligaments)和**项韧带**(ligamentum muchae):连结胸、腰、骶椎各棘突尖之间的纵形韧带,腰部较厚,胸部细弱,其前方与棘间韧带融合,与棘间韧带都有限制脊柱前屈的作用。在颈部,从颈椎棘突尖向后扩展成三角形板状的弹性膜,称项韧带,起肌间隔作用,供颈部肌肉附着。向上附着于枕外隆凸及枕外嵴,向下达第7颈椎棘突并续于棘上韧带。项韧带相当于棘上韧带和棘间韧带(图3-11)。

(4) **横突间韧带**(intertransverse ligament):连结相邻椎骨的横突之间的韧带,部分与横突间肌混合。

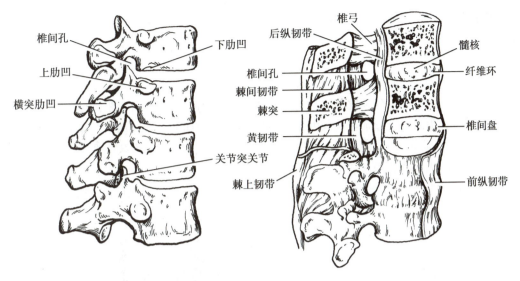

图 3-9 椎骨间的连结

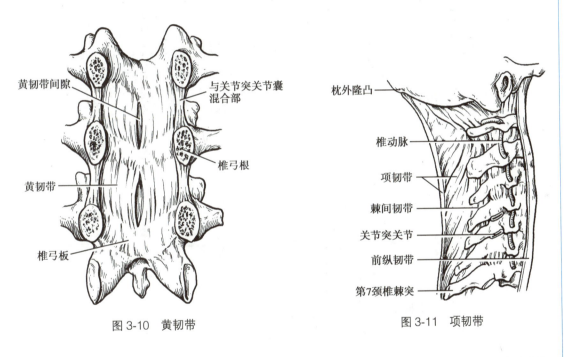

图 3-10 黄韧带

图 3-11 项韧带

（5）**关节突关节**（zygapophysial joints）：由相邻椎骨的上、下关节突的关节面构成，属平面关节，可作轻微滑动。

3. 寰枕及寰枢关节

（1）**寰枕关节**（atlantooccipital joint）：由两侧枕髁与寰椎侧块的上关节凹构成的椭圆关节，为联合关节。双侧同时运动，可使头作俯仰和侧屈运动。关节囊松弛，与寰枕前、后膜相联结。寰枕前膜连结枕骨大孔前缘与寰椎前弓上缘之间，是前纵韧带的最上部分。寰枕后膜连结枕骨大孔后缘与寰椎后弓上缘之间，两侧移行于关节囊，前面与硬脊膜紧密相连，其外下方有椎动脉及枕下神经通过。

（2）**寰枢关节**（atlantoaxial joint）：包括 3 个独立的关节，即 2 个寰枢外侧关节和 1 个寰枢正中关节。

寰枢外侧关节（lateral atlantoaxial joint）由寰椎下关节凹和枢椎上关节突构成。关节囊的后部及内侧均有韧带加强。

Note

寰枢正中关节（median atlantoaxial joint）由枢椎齿突与寰椎前弓后面的后关节面和寰椎横韧带之间构成。

寰枢关节以齿突为垂直轴进行旋转运动，使头连同寰椎绕齿突做旋转运动。寰枕关节和寰枢关节构成联合关节，使头能作三轴运动。即能使头做俯仰、侧屈和旋转运动。寰枢关节的韧带：①齿突尖韧带：由齿突尖延到枕骨大孔前缘的细小索状韧带，头后仰时紧张，前俯时松弛。②翼状韧带：由齿突尖向外上方延至枕髁内侧，限制头部过度前屈和旋转运动。③寰椎横韧带：连结寰椎左、右侧块，防止齿突后退。从韧带中部向上有纤维束连结枕骨大孔前缘，向下有纤维束附于枢椎体后面，因此寰椎横韧带和上、下两纵行纤维索，共同构成寰椎十字韧带。④覆膜：是坚韧的薄膜，起自枕骨斜坡，下行覆盖于上述韧带的后面，向下移行于后纵韧带（图 3-12）。

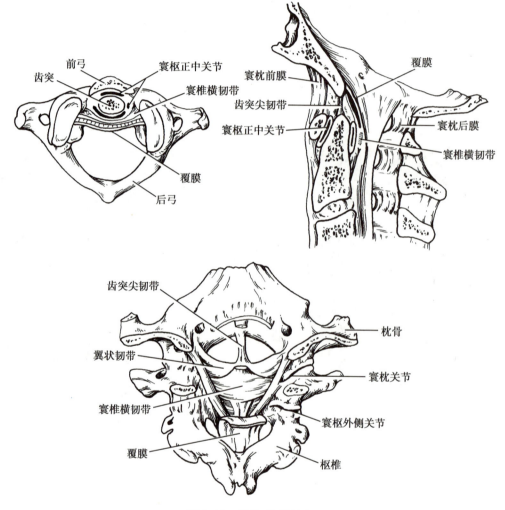

图 3-12　寰枕、寰枢关节

三、脊柱的整体观及运动（图 3-13）

（1）脊柱的整体现：成人脊柱长约 70cm，女性略短，约 60cm，其长度可因姿势不同而略有差异，因为站立时椎间盘被压缩，静卧比站立时，可长出 2~3cm。椎间盘的总厚度约占脊柱全长的 1/4。老人因椎间盘胶原成分改变而变薄，骨质疏松致椎体变宽而高度变小，脊柱肌肉动力学下降使脊柱弯曲度改变，胸曲和颈曲的凸度增加，上述变化都导致老年人脊柱变短。

1）脊柱前面观：从前面观察脊柱，可见椎体自上而下随负载增加而逐渐加宽，到第 2 骶椎为最宽，自骶骨耳状面以下，由于重力经髋骨传至下肢骨，椎体已无承重意义，体积也逐渐缩小。

Note

在前面观上,正常人的脊柱有轻度弯曲,惯用
右手的人,脊柱上部略凸向右侧,下部则代偿
性略凸向左。

2) 脊柱后面观:从后面观察脊柱,可见
背部正中线上,所有椎骨棘突连贯形成纵嵴。
颈椎棘突短而分叉,近水平位。胸椎棘突细
长,斜向后下方,呈叠瓦状。腰椎棘突呈板
状,水平伸向后方。颈部及腰部上、下棘突
之间的间隙较宽,故临床上常在腰部行腰椎
穿刺术。

3) 脊柱侧面观:从侧面观察脊柱,可见
成人脊柱有颈、胸、腰、骶 4 个生理性弯曲。
脊柱的弯曲增大了脊柱的弹性,对维持人体
的重心稳定和减轻震荡有重要意义。其中,
胸曲和骶曲凹向前方,在胚胎时已形成,胚胎
是在全身屈曲的状态下发育,并在生后保持
存在;颈曲和腰曲凸向前,是生后代偿性弯
曲,颈曲出现于胚胎晚期,婴儿出生后的抬
头、坐起而强化,腰曲主要于幼儿站立及行走
时形成。脊柱弯曲都有相应的功能意义,颈曲
支持抬头,腰曲使身体重心垂线后移,以维持
身体的平衡,保持稳固的直立姿势,胸曲和骶
曲在一定意义上扩大了胸腔和盆腔的容积。

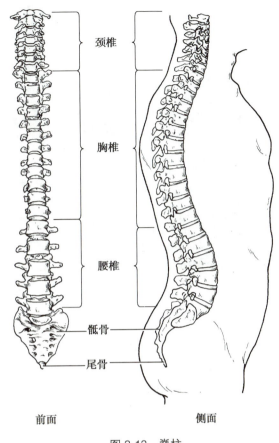

颈椎

胸椎

腰椎

骶骨

尾骨

前面　　　　　　　　侧面

图 3-13　脊柱

(2) 脊柱的运动:脊柱除支持身体、保护脊髓、吸收震荡以外,还有很大的运动功能,虽然相
邻两椎骨之间的运动有限,但整个脊柱的活动范围较大,可做屈、伸、侧屈、旋转和环转运动。因
关节突关节面的方向和形状、椎间盘的厚薄、韧带的位置及厚薄的不同,脊柱各部的运动性质和
范围不同,同时也与年龄、性别和锻炼程度有关。在颈部,颈椎关节突的关节面略呈水平位,关
节囊松弛,椎间盘较厚,其屈伸及旋转运动幅度较大。在胸部,关节突关节面呈冠状位,椎间盘
较薄,胸椎与肋骨相连,棘突呈叠瓦状,这些因素限制了胸椎的运动,故脊柱胸段活动范围较小。
在腰部,关节突关节面几乎呈矢状位,限制了旋转运动,椎间盘最厚,屈伸运动灵活。由于颈、腰
部运动灵活,故损伤多见于颈、腰部。

四、脊柱 X 线解剖

正常脊柱正位片上,椎体呈长方形,从上向下逐渐加大;主要由松质骨构成,纵行骨小梁比
横行骨小梁明显,周缘为一层致密的骨皮质,密度均匀,轮廓光滑,呈高密度线影,上、下缘有时有
双影,为前、后缘分别显影所致。胸、腰椎椎体两侧缘清晰,中部略内凹,使其上下端各显外突。在
椎体影内,左右两侧各有椭圆形的椎弓根断面影,两侧椎弓根内缘之间的距离为椎管的范围。椎
体两侧向外延伸的致密影为横突,颈椎的横突影内有时可见透明的横突孔。在椎体的正中线上
有水滴状的棘突影,其末端断面影常重叠于本椎体的下缘;或落于下位椎体之上半,颈椎或见
棘突末端分叉影。椎弓板影虽然大部分与椎体影重叠,但可辨认其轮廓,它是椎体影内密度较
深的部分,由椎弓根向后内延续并在中线会合而成,会合处常见棘突断面影。椎弓板上缘向外
上延至椎弓根上方形成上关节突。在棘突两旁,由椎弓板下缘向下突出成为下关节突,下关节
突与下位椎骨的上关节突对应成关节,并留有明显的椎间关节间隙(图 3-14、图 3-15、图 3-16)。

Note

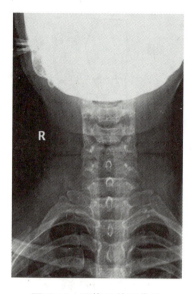
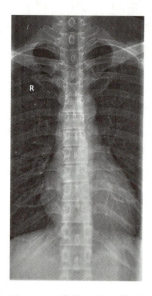
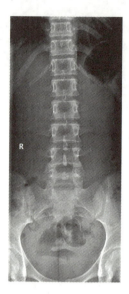

图 3-14　颈椎 X 线正位片　　　图 3-15　胸椎 X 线正位片　　　图 3-16　腰椎 X 线正位片

　　在脊柱侧位片上,可见四个生理弯曲。椎体位于脊柱的前部,椎弓居其后方。椎体也呈长方形,其上下缘与后缘成直角。其上、下缘致密,也常呈双影。前缘平直或略有凹陷,后缘皮质线有时也因有血管通过而中断。由椎体后延的椎弓根较清晰,其椎弓根上、下切迹都很明显,相邻的上下切迹之间构成椎间孔。椎间孔的前缘是椎体和椎间盘的后缘,椎间孔的后缘止于关节突的前缘。椎间孔的形状呈圆形或椭圆形。胸、腰的椎间孔在侧位片上可见,颈椎的椎间孔在斜位片上方可清晰显示。椎弓根与椎弓板连接处向上、下方的突起,分别为上、下节突。下关节突在下位椎骨上关节突的后上方,关节间隙呈匀称的半透明影。颈、胸椎关节突关节侧位显示清楚,腰椎正位显示清楚。椎弓板位于椎弓根与棘突之间。棘突指向后下方,侧位显示良好。颈椎棘突长短大小不一,胸椎棘突呈叠瓦状,腰椎棘突矢状位呈宽板状,垂直向后。在椎体后方纵行的半透明区为椎管。为沿各椎体后缘连线和棘突前缘连线之间呈弯曲的柱状低密度影。椎间盘的纤维软骨板、髓核及周围的纤维环系软组织密度,故呈宽度匀称的横行半透明影,称之为椎间隙。胸椎间隙较窄,腰椎间隙较宽,第 4~5 腰椎间隙最宽,其前部可宽达 15mm。椎间隙前后部并不等宽,随脊柱生理弯曲及运动状态有一定的变化(图 3-17、图 3-18、图 3-19)。

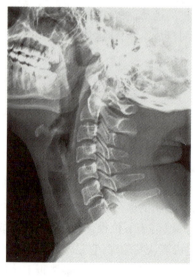
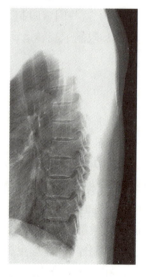
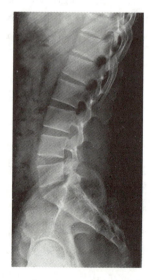

图 3-17　颈椎 X 线侧位片　　　图 3-18　胸椎 X 线侧位片　　　图 3-19　腰椎 X 线侧位片

（罗　刚）

第二节　胸　　廓

　　胸廓(thorax)由 12 块胸椎、12 对肋、1 块胸骨和它们之间的连结构成的骨性笼状支架,为肌提供附着点。胸廓上窄下宽,前后扁平,由于胸椎体前凸,胸廓水平切面上呈肾形。其内容纳心、肺、气管、支气管和纵隔等重要内脏器官。胸廓的后方为脊柱,肋骨、肋间隙位于两侧,胸骨和肋软骨位于前方。胸廓支持保护胸内器官,并完成呼吸运动。

一、胸廓的骨性结构

(一)胸椎(thoracic vertebra)

　　椎体呈心形,其侧面后份,接近上缘和下缘处,各有一半圆形的浅凹,与肋头相关节,分别称为**上肋凹**(superior costal fevea)和**下肋凹**(inferior costal fovea)。横突粗而长,向外后,末端圆钝,前有**横突肋凹**(transverse costal fovea),与肋结节相关节。棘突较长,斜向后下,呈叠瓦状排列。

(二)胸骨

　　胸骨(sternum)位于胸前壁的正中,是一块长而扁,上宽下窄的扁骨。前面微凸,后面稍凹。自上而下可分为胸骨柄、胸骨体和剑突 3 部分(图 3-20)。

　　1. **胸骨柄(manubrium sterni)**　近似三角形,上宽下窄。柄上缘的中份为**颈静脉切迹**(jugular notch);两侧有与锁骨连接的切迹。柄外侧缘上份接第 1 肋。

　　2. **胸骨角(sternal angle)**　胸骨柄与体连接处形成的向前微凸的角,可在体表扪到。胸骨角是重要的骨性标志,其两侧接第 2 肋软骨,平对第 2 肋,是胸前部计数肋的重要标志。

　　3. **胸骨体(body of sternum)**　为长方形骨板,外侧缘接第 2~7 肋软骨。**剑突**(xiphoid process)扁而薄,悬挂在胸骨体下端,形状变化较大。

　　胸骨属扁骨,髓腔内含红骨髓,是临床抽取骨髓的常用部位之一。根据骨前皮质及髓腔厚度的研究,胸骨体上份为最佳穿刺部位,其前皮质薄而疏松,易于进针。值得注意的是,胸骨各部后皮质均较前皮质薄,故进针切勿过深过猛,以免伤及深层结构。胸骨柄有肌肉和韧带附着,且骨皮质坚实,在老年人胸骨柄髓腔内常为黄骨髓,故不宜穿刺。胸骨体下端因与心脏邻近,也很少用作穿刺点。

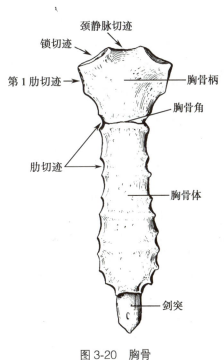

图 3-20　胸骨

(颈静脉切迹 / 锁切迹 / 第 1 肋切迹 / 肋切迹 / 胸骨柄 / 胸骨角 / 胸骨体 / 剑突)

(三)肋

　　肋(ribs)由肋骨和肋软骨组成,共 12 对。

　　1. **肋骨(costal bone)**　是弯曲的长条状扁骨(图 3-21)。典型的肋骨分一体两端。前端稍宽接肋软骨。后端稍膨大,称**肋头**(costal head),有关节面与相应胸椎肋凹相关节。肋头外侧略缩窄部,称**肋颈**(costal neck)。肋颈外侧端向后方的粗糙隆起,称**肋结节**(costal tubercle),有关节面与相应胸椎横突肋凹相关节。

　　肋体(shaft of rib)介于肋结节与肋骨前端之间,呈弓形弯曲,其后份曲度最大的部位,称**肋角**(costal angle)。体分内、外两面和上、下两缘,内面近下缘处有**肋沟**(costal groove),有肋间血管和神经通过。

Note

第1肋骨较特殊,宽而短,无肋角和肋沟,分上、下面和内、外缘。上面朝前上方,在近内缘处有**前斜角肌结节**(tubercle for scalenus anterior),为前斜角肌附着处。结节的前、后方各有一浅沟,分别为锁骨下静脉和动脉经过的压迹。

不同序数的肋在形态上有所差异,如第1~7肋长度逐渐增加,第8~12肋又逐渐变短。第1~7对肋的前端,直接与胸骨相连接,称**真肋**(true ribs)。第8~12肋与胸骨不直接相连,称**假肋**(false ribs)。其中第8~10肋前端借肋软骨依次与上位肋软骨相连,形成**肋弓**(costal arch)。而第11、12肋的前端游离于腹壁肌层中,故又称**浮肋**(floating ribs)。肋的后端与胸椎形成肋椎关节。

2. 肋软骨(costal cartilage) 位于肋骨的前端,由透明软骨构成,终生不骨化。肋软骨富有弹性,使肋有一定的活动度。青年人肋软骨弹性强,可保护肋骨和胸骨不易骨折;老年人肋软骨常有表面钙化,使弹性丧失变脆。

二、胸廓的连接

构成胸廓的主要关节有肋椎关节和胸肋关节。

1. 肋椎关节(costovertebral joint) 肋骨与脊柱的连结有两个关节:①肋头关节:由肋头与胸椎椎体上的肋凹组成,有肋头幅状韧带和关节内韧带加强;多数肋头关节内有韧带将关节分成上下两部分,第1、11和12肋头关节则没有分隔。②肋横突关节:由肋结节上的关节面与相应椎骨横突上的肋凹组成,有肋横突韧带、囊韧带、肋横突上韧带和肋横突外侧韧带等加强。

这两个关节在形态上都是平面关节,功能上是联合关节,运动时肋骨沿肋头至肋结节的轴线旋转,使肋上升或下降,以增加或缩小胸廓的前后径和横径,从而改变胸腔的容积,有助于呼吸(图3-22)。

2. 胸肋关节(sternocostal joint) 由第2~7肋软骨与胸骨相应的肋切迹构成,属微动关节。

图 3-21 肋骨

第1肋骨: 前斜角肌结节、锁骨下动脉沟、锁骨下静脉沟

第2肋骨: 前锯肌粗隆

第6肋骨: 肋角、肋沟、肋体、肋结节、肋颈、肋头关节面、肋头

第12肋骨

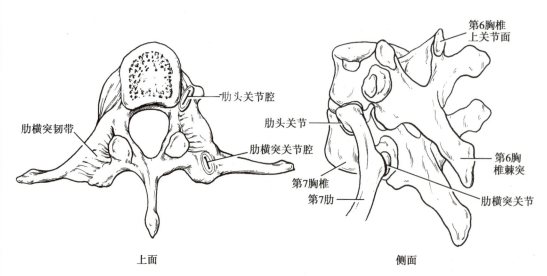

上面: 肋头关节腔、肋横突韧带、肋横突关节腔

侧面: 第6胸椎上关节面、肋头关节、第7胸椎、第7肋、第6胸椎棘突、肋横突关节

图 3-22 肋椎关节

第 1 肋与胸骨柄之间的连结是第 1 肋软骨与胸骨柄之间的直接骨连结。第 8~10 肋软骨的前端不直接与胸骨相连,而依次与上位肋软骨形成软骨连结,在胸廓前下缘组成左、右肋弓。第 11 和 12 肋的前端游离于腹壁肌肉之中(图 3-23)。

3. **胸廓的整体观**　胸廓的形态,在成人为前后较扁、前壁短后壁长的圆锥形的骨笼,容纳胸腔脏器。后方 12 个胸椎位于后壁中线,椎体向腔内突出,肋骨先向外,至肋角处转向前行,再弯向内侧经肋软骨抵达胸骨。胸廓有上、下两口和前、后、外侧壁。

胸廓上口较小,呈肾形,呈后高前低的斜面,由胸骨柄上缘、第 1 肋和第 1 胸椎椎体围成。胸廓上口有气管、食管及头颈上肢的大血管等通过。由于胸廓上口的平面与第 1 肋的方向一致,向前下倾斜,故胸骨柄上缘约平对第 2 胸椎体下缘。

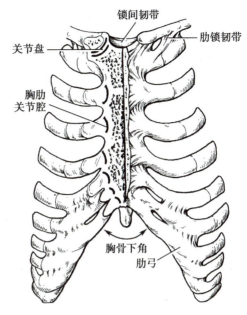

图 3-23　胸肋关节和胸锁关节

胸廓下口宽大,前高后低,由第 12 胸椎、第 11 及 12 对肋前端、肋弓和剑突围成,膈肌封闭胸腔底,食管和大血管等穿经膈的裂孔走行。两侧肋弓在中线构成向下开放的胸骨下角。角的顶部有剑突,剑突尖约平对第 10 胸椎椎体下缘。

胸廓前壁最短,由胸骨、肋软骨及肋骨前端构成。后壁较长,由胸椎和肋角内侧的部分肋骨构成。外侧壁最长,由肋骨体构成。相邻两肋之间称肋间隙(图 3-24)。

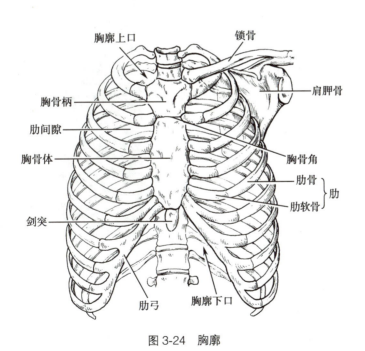

图 3-24　胸廓

胸廓的形状和大小与年龄、性别、健康状况和从事的职业等因素有关。新生儿胸廓前后径略等于横径,生后 2 年内,逐渐变为椭圆形。初生时,肋骨主要为软骨,随年龄增长逐渐钙化。新生儿肋骨与脊柱几乎成直角,吸气时,不能通过抬高肋骨而增加潮气量。婴儿胸部呼吸肌不发达,主要靠膈呼吸,易受腹胀等因素影响;婴儿的膈呈横位,倾斜度小,收缩时易将下部肋骨拉向内,引起胸廓内陷,使呼吸效率减低;婴儿胸壁柔软,用力吸气可产生较大负压,可引起肋间、胸骨上下和肋下缘内陷,限制了肺后下部的扩张。13~15 岁时,胸廓的外形与成人相似,开始出现性差。女性胸廓短而圆,胸骨较短,上口更为倾斜,胸廓容积较男性小。老人胸廓因肋软骨钙化,弹性减小,运动减弱,胸廓下塌且变扁变长。

4. 胸廓的运动　胸廓具有一定的弹性和活动性,支持和保护胸、腹腔脏器避免外力损伤,参与呼吸运动。吸气时胸廓各径均增大,在肌作用下,肋的前部抬高,伴以胸骨上升,从而加大胸廓的前后径;肋上提时,肋体向外扩展,加大胸廓横径;垂直径的增大是膈肌收缩、膈穹隆下降,使胸腔容积增大。呼气时,在重力和肌肉作用下,胸廓作相反的运动,使胸腔容积减小。胸腔容积的改变,促成肺呼吸。

5. 胸廓的体表标志　肋间隙序数及活体判定具有重要的临床意义,心、肺及膈各部的高度常以此为标准进行描述和记载,如心尖的位置一般在第 5 肋间隙中线左侧 7~9cm 处。肋间隙的序数与其上方肋骨的序一致,即第 5 肋间隙位于第 5 肋骨下方。由于第一肋骨部分被锁骨遮盖,故肋骨序数一般从第二肋开始触摸计算,且第 2 肋有胸骨角作为明显的定位标志。在背部,常用胸椎棘突或肩胛骨内上角和下角做参考,通常肩胛上角平第 2 肋,肩胛下角平第 7 肋。

（潘爱华）

第三节　临　床　联　系

一、胸廓出口综合征

患者女,22 岁,因"右上肢麻木、无力 5 年,加重 2 个月"入院。查体:右手大、小鱼际肌萎缩,骨间肌萎缩,夹纸试验阳性,右前臂内侧皮肤感觉减退。X 线片(图 3-25)。肌电图示:右正中、尺神经受累,正中神经重。诊断考虑:①胸廓出口综合征;②颈肋。

胸廓出口综合征(thoracic outlet syndrome),别名:**颈肋综合征**(cervical rib syndrome),**前斜角肌综合征**(scalenus anticus syndrome),**肋锁综合征**(costoclavicular syndrome),**过度外展综合征**(hyperabduction syndrome)。

胸廓出口的上界为锁骨,下界为第一肋骨,前方为肋锁韧带,后方为中斜角肌。上述肋锁间隙又被前斜角肌分为前后两部分,锁骨下静脉位于前斜角肌前方与锁骨下肌之间,锁骨下动脉及臂丛神经则位于前斜角肌后方与中斜角肌之间。

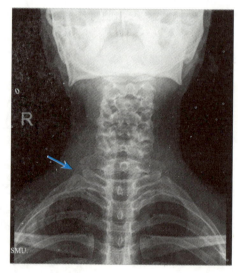

图 3-25　胸廓出口综合征(箭头所示为颈肋位置)

胸廓出口综合征是指锁骨下动、静脉和臂丛神经在胸廓出口受压迫而产生的一系列症状。常见的压迫因素有颈肋、第 1 肋、前斜角肌、锁骨、硬化的动脉血管等。

颈肋起自第 7 颈椎,游离端位于前、中斜角肌之间,压迫臂丛神经,发生颈肋综合征。第 1 肋畸形,同时伴前、中斜角肌肥大,腱样化,或附着部位异常,使斜角肌三角间隙变小,引起前斜角肌综合征。肋锁间隙狭窄,肩后伸牵拉时,锁骨下血管受挤压,引起肋锁综合征。上肢过度外展时,胸小肌外缘压迫锁骨下动脉,引起过度外展综合征。

临床表现分为神经受压和血管受压两类,神经受压的症状较为多见,也有神经和血管同时受压。神经受压症状有疼痛,感觉异常与麻木,常位于手和手臂的尺神经分布区。动脉受压有

Note

手臂或手的缺血性疼痛、麻木、疲劳、感觉异常、发凉和无力。受压动脉远端扩张形成血栓使远端缺血。静脉受压的症状有疼痛、远端肿胀和发绀。

根据病史、临床表现、胸部和颈椎 X 线片和尺神经传导速度测定,一般可以明确诊断。

治疗分为保守治疗与手术治疗。保守治疗适用于症状轻和初发病人,包括口服地塞米松、泼尼松和吲哚美辛等药物或局部注射氢化可的松等,理疗、肩带肌肉锻炼的体疗和颈部牵引等。手术治疗适用于经 1~3 个月非手术治疗后,症状无改善甚至加重,尺神经传导速度经过胸廓出口低于 60m/s 者;血管造影显示锁骨下动脉和静脉明显狭窄受阻者;局部剧痛或静脉受压症状明显者。原则是解除对血管神经束的骨性剪刀样压迫,切除第 1 肋骨全长,解除压迫因素,使臂丛和锁骨下动脉下移而不产生畸形并发症。

二、漏斗胸

患儿男,15 岁,因"活动后胸闷、气促 1 月"入院。查体:胸骨凹陷,胸廓正中呈漏斗状畸形。入院后查胸部 CT(图 3-26)。诊断为漏斗胸。

漏斗胸(funnel chest)是胸骨连同肋骨向内向后凹陷,呈舟状或漏斗状畸形。胸骨体剑突交界处凹陷最深(图 3-26)。有家族倾向或常伴有先天性心脏病。男性较女性多见,有报道男女之比为 4:1,属伴性显性遗传。

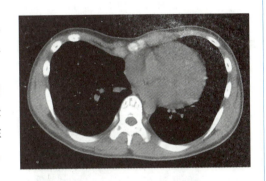

图 3-26　漏斗胸 CT 扫描图像

漏斗胸的病因有人认为是由于肋骨生长不协调,下部较上部小,挤压胸骨向后而成。也有人认为是因膈肌纤维前面附着于胸骨体下端和剑突,在膈中心腱过短时将胸骨和剑突向后牵拉所致。

临床表现:患儿常体形瘦弱,不好动,易得上呼吸道感染,活动能力受到限制。用力呼气量和最大通气量明显减少。活动时出现心慌、气短和呼吸困难。漏斗胸的肋骨走行斜度较正常人大,肋骨由后上方急骤向前下方凹陷,使前后变近,严重时胸骨最深凹陷处可以抵达脊柱。脊柱侧弯随年龄逐渐加重,年龄小时不易出现脊柱侧弯,青春期以后患者的脊柱侧弯较明显。

治疗以手术为主。手术指征有:① CT 检查 Haller 指数大于 3.25;②肺功能提示限制性或阻塞性气道病变;③心电图、超声心动检查发现不完全右束支传导阻滞、二尖瓣脱垂等异常;④畸形进展且合并明显症状;⑤外观的畸形使病儿不能忍受。

手术方式分为传统手术与微创手术两种。目前大部分的漏斗胸畸形都可通过微创手术得到较满意的矫形。其中 Nuss 手术,通过植入量身塑造的金属板纠正畸形,手术创伤轻,术后恢复快,并发症少,畸形矫正效果满意率高,复发率低,对成年人也获得了良好的效果(图 3-27、图 3-28、图 3-29)。

漏斗胸术后的康复是值得关注的问题,患者应积极坚持术后的康复训练,尤其对成年人来说十分重要。

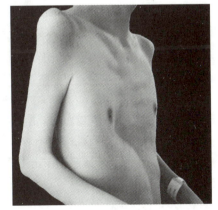

图 3-27　漏斗胸患者术前图像(见书后彩图)

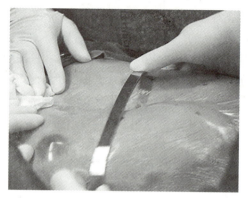

图 3-28   漏斗胸患者术后
图像(见书后彩图)

图 3-29   漏斗胸患者手术纠正图像(见书后
彩图)

三、鸡胸

患者女性,29 岁,发现胸廓畸形 20 余年,活动后胸闷、气促 1 年。胸部 CT 三维重建图像(图 3-30、图 3-31),诊断考虑鸡胸。

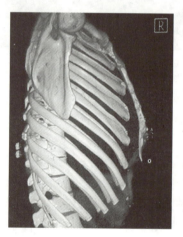
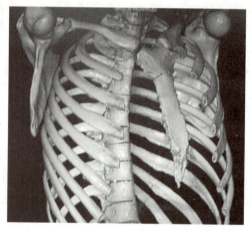

图 3-30   鸡胸患者 CT 三维重建
图像(侧面)(见书后彩图)

图 3-31   鸡胸患者 CT 三维重建图像(前面)(见
书后彩图)

鸡胸(pigeon breast)是胸前壁呈楔状凸起畸形,状如禽类的胸骨故而得名。特点是胸骨前凸、两侧胸壁低平。

少数小儿的鸡胸是先天性的,大多数患儿的鸡胸是佝偻病造成的。这种畸形往往在 1 岁左右形成,而实际上 2~3 岁以后的鸡胸则为小儿佝偻病的后遗症期,患儿除了鸡胸外,往往还有其他畸形,如方颅,"X"形腿,"O"形腿等。

多数鸡胸不像漏斗胸那样在出生后即能发现,往往在五六岁以后才逐渐被注意到。一般鸡胸很少发生压迫心肺的症状,重症鸡胸因胸廓容积缩小,肺发育受限,经常患气管炎或肺炎,运动耐受力差,抵抗力低下。常出现反复上呼吸道感染及支气管喘息,活动耐力较差,易疲劳。更主要的是患者因畸形而在精神上有极大的负担。

治疗鸡胸时,要注意患儿的年龄和佝偻病的状况。3 岁前往往处于佝偻病活动期,3 岁以后即进入稳定期。前者发生鸡胸后以治疗佝偻病为主,后者则为矫正畸形为主。一般轻度鸡胸随体格生长会逐渐消失,加强体格锻炼,如扩胸运动,俯卧撑,抬头等运动,一日两到三次,可加速畸形的矫正。重度鸡胸的治疗则需要采用手术方法。

手术方式分为传统手术与微创手术两种。传统手术有上、下带血管蒂胸骨翻转术、无蒂胸骨翻转术、胸肋沉降术等。微创手术是一种反 Nuss 手术,通过植入量身塑造的金属板纠正畸形,手术创伤轻,术后恢复快,并发症少,畸形矫正效果满意率高,复发率低,对成年人也可获得了良好的效果。

手术纠正鸡胸畸形时,要注意原来突出的胸骨手术后会不会压迫心脏,因此术前要仔细研究胸片及 CT 片,如果胸骨与心脏之间没有肺组织,术后就可能发生胸骨压迫心脏,手术时要适当抬高胸骨位置。

四、连枷胸

患者男,48 岁,因"车祸伤致胸部疼痛伴呼吸困难 3 小时"入院。查体:心率 130 次 / 分,血压 140/85mmHg,血氧饱和度 90%,呼吸急促并胸壁浮动,呈反常呼吸。入院后查胸部 CT(图 3-32,图 3-33)。诊断为多根多处肋骨骨折(连枷胸)。

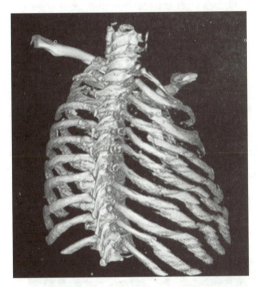 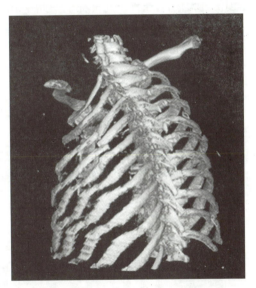

图 3-32 连枷胸患者 CT 三维重建图像(右侧) 图 3-33 连枷胸患者 CT 三维重建图像(左侧)
(见书后彩图) (见书后彩图)

连枷胸(flail chest):严重钝性闭合性胸部创伤可造成两根或以上肋骨双处或多处骨折,使局部胸壁失去肋骨支撑而软化,并出现反常呼吸,即吸气时软化区胸壁内陷,呼气时外突称为连枷胸。

连枷胸的胸壁与正常胸壁的呼吸运动相反,呈现矛盾运动,临床又称此种呼吸运动为反常呼吸运动。单纯连枷胸不致伤者死亡,若合并严重广泛肺挫伤其死亡率可高达 40% 以上。

临床表现:如果软化胸壁面积比较大,一般一侧在 5 根及以上肋骨骨折时,甚至双侧累及大部分肋骨,此时患者大多出现反常呼吸,导致严重的氧合异常、血流动力学紊乱。由于连枷胸常合并有肺挫伤、肝、肾、脑等复合外伤、诱发急性呼吸窘迫综合征(ARDS)或者多器官功能衰竭等危急临床病症,使得治疗困难甚至死亡,而且死亡率很高。

连枷胸诊断:体格检查以及影像学检查即可诊断。连枷胸多发部位在胸廓外侧,少部分发生在前胸。对胸外伤多根肋骨骨折,呼吸急促合并休克者,首先考虑连枷胸合并以肺挫伤为主的肺损伤以及血气胸存在。借助 X 线胸片、B 超、CT 等检查明确诊断。

连枷胸的治疗原则为:尽快消除浮动胸壁造成的反常呼吸运动,阻断恶性循环,纠正其产生的呼吸、循环功能不全。具体控制反常呼吸运动,可根据反常呼吸运动范围、大小,呼吸困难的

Note

严重程度及具体条件,采用以下处理:

1. 加压包扎固定胸壁软化区。浮动胸壁范围较小,反常呼吸运动程度较轻,有足够自主呼吸能力,不需要机械通气,可应用胸带加压包扎即可。

2. 机械通气及呼吸内固定。经气管插管或气管切开进行控制性机械通气,这是消除反常呼吸、纠正呼吸循环功能障碍最有效的方法。

3. 巾钳重力牵引、胸壁外固定架牵引等方法。此方法操作复杂,目前已经摒弃,被机械通气所代替。

如不使用机械通气辅助的患者,应保持呼吸道通畅,及时清除呼吸道的分泌物,除鼻导管吸痰或经支气管镜吸痰外,必要时行气管插管或气管切开,以利有效吸除呼吸道内的痰液,保持呼吸道通畅。此外,给氧、止痛和应用抗生素防止感染均是有效的治疗。

闭合性胸外伤所致的连枷胸,一般多不考虑手术处理肋骨骨折。肋骨骨折固定术优点是准确地固定了肋骨骨折,有效地控制了反常呼吸,远期效果很好,以后也不遗留胸壁塌陷畸形,缺点是创伤过大,伤者条件不允许完成如此复杂巨大的手术。紧急情况下是否要进行开胸手术处理,应慎重考虑。因为大多数患者病情危重,除非胸腔内有急需开胸处理的损伤,一般多在患者病情稳定后再行开胸处理。

五、颈椎病

患者女,64岁,因"双上肢麻木疼痛,双手精细活动受限,伴行走乏力1年"入院。查体:肩颈部广泛压痛及叩击痛,双手轻触觉及痛温觉减退,以掌侧明显,双上肢肌张力正常,双上肢三角肌、肱二头肌及肱三头肌的肌力约为5级,腕背伸肌、腕屈肌及指深、浅屈肌的肌力约为3级,双侧肱二头肌、肱三头肌及桡骨膜反射(++),双侧Hoffmann征(+)。

影像学检查提示:颈椎失稳,C3/4、C4/5椎间盘突出(中央型),C3/4至C5/6节段颈髓受压损伤(图3-34、图3-35)。

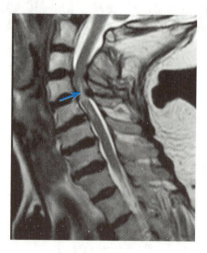

图3-34 颈椎病患者MRI图像(矢状位)
图中箭头所示为突出的椎间盘

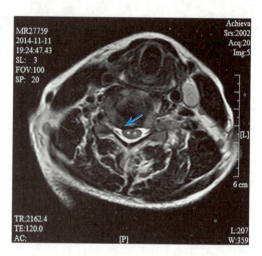

图3-35 颈椎病患者MRI图像(横断位)
图中箭头所示为突出的椎间盘

诊断:①颈椎病;②颈脊髓损伤;③颈椎失稳症。

颈椎是脊柱中活动范围最大的一个节段,头的屈伸动作主要在寰枕关节,旋转在寰枢关节,而颈部屈伸主要发生在下颈段。任何一节段因病活动受限后,相邻节段颈椎各关节及韧带所承受的压力均明显增加,从而产生关节、椎间盘、韧带的变性(图3-36、图3-37)。

Note

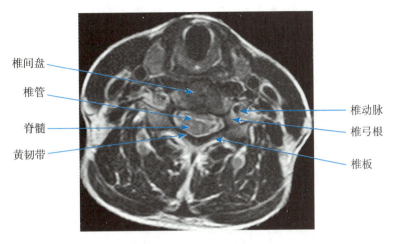

图 3-36　正常颈椎 MRI 图像（横断位）

椎间盘
椎管
脊髓
黄韧带
椎动脉
椎弓根
椎板

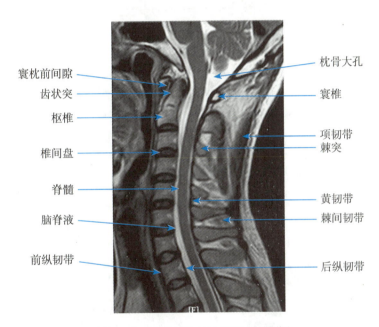

图 3-37　正常颈椎 MRI 图像（矢状位）

寰枕前间隙
齿状突
枢椎
椎间盘
脊髓
脑脊液
前纵韧带
枕骨大孔
寰椎
项韧带
棘突
黄韧带
棘间韧带
后纵韧带

　　颈椎病（cervical spondylosis）通常是指颈椎间盘退行性变，及其继发性椎间关节退行性变所致脊髓、神经、血管损害而表现的相应症状和体征。颈椎间盘退行性变是颈椎病的发生和发展中最基本的原因。由于椎间盘退变而使椎间隙狭窄，脊柱活动时稳定性下降，进而引起椎体、关节突关节、钩椎关节、前后纵韧带、黄韧带及项韧带等变性、增生、钙化，这样形成颈椎失稳的恶性循环，最后发生脊髓、神经、血管受到刺激或压迫的表现。

　　与颈椎有关的神经结构较复杂，病变后临床表现也多样化，选用以下四种基本分型方法介绍。

　　1. 神经根型颈椎病　颈椎病中神经根型发病率最高（50%~60%）。是由于颈椎间盘侧后方突出、钩椎关节或关节突关节增生、肥大，刺激或压迫神经根所致。临床上开始多为颈肩痛，短期内加重，并向上肢放射。同时可有上肢肌力下降、手指动作不灵活。当头部或上肢姿势不当，或突然牵撞患肢即可发生剧烈的闪电样锐痛。

　　2. 脊髓型颈椎病　占颈椎病的 10%~15%。脊髓受压物有向中央后突出的髓核、椎体后缘骨赘、增生肥厚的黄韧带及钙化的后纵韧带等。脊髓受压早期，由于压迫物多来自脊髓前方，故临床上以侧束、锥体束损害表现突出。此时颈痛不明显，而以四肢乏力，行走、持物不稳为最先出现的症状。随病情加重发生自下而上的上运动神经元性瘫痪。有时压迫物也可来自侧方(关节突关节增生)或后方(黄韧带肥厚),而出现不同类型的脊髓损害。有关各种脊髓外源性压迫的特点,可参阅神经病学教材。

3. 交感神经型颈椎病 颈椎各种结构病变的刺激通过脊髓反射或脑 - 脊髓反射而发生一系列交感神经症状:①交感神经兴奋症状:如头痛或偏头痛,头晕,特别在头转动时加重,有时伴恶心、呕吐;视物模糊、视力下降,瞳孔扩大或缩小,眼后部胀痛;心跳加速、心律不齐,心前区痛和血压升高;头颈及上肢出汗异常以及耳鸣、听力下降,发音障碍等。②交感神经抑制症状:主要表现为头昏,眼花,流泪,鼻塞,心动过缓,血压下降及胃肠胀气等。

4. 椎动脉型颈椎病 颈椎横突孔增生狭窄、上关节突明显增生肥大可直接刺激或压迫椎动脉;颈椎退变后稳定性降低,在颈部活动时椎间关节产生过度移动而牵拉椎动脉;或颈交感神经兴奋,反射性地引起椎动脉痉挛等均是本型病因。当患者原有动脉硬化等血管疾病时则更易发生本病。

六、胸椎骨折

患者男,31岁,车祸致胸背部疼痛,双下肢麻木、乏力2小时。查体:剑突以下皮肤感觉减弱,双下肢皮肤感觉存在。胸腰段中度后凸,中度肿胀,叩痛明显,右侧髂腰肌、股四头肌的肌力均为1级,右侧股二头肌的肌力1级,双侧胫前肌的肌力左侧2级、右侧2级;双侧腓骨长短肌的肌力2级,双侧踇趾背伸肌的肌力2级,会阴皮肤感觉减弱、肛周皮肤感觉消失;腹壁、提睾反射存在、肛周反射消失,病理放射未引出。影像学检查结果显示胸10椎体骨折(图3-38、图3-39、图3-40、图3-41、图3-42、图3-43)。

由患者的CT和MR资料可见(图3-38、图3-39、图3-40、图3-41、图3-42、图3-43),胸10椎体骨折伴不稳性前脱位,骨折块突入椎管,椎管狭窄明显,脊髓受压明显。

胸椎骨折的主要症状是中度到重度的背部疼痛,活动时加剧。当骨折涉及脊髓时,如骨折块进入椎管或其他情况引起椎管狭窄时,患者会出现肢端感觉麻木,肌力减弱,无力,或者刀割样疼痛,大小便功能障碍(无法自行排便或者二便失禁),严重者可以双下肢感觉运动完全消失。

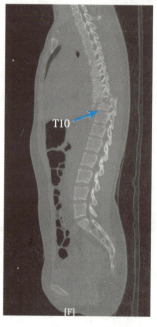

图3-38 患者CT图像(矢状位)
箭头所示胸10椎体骨折伴不稳性前脱位

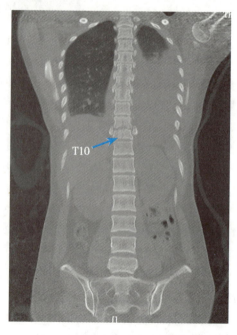

图3-39 患者CT图像(冠状位)
箭头所示胸10椎体骨折伴不稳性前脱位

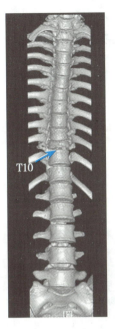

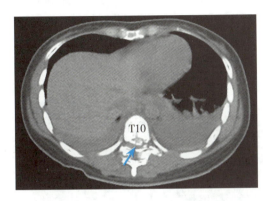

图3-40　患者CT图像(横断位)
图中箭头所示为胸10椎体骨折,骨折块突入椎管

图3-41　患者冠状位CT三维重建图(冠状位)
箭头所示为胸10椎体骨折伴不稳性前脱位,
骨折块突入椎管,椎管狭窄明显

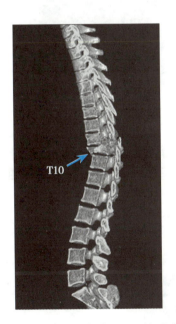

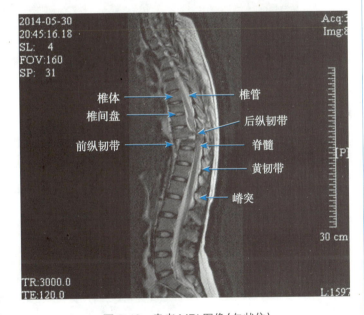

图3-42　患者矢状位CT三维重建
图(矢状位)
箭头所示为胸10椎体骨折伴不稳
性前脱位,骨折块突入椎管,椎管狭
窄明显

图3-43　患者MRI图像(矢状位)
T10骨折伴不稳,骨折块突入椎管,椎体前脱位引起椎管狭窄,压
迫脊髓

　　胸椎为何容易骨折? 脊柱胸腰段骨折(T10~L2)是脊柱外科最为常见的外伤类型,在该节
段,脊柱由运动度较小的胸段移行为运动幅度较大的腰段,容易出现应力集中,从而导致骨折发
生。胸椎由12节脊椎构成,承受压缩载荷的功能主要由椎体来完成,而后方椎弓的主要作用是
承受拉伸载荷。另外,胸椎椎管管腔狭小,故骨折后易造成脊髓损伤。

　　本例患者损伤严重,胸椎骨折伴脱位,椎体周围的韧带损伤严重,骨折端上位椎体向前移

Note

位,椎体的前纵韧带、后纵韧带和黄韧带均受损严重,不能维持正常的椎体之间的关系,骨折块的移位和椎体间的不稳,造成椎管狭窄,脊髓受压迫严重,因此引起下肢麻木、肌力减弱。

七、腰椎间盘突出症

患者女,44岁,腰痛5年,搬重物后出现右下肢放射痛5个月,伴右下肢行走时无力。查体:跛行步态,腰椎活动受限,以腰椎前屈受限最明显。腰4/5棘突间隙压痛,棘突旁左侧1cm压痛,直腿抬高试验(+)(坐骨神经放射痛),脚趾背伸肌力减弱。患者腰椎正位片提示腰椎右侧弯(姿势性侧弯),侧位片提示腰4/5节段椎间隙高度下降,由正常的前宽后窄变为前窄后宽(图3-44、图3-45)。

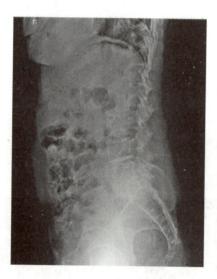 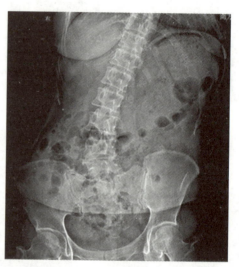

图3-44 患者腰椎侧位片　　　　图3-45 患者腰椎正位片

患者腰椎MRI(图3-46、图3-47)检查结果显示腰4/5椎间盘向右后外侧突出,位于神经根的外侧,神经根和硬膜囊被挤向内侧。这也解释了为什么X线正位片显示腰椎右侧弯(神经根为了避让突出的髓核、减轻疼痛而采取的保护性姿势)。患者诊断为腰椎间盘突出症(腰4/5)。

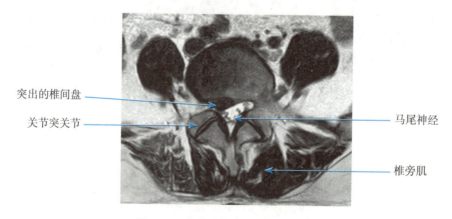

突出的椎间盘
关节突关节
马尾神经
椎旁肌

图3-46 患者腰椎MRI图像(横断位)

Note

直立活动时,各种负荷应力集中在腰骶段,尤其是两个相反弯曲的交界处,故该处容易发生急、慢性损伤及退行性变化。随年龄增长,纤维环和髓核含水量逐渐减少,使髓核张力下降,椎间盘变薄。同时,透明质酸及角化硫酸盐减少,低分子量糖蛋白增加,原纤维变性及胶原纤维沉积增加,髓核失去弹性。椎间盘结构松弛、软骨板囊性变。在没有后纵韧带支持的纤维环后外侧,这些变化更明显,出现向心性小裂隙(图3-48、图3-49)。

在外力因素的作用下,椎间盘的纤维环破裂,髓核组织从破裂之处突出(或脱出)于后方或椎管内,导致相邻脊神经根遭受刺激或压迫,从而产生腰部疼痛,一侧下肢或双下肢麻木、疼痛等一系列临床症状。腰椎间盘突出分为以下类型:当纤维环部分破裂,而表层尚完整时,髓核因压力而向椎管内局限性隆起,但表面光滑,称为膨隆型突出;纤维环完全破裂,髓核突向椎管,仅有后纵韧带或一层纤维膜覆盖,表面高低不平或呈菜花状,称为突出型;脱垂游离型是破裂突出的椎间盘组织或碎块脱入椎管内或完全游离,此型不但可引起神经根

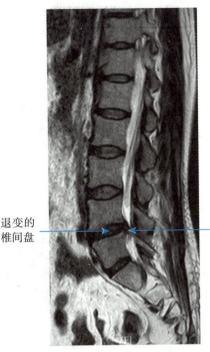

退变的椎间盘 　　　突出的椎间盘

图 3-47　患者腰椎 MRI 图像(矢状位)

症状,还容易导致马尾神经症状;髓核经上下终板软骨的裂隙进入椎体松质骨内称为 Schmorl 结节,一般仅有腰痛,无神经根症状。

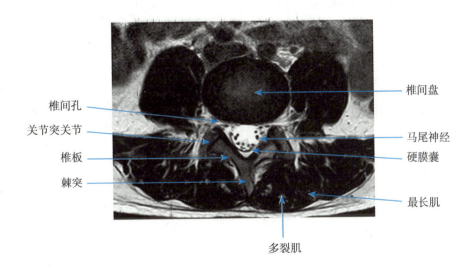

椎间孔
关节突关节
椎板
棘突

椎间盘
马尾神经
硬膜囊
最长肌

多裂肌

图 3-48　正常腰椎 MRI 扫描图像(横断位)

八、漏斗骨盆

初产妇,妊娠 39 周,骨盆各径线为:对角径 13.5cm,坐骨棘间径 10cm,坐骨结节间径 7cm,耻骨弓角度 78°(图3-50),试分析该产妇是否可顺利经骨盆分娩?

女性骨盆不仅是躯干和下肢之间的骨性连结,是支持躯干和保护盆腔脏器的重要器官,也是胎儿娩出时必经的骨性产道,其大小、形状直接影响分娩过程,是决定胎儿能否顺利经阴道分娩的重要因素。

正常的女性骨盆入口呈横椭圆形,入口横径较前后径稍长。骨盆壁直,坐骨棘不突出,耻骨

Note

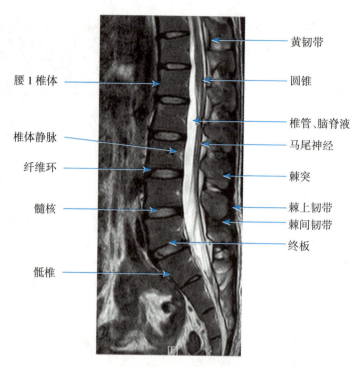

黄韧带

腰 1 椎体

圆锥

椎管、脑脊液

椎体静脉

马尾神经

纤维环

棘突

髓核

棘上韧带
棘间韧带

终板

骶椎

图 3-49　正常腰椎 MRI 扫描图像(矢状位)

弓较宽,坐骨棘间径≥10cm。该孕妇骨盆内测量结果提示骨盆入口各径线值均在正常范围。

　　但耻骨弓角度仅为 78°,明显小于正常的 90℃,两侧骨盆壁向内倾斜,状似漏斗,称为漏斗骨盆。其特点为中骨盆及骨盆出口平面均明显狭窄,使坐骨棘间径、坐骨结节间径缩短,耻骨弓角度 <90°。中骨盆平面狭窄,可影响胎头内旋转,容易发生持续性枕横位或枕后位。胎头长时间嵌顿于产道内,压迫软组织引起局部缺血、水肿、坏死、脱落,严重可导致子宫破裂、危急产妇生

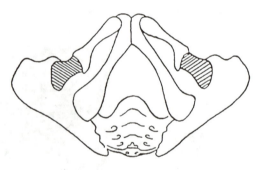

图 3-50　漏斗骨盆形态

命。因此,产前检查发现骨性产道异常,估计胎儿不能通过产道,应尽早行剖宫产术。

(蔡道章)

本章小结

　　躯干骨包括椎骨、骶骨、尾骨、肋骨和胸骨。脊柱由 24 块椎骨、1 块骶骨和 1 块尾骨借骨连结组成。其中,相邻椎骨的椎体之间借椎间盘、前纵韧带和后纵韧带相连,椎弓之间借黄韧带、棘间韧带、棘上韧带和横突间韧带相连,相邻的上、下关节突之间形成滑膜关节。脊柱具有支持躯干和保护脊髓的功能。胸廓由 12 个胸椎、12 对肋和胸骨借骨连结共同构成,形成的关节主要有肋椎关节和胸肋关节。胸廓上窄、下宽,前后扁平,近似圆锥形,具有容纳、支持和保护胸腔脏器的功能,主要参与呼吸运动。

Note

思考题

1. 如何理解椎骨的连结体现骨连结的直接和间接形式?
2. 脊柱运动幅度最大的部位是何处? 其解剖学基础是什么?
3. 椎间盘突出症出现典型症状的解剖学基础是什么?
4. 胸廓在吸气和呼气动作时如何运动?

第四章　上肢骨及其连结

　　人类上肢从四足爬行演变为劳动的器官,其骨骼形体趋于细巧,关节运动较下肢明显灵活,尤其是通过"点状"的肢带骨连结,大大增加了上肢肩部的运动幅度和运动范围;腕和手与前臂的直接延续形式,更适应于旋转和对掌功能的完成。

第一节　肢带骨及其连结

一、上肢带骨

　　1. 锁骨(clavicle)　锁骨位于肩胛骨与胸骨之间,呈"~"形,内侧 2/3 呈三棱形,凸向前;外侧 1/3 扁平状,凸向后,二者的过渡区是骨折的常见部位。锁骨分一体两端,**胸骨端**较粗大,其关节面与胸骨的锁骨切迹相接。**肩峰端**扁平,有小关节面与肩胛骨的肩峰相连。两端之间为体,中间部分细而骨密质厚。锁骨全长呈水平旗杆状,由内伸向外后,支撑肩胛骨远离胸壁,以调节上肢的运动(图 4-1)。

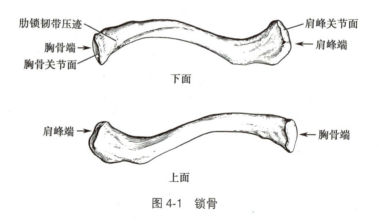

　　肋锁韧带压迹　　　　　　　　　　肩峰关节面

　　胸骨端　　　　　　　　　　　　肩峰端

　　胸骨关节面

下面

　　肩峰端　　　　　　　　　　　　胸骨端

上面

图 4-1　锁骨

　　2. 肩胛骨(scapula)　肩胛骨位于肩区的背外侧,平对第 2~7 肋,为三角形的扁骨,有两面、三缘和三个角。前面与胸壁相对应,呈浅凹状,称**肩胛下窝**(subscapular fossa)。后面微凸,借斜向外上的**肩胛冈**(spine of scapula)分为上方的**冈上窝**(supraspinous fossa)和下方的**冈下窝**(infraspinous fossa),两窝借肩胛颈背面的冈盂切迹相通。冈上、下窝是肩胛骨最薄之处,几无骨松质。肩胛冈的外侧端游离,为高耸于关节盂上方的扁平状突起,称**肩峰**(acromion),其前内侧有与锁骨相连的关节面。肩峰形态分为三型:Ⅰ型为平直型肩峰,其厚度小于 8mm;Ⅱ型为弧形肩峰,厚度 8~12mm;Ⅲ型为钩状肩峰,厚度大于 12mm。其中Ⅱ、Ⅲ型肩峰可影响到肩关节的外展等活动,尤其是Ⅲ型肩峰对肩峰下撞击综合征的发病具有重要意义(图 4-2)。
　　肩胛冈内侧端较细,指向肩胛骨内侧缘,约平对第三胸椎棘突。肩胛骨**上缘**短而菲薄,不承受压力和张力,向外形成**肩胛切迹**(scapular notch),其间有肩胛上横韧带架于其上,供肩胛上神经穿过,孔径变小或韧带结构的改变,均可影响到神经,出现肩胛上神经卡压症。在切迹的外侧,

Note

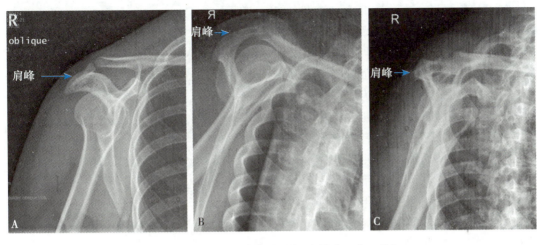

图 4-2　Bigliani 肩峰分型（冈上肌出口位 X 片）

A. Ⅰ型肩峰；B. Ⅱ型肩峰；C. Ⅲ型肩峰

有自肩胛颈伸向前外方的直角状突起，称**喙突**（coracoid process）。**内侧缘**自上角向下，又称**脊柱缘**。**外侧缘**肥厚，自关节盂延伸至**下角**，又称**腋缘**。**外侧角**粗大，为上缘和外侧缘的汇合部，其朝向外侧的梨形浅窝称**关节盂**（glenoid cavity），与肱骨头相关节。关节盂上、下各有一粗糙隆起，分别称**盂上结节**和**盂下结节**。关节盂向内为缩窄的肩胛颈，与肩胛冈基部相移行。关节盂、肩胛颈和肩胛冈之间形成**冈盂切迹**（spinoglenoid notch）。肩胛冈、肩峰、肩胛骨下角、肩胛骨内侧缘及喙突等结构均可作为标志在体表扪到（图 4-3、图 4-4）。

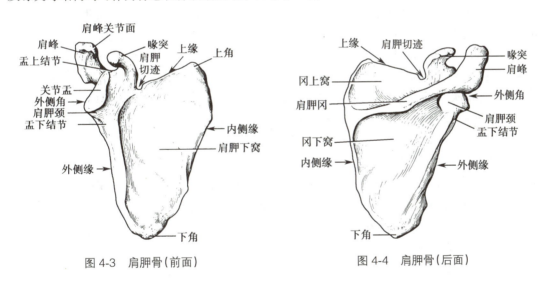

图 4-3　肩胛骨（前面）　　　　　　　　　图 4-4　肩胛骨（后面）

二、上肢带连结

1. **胸锁关节**（sternoclavicular joint）　**胸锁关节**是上肢骨与躯干骨之间的唯一连接，由锁骨的胸骨端与胸骨的锁切迹及第 1 肋软骨的上缘构成。关节腔内的纤维软骨关节盘向上附着于胸骨端关节面的上、后缘，向下附着于第 1 肋与胸骨的结合处，因此，关节腔被分为外上和内下两部分。关节盘的存在使胸骨端高于锁切迹的两个关节面趋于适应，并能防止锁骨向内上方脱位，但是亦有近 40% 胸锁关节的关节盘缺如。关节囊前后壁和下方分别由胸锁前、后韧带和肋锁韧带等加强，并借锁骨间韧带连接两侧锁骨，这些韧带亦有稳固关节的作用。胸锁关节在垂直轴上允许锁骨外侧端做前、后运动，在矢状轴上做上、下运动。胸锁连接虽属微动关节，但它以支点改变并扩大了肩胛骨的位置和活动范围，并在肩的环转运动中充分体现了其对肩关节协同运动的灵活性（图 4-5）。

Note

2. **肩锁关节**（acromioclavicular joint）**肩锁关节**由锁骨的肩峰端与肩峰的内侧面构成。关节囊较弱,上方有肩锁韧带加强。在肩峰端下面与喙突之间有坚韧的喙锁韧带,可分为前外侧的斜方韧带和后内侧的锥状韧带。喙锁韧带将锁骨牢固系于喙突,有防止锁骨滑脱和移位的作用。肩锁关节属平面关节,活动度虽小,但是肩胛骨活动的唯一支点。作为肩关节复合体的主要应力点,其关节软骨常因劳损而导致退行性骨关节病的发生。

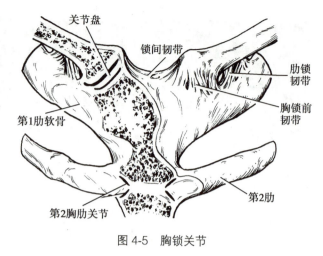

图4-5　胸锁关节

3. **喙肩韧带**（coracoacromial ligament）　**喙肩韧带**架于喙突与肩峰之间,是盂肱关节上方强有力的结构。其与喙突和肩峰共同构成的**喙肩弓**（coracoacromial arch）,是防止肱骨头向上向后脱位的重要屏障。

第二节　肱骨和肩关节

一、肱骨（humerus）

为上肢最粗长的骨,分骨体和上、下两端。肱骨上端有朝向上内后方的**肱骨头**（head of humerus）,其半球形的关节面与肩胛骨的关节盂相关节。肱骨头的外侧和前方分别有隆起的**大结节**（greater tubercle）和**小结节**（lesser tubercle）,及其下延于骨体的**大结节嵴**和**小结节嵴**。两个结节之间的纵沟为**结节间沟**,由肱二头肌长头腱通过。结节与关节面之间的浅沟称**解剖颈**（anatomical neck）。肱骨上端与骨体交界处变细,为**外科颈**（surgical neck）,有腋神经绕行经过,此处骨皮质明显薄于肱骨体,为力学性能上的薄弱点,是骨折的高发区域。解剖颈由外上斜向内下与外科颈相接。

肱骨体上半呈圆柱形,下半呈三棱柱形;中部的前外侧有 V 形的粗糙面,为三角肌附着的**三角肌粗隆**（deltoid tuberosity）;中部后面相当于三角肌粗隆的后方,有自后内上斜向前外下的宽而浅的沟,称**桡神经沟**（sulcus for radial nerve）,桡神经和肱深动脉沿此沟经过,故肱骨中段骨折手术的最大风险是容易伤及桡神经。骨体内侧面近中点处有向上开口的滋养孔。肱骨下端宽、扁,且前倾30°,外侧和内侧分别有半球状的**肱骨小头**（capitulum of humerus）和滑车状的**肱骨滑车**（trochlea of humerus）,二者构成近似冠状轴的关节复合体,因滑车的关节面向外倾斜,故尺骨与肱骨并非在一条直线上。在滑车的前、后上方,分别有**冠突窝**和**鹰嘴窝**,两窝之间的骨质较薄,外力易致骨折;小头的前上为**桡窝**。这些窝在肘屈伸时分别容纳尺骨冠突、桡骨头和尺骨鹰嘴。肱骨小头外侧和滑车内侧各有一突起,分别称**外上髁**（lateral epicondyle）和**内上髁**（medial epicondyle）。内上髁后下方为尺神经由此经过的**尺神经沟**。肱骨下端与骨体的交界处,相当于内、外上髁稍上方,也是容易发生骨折的部位,称肱骨髁上骨折。肱骨大结节和内、外上髁等都是体表重要的骨性标志（图4-6、图4-7）。

肱骨头中轴线与肱骨干中轴线相交所形成的内侧角称**肱骨颈干角**,平均在135°。颈干角的改变会影响肩关节的运动,当人工肱骨头位置偏离,颈干角小于100°时会造成肩内翻,使肱骨头下移并引起关节囊卡压,降低关节活动度;反之,颈干角大于140°,则会使肱骨头外翻并上移,引发肩峰撞击。肱骨头中轴线与肱骨内外上髁轴线相交所形成的夹角,称**肱骨头后倾角**,多在

Note

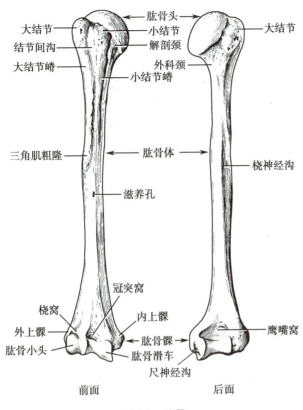

图 4-6　肱骨

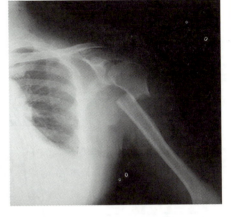

图 4-7　肱骨外科颈骨折 X 线

20°~30°之间。后倾角是肱骨上端的标志性特征,改变角度会影响肩关节的稳定。因此,在肩关节置换术中,重建人工肱骨头合适的后倾角,尤其避免角度过大,对维持肱骨头与肩胛盂正常的解剖对合关系,预防术后肩关节前脱位具有重要意义。

二、肩关节(shoulder joint)

肩关节在临床上亦称盂肱关节(glenohumeral joint),由肱骨头与肩胛骨的关节盂构成。其特点是球与窝两关节面的比例极不相称,肱骨头的关节面约占圆球面积的 1/3,关节盂呈梨形,浅而小,面积仅为关节头的 1/3。关节窝的一半深度是由关节软骨和镶在盂周缘的纤维软骨性**盂唇**(glenoidal labrum)补充。盂唇切面呈三角形,基底面附着在盂缘,但靠近中央部分多游离;外侧面平齐肩胛颈,大部分由关节囊附着;内侧为斜面,由关节软骨覆盖。盂唇的后上部分附着相对松弛,具有一定的活动度,当上肢做强力的投掷动作时可致此处盂唇损伤,甚至出现分离或撕脱(图 4-8)。

肩关节囊薄而松弛,其纤维层从肩胛骨盂缘,附着到肱骨解剖颈,并与骨膜相续。衬于纤维层内面的滑膜,在近侧返折至盂缘,远侧在前面沿解剖颈返折至关节面周缘,后下面则向外越过解剖颈约 1cm 附于外科颈。肱二头肌长头腱和肱三头肌长头腱在盂上、盂下结节的起始部均与纤维层交织,但前者被覆于囊内,并在结节间沟处被返折的滑膜包绕,形成套筒状的结节间滑液鞘;后者则完全露于囊外。关节囊的上壁有从喙突至肱骨大结节的**喙肱韧带**(coracohumeral ligament)加强,并与冈上肌腱交织一起融入关节囊的纤维层;盂肱韧带(glenohumeral ligament)是典型的囊外韧带,由起于关节盂上、前、下边缘的三束纤维组成,分别称为盂肱上、中、下韧带,其中上、中韧带附着于肱骨小结节,下韧带附着于解剖颈的内侧份。盂肱韧带对关节囊前壁有加强作用,如前束缺如,可导致关节囊局部薄弱而引发肩关节前脱位(图 4-9)。

Note

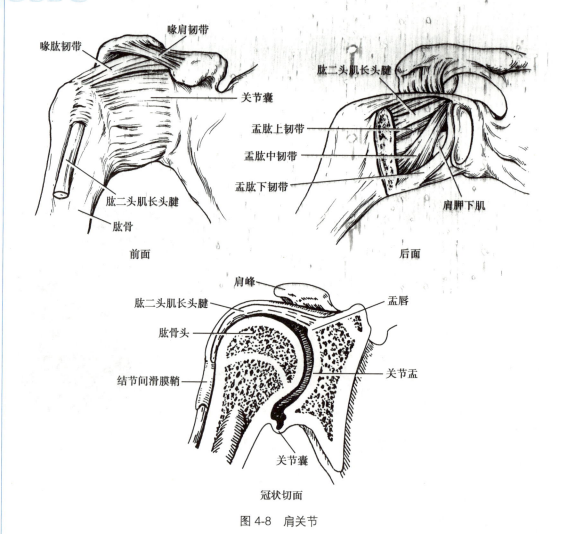

图 4-8 肩关节

关节囊外面的某些部位,存在由滑膜构成的滑膜囊,如独立于肩峰和三角肌深面的肩峰下囊和三角肌下囊;位于肩胛下肌腱深面,乃由滑膜从关节囊前壁突出并与关节腔相通的肩胛下肌腱下囊。滑膜囊的存在避免了关节在运动时与周围结构的摩擦,以利于关节的运动。包括滑膜囊在内的肩关节周围肌、肌腱和关节囊等软组织炎症、粘连所引起的肩关节疼痛,活动受限等病症,临床称肩周炎。

肩关节为全身最灵活的关节,可做三个轴的运动,即冠状轴的屈和伸,矢状轴的收和展,垂直轴的旋内和旋外,以及环转运动;通常外展超过 60°,常伴有胸锁与肩锁关节的运动以及肩胛骨的外旋。

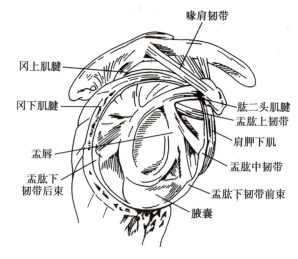

图 4-9 肩关节盂唇及周围韧带

第三节　前臂骨及其连结

一、桡骨（radius）

位于前臂外侧,分一体两端。上端膨大为**桡骨头**（head of radius）,略呈上大下小,上面凹陷之关节面与肱骨小头相接,周缘有环状关节面,与尺骨的桡切迹接触;头下方变细称**桡骨颈**（neck of radius）,其下方前内侧的粗糙突起为**桡骨粗隆**（radial tuberosity）,有肱二头肌腱附着。桡骨体呈三棱柱形,内侧缘为锐利的骨间缘。下端宽厚,呈轻度前凹后凸;内侧面有半月形的关节面,称尺切迹,与尺骨头相接触;外侧面粗糙,向远侧延伸为锥状的**茎突**（styloid process）,在腕部可触摸到;下面为三角形的凹面,称**腕关节面**,与腕骨相关节。桡骨下端因骨密质薄而成为力学上的弱点,容易发生骨折(图 4-10)。

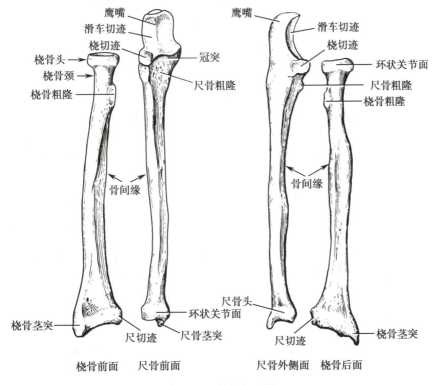

图 4-10　桡骨和尺骨

桡骨远端腕关节面含有两个不同的倾斜角,即**掌侧倾斜角**和**尺侧倾斜角**。前者从关节侧位观,为腕关节面掌、背缘连线与桡骨长轴垂线的夹角,正常在 10°~15°;后者由桡骨腕关节面外侧缘比内侧缘低约 1.5cm,所形成关节面向尺侧倾斜的夹角,正常为 20°~25°。当桡骨下端骨折时,腕关节面的角度常发生改变,其尺侧倾斜角度可减少至 5°~15°,而桡骨远端亦向背侧移位,致掌侧倾斜角度缩小或消失。复位骨折时应恢复这两个角度,以便维持关节面处于正常位置。

二、尺骨（ulna）

位于前臂内侧,分一体两端。上端粗大,前方有半月形的**滑车切迹**（trochlear notch）,与肱骨滑车相关节;切迹后上方和前下方的突起分别称为**鹰嘴**（olecranon）和**冠突**（coronoid process）,前者有肱三头肌腱附着,也是肘后重要的体表标志;冠突外侧的关节面称**桡切迹**,与桡骨头接触;

Note

冠突下方的粗糙隆起,称**尺骨粗隆**(ulnar tuberosity),为肱肌腱的附着点。尺骨体上段呈三棱柱形,下段为圆柱形,外侧是锐利的骨间缘,与桡骨的骨间缘相对应。下端呈球形膨大为**尺骨头**(head of ulna),环面有"C"形的环状关节面,与桡骨的尺切迹相接,后内侧向下的锥状突起称**尺骨茎突**(styloid process);头下面光滑,与关节盘接触。尺骨全长在体表均可触及,因此,手术进入骨面比较简单安全(图4-10)。

三、肘关节(elbow joint)

肘关节是由肱骨下端与尺、桡骨上端共同构成的复关节,包括三个关节:

1. **肱尺关节**(humeroulnar joint)　由肱骨滑车和尺骨的滑车切迹构成,属于滑车关节。

2. **肱桡关节**(humeroradial joint)　由肱骨小头和桡骨头关节凹构成,属于球窝关节。

3. **桡尺近侧关节**(proximal radioulnar joint)　由桡骨环状关节面和尺骨的桡切迹构成,属于车轴关节。

上述3个关节包在共同的关节囊内,一起构成复合的车轴-屈戊关节,其中肱尺和肱桡关节营屈伸,后者营旋转动作。关节囊两侧有侧副韧带加强而紧张,但前、后壁薄而松弛,当跌倒并手着地时,间接冲击力可引起桡、尺骨向后脱位。肘关节腔窄小,如骨折波及关节面,术后应早期进行活动,防止关节强直(图4-11)。

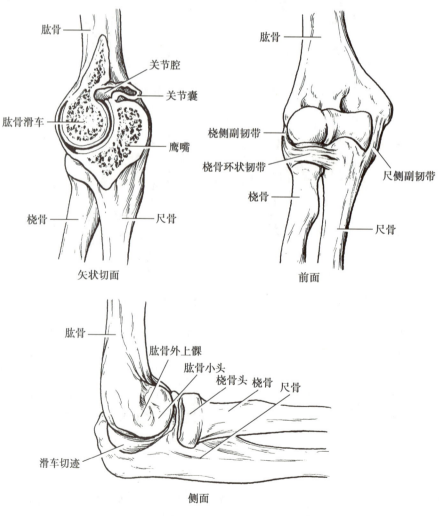

图4-11　肘关节矢状切面、前面、侧面观

Note

4. 肘关节的韧带

（1）**桡侧副韧带**（radial collateral ligament）：自肱骨外上髁向下扩展，止于桡骨环状韧带侧面，加强关节囊的外侧壁，可防止桡骨头向外脱位。

（2）**尺侧副韧带**（ulnar collateral ligament）：自肱骨内上髁向下呈扇形扩展，止于尺骨滑车切迹内侧缘，加强关节囊的内侧壁。

（3）**桡骨环状韧带**（annular ligament of radius）：是箍于桡骨头的"C"形纤维束，两端分别附于尺骨桡切迹的前后缘，并与桡切迹一起构成上口大，下口小的骨纤维环，允许桡骨头环状关节面在此做旋转运动，对关节的运动轴和防止桡骨移位起到重要作用。学龄前儿童因桡骨头发育尚不完全，环状韧带相对松弛，过度牵拉手或前臂，易引起桡骨头向下卡于环状韧带下口，形成桡骨头半脱位。

肘关节因受肱尺滑车关节的限制，运动以屈伸为主，发生在近似冠状轴的肱尺和肱桡关节复合体上，其中尺骨滑车切迹沿肱骨滑车屈、伸，桡骨头在肱骨小头前、下伴随活动。由于肱骨滑车关节面向外倾斜，决定了上肢在解剖位时，前臂不在臂的延伸线上，而是与臂形成一个向外开放约163°的"提携角"。此角的出现，增加了前臂的运动幅度，有利于与躯体的配合运动。肘关节的旋转动作发生在桡尺近侧关节，即在肱骨小头下，桡骨头环状关节面在骨纤维环内的旋转，但此运动必须与桡尺远侧关节联合完成。

在肘关节伸直位，肱骨内、外上髁和尺骨鹰嘴三点处于一条直线，当肘关节屈至90°时，此三点的连线构成一尖朝下的等腰三角形。如发生肘关节后脱位，即跌倒时手掌撑地，肘关节过伸，应力传导致鹰嘴向后上移位，肱骨向前的畸形状态时，患侧肘关节不仅肿痛，屈伸受限，肘后空虚，而且肘后等腰三角形关系也发生改变。但是，如肱骨髁上单纯骨折，则三点位置关系不变。

四、桡尺远侧关节（distal radioulnar joint）

由尺骨头的环状关节面和桡骨的尺切迹构成的车轴关节，在尺骨头的下面有三角形的纤维软骨关节盘存在，其上、下面分别参与桡尺远侧关节和桡腕关节。关节盘的尖抵于尺骨茎突的根部，底附着于桡骨尺切迹的下缘，三角的腰与关节囊和韧带相连，整个桡尺远侧关节呈"L"形，垂直部位于桡、尺骨之间，横部在尺骨头与关节盘之间。关节囊松弛，前后有韧带增强，韧带也使桡尺骨远端紧密相连。

桡尺近侧和远侧关节是完成前臂旋转运动的联合关节，其运动轴为桡骨头中心至尺骨茎突根的连线。运动时，尺骨保持固定，桡骨近端在原位旋转，远端连同关节盘（带手一起）围绕尺骨头旋转。当桡骨转至尺骨前方并与之交叉，手背向前，称**旋前**；与此相反，桡骨远端转回到尺骨外侧，手掌向前，称**旋后**。前臂的旋转幅度约在180°，如果旋转受限超过30°，则会给上肢的活动带来困难。

五、前臂骨间膜（interosseous membrane of forearm）

骨间膜为连于桡、尺骨骨间缘之间的坚韧的纤维膜，根据其纤维从外上斜向内下的方向，承担将重力从桡骨传递至尺骨的作用。前臂在极度旋前位时，桡、尺骨间距缩小，骨间膜最为松弛；而前臂处于半旋前位时，两骨间距最大，骨间膜紧张且张力均匀，同时，周围肌肉松弛。因此，前臂中下段骨折，多以此位固定，以防骨间膜挛缩，影响预后的旋转功能（图4-12）。

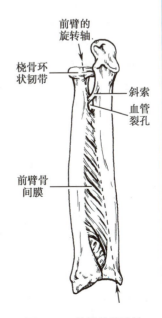

前臂的旋转轴
桡骨环状韧带
斜索
血管裂孔
前臂骨间膜

图4-12　前臂骨的连结

第四节　手骨及其连结

一、手骨

手骨包括腕骨、掌骨和指骨三部分(图4-13、图4-14)。

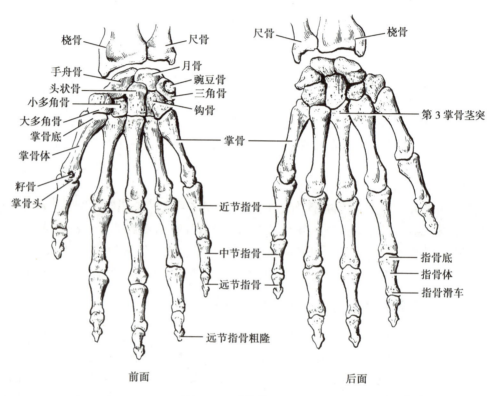

图 4-13　手骨前面、后面

1. **腕骨**(carpal bones)　为腕部的短骨,共8块,排成两列。近侧列自桡侧向尺侧依次为:**舟骨**(scaphoid bone)、**月骨**(lunate bone)、**三角骨**(triquetral bone)和**豌豆骨**(pisiform bone);远侧列自桡侧向尺侧依次为:**大多角骨**(trapezium bone)、**小多角骨**(trapezoid bone)、**头状骨**(capitate bone)和**钩骨**(hamate bone)。腕骨大致呈立方形,有6个面,除掌、背面有关节囊和韧带附着外,另外4个面均与相邻骨面接触。其中近侧列除豌豆骨位于三角骨前面,余下3块骨均与前臂骨等结构相接;远侧列骨与掌骨连接。腕骨中位居中间的头状骨是手部传递外力的主要骨。

2. **掌骨**(metacarpal bones)　属长骨,有5块。由桡侧向尺侧,依次为第1至第5掌骨。掌骨两端较膨大,近侧端称**底**,其关节面与远侧列腕骨相接,其中第1掌骨底的关节面呈鞍状,与大多角骨的相应关节面连接。远侧端称**头**,呈球形的关节面接近节指骨底。底与头之间为掌骨**体**,较细,受激烈冲击可引起骨折。

3. **指骨**(phalanges of fingers)　属长骨,共14块,除拇指为2节,其余4指均为3节。

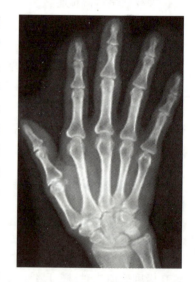

图 4-14　右手骨 X 线图

由近侧向远侧依次为**近节指骨**、**中节指骨**和**远节指骨**。每节指骨的近端为**底**，较宽；中间为**体**，较细；远端为头，较窄，呈**滑车**状，但远节指骨末端无滑车，且掌面粗糙，称**远节指骨粗隆**。

二、手关节（joints of hand）

手关节包括桡腕关节、腕骨间关节、腕掌关节、掌骨间关节、掌指关节和指骨间关节（图4-15）。

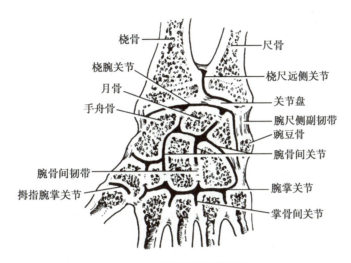

图 4-15　手关节（冠状切面）

1. **桡腕关节**（radiocarpal joint）　又称腕关节（wrist joint），为典型的椭圆关节。由桡骨下端的腕关节面和三角形关节盘的下面构成关节窝，舟骨、月骨和三角骨近侧关节面构成椭圆形的关节头，在解剖位，通常只有月骨和桡骨与关节盘接触，当腕关节内收时，三角骨才与关节盘相邻。关节头诸骨彼此借坚强的韧带连为一体，关节囊松弛，但前、后及两侧有韧带加强，其中腕掌侧韧带坚韧并有纤维止于腕骨，所以腕的后伸受限。桡腕关节可作屈、伸、收、展及环转运动，由于桡骨茎突比尺骨茎突长而低，故腕的外展幅度小于内收。

在前臂用力旋前过程中，当腕掌部遇到的阻力使桡、尺骨的远端距离增加时，常会造成关节盘撕裂，如扣排球等动作时。

2. **腕骨间关节**（intercarpal joint）　为腕骨之间构成的连接，可分为近侧列腕骨间关节、远侧列腕骨间关节和两列之间的腕中关节，关节腔彼此相通。各腕骨之间借韧带连结组合形成背侧突起，掌面两侧的桡侧隆起和尺侧隆起，以及中间凹陷的**腕骨沟**。腕骨间关节属微动关节，多参与桡腕关节的联合运动。

3. **腕掌关节**（carpometacarpal joint）　由远侧列腕骨与5个掌骨底构成。除拇指和小指的腕掌关节外，其余各腕掌关节运动幅度极小，尤其是第2和第3腕掌关节更是连接坚固，几无活动，被视为手的中央支柱。

拇指腕掌关节（carpometacarpal joint of thumb），由大多角骨与第1掌骨底构成，是典型的鞍状关节，为人类及灵长目动物所特有。关节囊松弛，周围有韧带加强。可作屈、伸、收、展、环转和对掌运动。由于第1掌骨位置向内侧旋转近90°，故拇指的屈、伸和收、展运动分别与其他指的收、展和屈、伸在同一运动轴上，即拇指在手掌平面上向掌心靠拢为屈，离开掌心为伸；拇指在与手掌垂直的平面上离开示指为展，靠拢示指为收。简言之，如以手背置于桌面，拇指平行移向或离开手掌的运动称屈和伸；拇指向前离开或复位靠向示指的运动称展和收。拇指对掌运动是拇指与其余手指尖掌侧面相接触的运动，这一运动加深了手掌的凹陷，因此它是一个多关节、多肌肉、多平面的复杂的协调运动，也是人类进行握持和精细操作时所必需的动作（图4-16）。

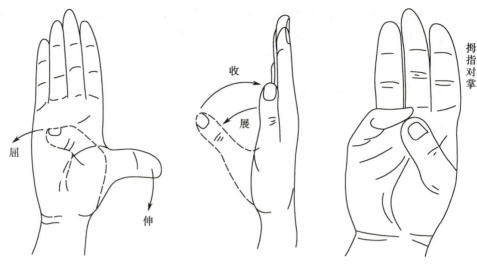

图 4-16　拇指运动

4. **掌骨间关节**(intermetacarpal joint)　分别发生在第 2~5 相邻掌骨底之间,属于平面关节,关节腔与腕掌关节腔相通。关节只能做轻微的滑动。

5. **掌指关节**(metacarpophalangeal joint)　由掌骨头与近节指骨底构成,共 5 个。关节囊薄而松弛,其前、后有韧带增强,掌侧韧带较坚韧,并含有纤维软骨板;两侧有侧副韧带,从掌骨头两侧延向下附于指骨底两侧,此韧带在屈指时紧张,伸指时松弛。当指处于伸位时,掌指关节可做屈、伸、收、展及环转运动,因受韧带限制,环转运动幅度较小。手指的收、展是以中指的正中线为准,即向中线靠拢为收,远离中线是展。握拳时,掌指关节显露于手背的凸出处为掌骨头。

6. **指骨间关节**(interphalangeal joint)　由各指相邻两节指骨的底和滑车构成,共 9 个,是典型的滑车关节。关节囊松弛,两侧有韧带加强,只能做屈、伸运动。指屈曲时,指背凸出的部分是指骨滑车(图 4-17)。

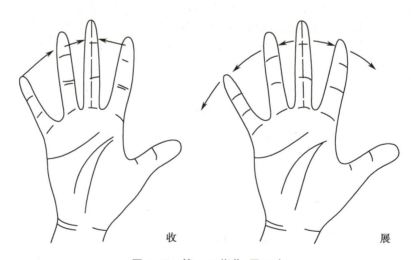

图 4-17　第 2~5 指收、展运动

第五节　临床联系

一、肩锁关节脱位

意外摔倒的直接暴力自上向下撞击肩峰,或间接暴力过度牵引肩关节向下将导致肩锁关节

Note

脱位发生。损伤轻者可能只有关节囊撕裂,外观无畸形;较严重者会有肩锁韧带撕裂,伴肩锁关节半脱位;如同时出现喙锁韧带完全断裂的肩锁关节完全脱位,则在肩部重力和肌的牵引下出现肩胛骨向下、向内移位,锁骨向上、向外移位的"台阶样"畸形(图4-18)。

伤者典型临床症状包括:逐渐加重的疼痛,上肢无法下垂,外展、上举疼痛,肩锁关节处肿胀,锁骨上翘畸形,压痛明显等(图4-19)。

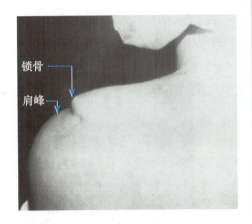

图 4-18　左侧肩锁关节全脱位外观

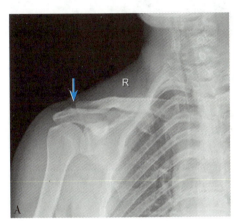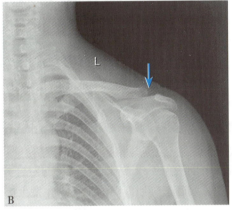

图 4-19　A. 正常肩锁关节　B. 肩锁关节脱位

A. 右侧肩锁关节 X 片显示肩锁关节对合关系正常;B. 左侧肩锁关节 Ⅱ 度脱位,锁骨端向上凸起,脱位不超过关节面 1/2

二、肩关节脱位

肩关节是人体活动度最大的关节,其脱位率位居全身关节的第一位,约占50%。尤其是在过顶、过头等动作发生频率较高的运动中,一次严重的直接暴力创伤或者反复微小创伤均能导致脱位的发生,其中80%~95%为前脱位(图4-20)。

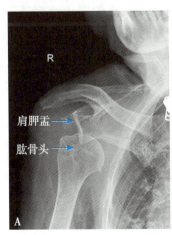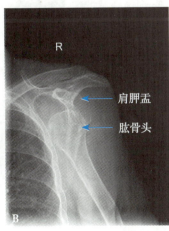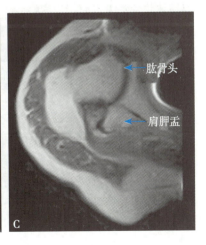

图 4-20　肩关节前脱位

A. 肩关节正位 X 片显示:肱骨头和肩胛盂失去正常对合关系,向前脱位至喙突下方;B. 肩关节斜位 X 片显示:肱骨头向内向下脱位;C. 横断位 MRI 显示:肱骨头向前方脱位,位于肩胛盂前方,肱骨头后方顶住肩胛盂前缘

Note

肩关节前脱位常引起肩部疼痛,肿胀与功能障碍。与健侧对比,患肩的特征性表现是形成肩峰突起,肩峰下空虚的方肩畸形(图4-21)。

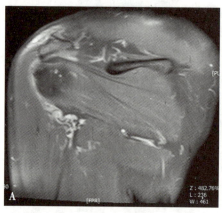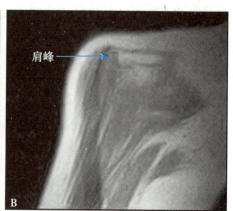

图4-21　A. 正常盂肱关节　B. 方肩畸形

A. 冠状位 MRI 显示:正常盂肱关节圆弧外形;B. 冠状位 MRI 显示:肱骨头脱位后,肩部失去圆弧外形,肩峰突起呈方形肩

患者多处于头颈偏向患侧,上臂弹性固定于外展内旋位的强迫体位。特征性体征为 Dugas 征,即伤侧肘关节贴近胸壁,手掌无法触摸肩部。

肩关节前脱位不仅含有骨性结构的对合异常,同时还包括前方盂唇、前下方盂唇韧带复合体、肱二头肌肌腱、旋肌间隙的损伤。在发生第一次肩关节前脱位后,如果不对损伤结构进行有效修复,则出现复发性脱位的几率随年龄增加而上升。

三、肩峰下撞击综合征

肩关节上方有一潜在性的软组织间隙,称肩峰下间隙,其上界由肩峰、喙突、喙肩韧带及肩锁关节构成,下界为肱骨头。间隙内容有肩峰下滑囊、肱二头肌长头腱、冈上肌腱和冈下肌腱(图4-22)。

由于Ⅱ型和Ⅲ型肩峰的肩峰下间隙容积较小,容易被肱骨头撞击而产生肩峰骨赘,特别是当肩部做前屈、外展、内旋运动时,肱骨头常反复撞击肩峰和喙肩韧带,从而导致肩峰下滑囊发炎,甚至冈上肌腱等的退变、断裂,即形成临床肩峰下撞击综合征(图4-23、图4-24)。

患肩疼痛为最主要症状,通常位于肩峰外侧,可放射至三角肌区域。在疾病早期,疼痛通常由肩关节行前屈、外展运动时诱发,伴穿衣及梳头困难。随着疾病的发展,患者会出现夜间痛和静息痛,睡眠时不能向患侧侧卧,部分患者还出现前屈、外展等主动动作受限。

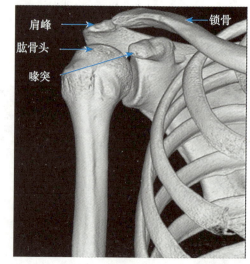

图4-22　肩峰下间隙

四、肩关节前下盂唇损伤

一般来说,肩关节盂唇上半部与肩胛盂的结合较为松散,尤其是上及前上盂唇具有一定的

Note

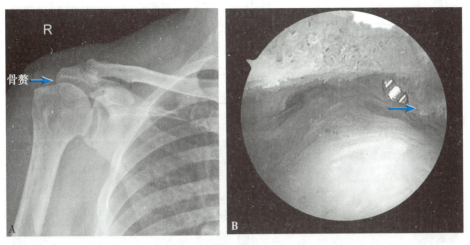

图 4-23　肩峰骨赘(见书后彩图)

A.肩关节正位 X 片显示:肩峰呈钩状,骨赘形成(箭头所示);B.关节镜下显示:肩峰处所形成的骨赘(箭头所示)

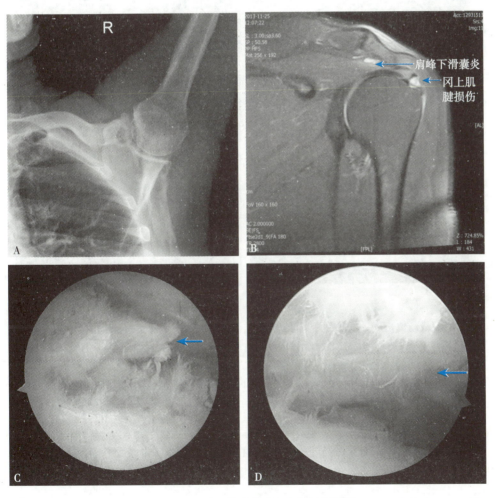

图 4-24　肩峰下撞击综合征(见书后彩图)

A.肩关节处于外展、前屈、内旋时肩峰下间隙容积明显减小;B.冠状位 MRI 显示:冈上肌腱断裂,伴肩峰下滑囊炎性表现(箭头所示);C.关节镜下显示:冈上肌腱纤维撕裂(箭头所示);D.关节镜下显示:肩峰下滑囊囊壁毛糙,纤维组织退变(箭头所示)

Note

活动度,且多与盂肱上、中韧带相连。相反,下半部盂唇与肩胛盂结合紧密,特别是前下盂唇,其与附着的盂肱下韧带一起组成下盂肱韧带复合体,为对抗肱骨头向前、向后应力的主要结构,也是肩关节主要的静力性稳定结构。

肩关节前下盂唇损伤常是引起复发性肩关节前脱位的起因。临床将肩关节前下盂唇撕裂,或同时伴有相应区域骨膜的撕脱性损伤,称为 Bankart 损伤(图 4-25)。

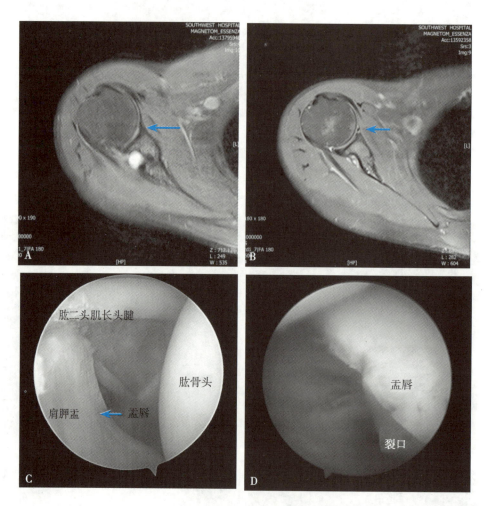

图 4-25　Bankart 损伤(见书后彩图)

A. MRI(横断位)显示:正常肩关节前下盂唇结构完整,呈均一黑色三角形影像,与肩胛盂紧密附着。(箭头所示);B. MRI(横断位)显示:右肩关节前下盂唇断裂,黑色三角形影像出现中断,断裂部位呈现白色高信号(箭头所示);C. 关节镜下显示:正常肩关节前下盂唇结构完整,紧密附着于肩胛盂(箭头所示);D. 关节镜下显示:右肩关节前下盂唇(白色组织)全层撕裂,自盂缘附着点向前移位形成纵行裂口,红色部分为裂口前方关节囊组织

Bankart 损伤患者多有肩关节脱位病史,在复发性肩关节前脱位中,该病的发生率高达53%~100%。患侧以肩关节疼痛和关节外展、外旋引发脱位恐惧感为最常见的临床症状。

五、腕关节三角纤维软骨复合体损伤

腕关节三角纤维软骨复合体(triangular fibrocartilage complex,TFCC)又称三角纤维软骨盘或腕三角软骨盘,位于下尺桡关节远端,整个结构形态呈三角形,基底部连于桡骨远端的尺骨切迹处,尖端止于尺骨茎突,位于腕尺侧副韧带桡侧(图 4-26)。

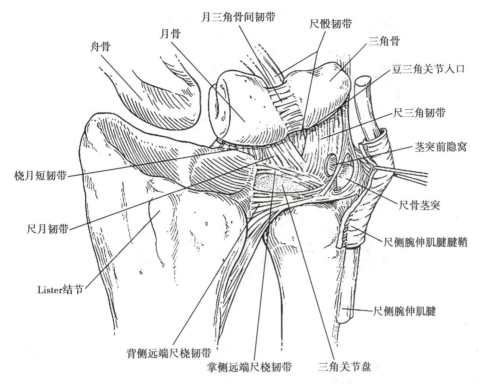

图 4-26　腕关节三角纤维软骨复合体

TFCC 将桡腕关节和桡尺远侧关节分隔,在前臂旋转时,能限制尺骨位移,使桡尺远侧关节保持稳定。因此,腕关节背伸、偏尺侧合并旋转动作时应力过大易致 TFCC 损伤。其最明显的症状是腕部偏尺侧疼痛,在前臂旋转时加重,腕握力明显减弱(图 4-27)。

六、桡骨头半脱位

桡骨头半脱位多发生于 4 岁以下的幼儿,6~7 岁后发病率明显降低。因该年龄段幼儿的桡骨头骨骺尚未骨化完全,和桡骨颈粗细几乎相等,当手或前臂突然被过度牵拉时,容易导致桡骨头滑入环状韧带之下口,同时在关节腔负压的作用下,环状韧带和关节囊结构陷入并嵌顿于肱桡关节两关节面之间,形成桡骨头半脱位(图 4-28)。

典型的临床症状是患侧肘关节多处于屈曲位,并拒绝使用、活动,前臂于旋前位减轻疼痛。体格检查时在桡骨小头处施压,患儿疼痛明显。X 线上无异常表现,肘关节 X 线片双侧对比的价值在于有利于排除肘部骨折并与桡骨小头完全脱位相鉴别(图 4-29)。

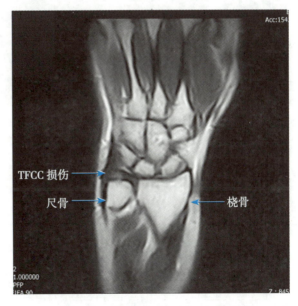

图 4-27　右腕关节 TFCC 损伤 MRI 图像

右桡腕关节 MRI 冠状位显示:靠近桡骨的 TFCC 基底部结构完整,为均一黑色低信号,尺骨茎突附近为白色高信号,示纤维软骨盘损伤伴积液

Note

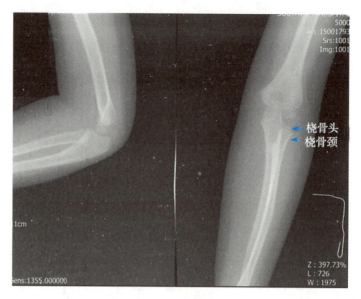

图 4-28　左侧桡骨头半脱位
左侧为肘关节侧位片,右侧为正位片,显示桡骨头骨化不全,粗细和桡骨颈相等

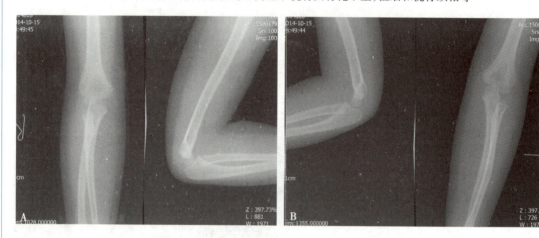

图 4-29　桡骨头半脱位患儿双肘关节 X 线对比
A. 桡骨头未发生脱位;B. 桡骨头半脱位;双侧 X 片对比无明显差异

(杨　柳　何　军　李文生　谭德炎)

本章小结

　　上肢骨包括上肢带骨(肩胛骨和锁骨)、上臂骨(肱骨)、前臂骨(桡骨和尺骨)和手骨(腕骨、掌骨和指骨)。上肢带的连结主要包括由锁骨的胸骨端与胸骨的锁切迹及第 1 肋软骨上缘构成的胸锁关节,和由锁骨的肩峰端与肩峰的内侧面构成的肩锁关节。它们虽都是运动幅度很小的微动关节,但对于上肢的灵活运动极其重要。肩关节由肱骨头与肩胛骨的关节盂构成,其特点是球大窝小,关节囊相对薄弱,非常有利于大幅度运动,因此,该关节的稳定结构主要靠周围的动力结构。肘关节是由肱骨下端与尺、桡骨上端共同构成的复关节,包括由肱骨滑车和尺骨滑车切迹构成的肱尺关节,肱骨小头和桡骨关节凹构成的肱桡关节,以及由桡骨环状关节面和尺骨桡切迹构成的桡尺近侧关节,肘关节因受肱尺滑车关节的限制,运动以屈伸为主。手关节包括桡腕关节、腕骨间关节、腕掌关节和掌指关节等,虽然各关节有其独立的运动,但作为整体手的功能而言,多由各关节联合协调完成。

思考题

　　1. 上肢关节中哪个关节最容易脱位？其主要的脱位方式和解剖学基础是什么？

　　2. 肩峰下撞击综合征发病机制是什么？简述肩峰形态及其与对肩峰下撞击综合征发病的影响。

　　3. 如何从解剖学角度理解肩关节运动的灵活性与稳定的相互关系？

　　4. 根据肘关节的解剖学特点，简述肘关节后脱位的发病机制。

　　5. 为什么说手关节运动为多关节的协调运动？

思考题

第五章　下肢骨及其连结

　　下肢具有支持体重、运动及维持躯体的直立姿势等主要功能。为满足这种功能需要,下肢骨粗大而强壮,下肢关节的结构(关节面形态、韧带的数量和粗细及关节周围肌肉的大小和强度等)也更加牢固,以适于支持体重和对抗重力。

第一节　髋骨与骨盆

　　骨盆(pelvis)是由骶骨、尾骨和两块髋骨(由髂骨、坐骨及耻骨融合而成)组成。骨盆的关节包括耻骨联合、骶髂关节及骶尾关节。骨盆的主要韧带有骶骨、尾骨与坐骨结节间的骶结节韧带和骶骨、尾骨与坐骨棘之间的骶棘韧带。骨盆除了支持体重、保护盆腔脏器之外,对女性来说还是胎儿娩出的通道。

一、骨盆的骨性结构

　　骨盆由骶骨、尾骨和两块髋骨组成。

　　1. 髋骨(hip bone)　髋骨成对,是形状不规则的扁骨。由髂骨、坐骨和耻骨组成(图 5-1、图 5-2、图 5-3)。一般在 16 岁以前,三骨之间借软骨彼此结合,以后软骨逐渐骨化才融为一骨。髋骨上份扁阔,中份窄厚,外侧面有一大而深的窝称**髋臼**(acetabulum),其下缘的缺口称**髋臼切迹**(acetabular notch)。髋骨下份的大孔,称**闭孔**(obturator foramen)。

　　(1) **髂骨**(ilium):位于髋骨的后上部,分体和翼两部分。**髂骨体**(body of ilium)肥厚,位于髂骨的下份,参加构成髋臼的上份。**髂骨翼**(ala of ilium)位于髂骨的上份,扁宽,其上缘称**髂嵴**(iliac crest),全长可在皮下触及。髂嵴前、后端的突出部,分别称**髂前上棘**(anterior superior iliac spine)和**髂后上棘**(posterior superior iliac

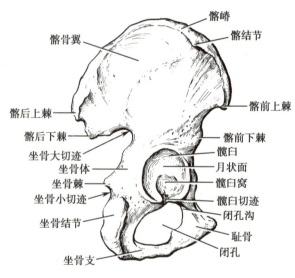

图 5-1　髋骨(外面)

spine)。两棘均可在体表触及,是体表重要的骨性标志。髂前上棘下方另有一突起,称**髂前下棘**(anterior inferior iliac spine),髂后上棘下方有**髂后下棘**(posterior inferior iliac spine)。髂嵴外缘距髂前上棘 5~7cm 处,有向外突出的**髂结节**(iliac tubercle)。

　　髂骨翼的后外面稍凸,前内面大部平滑而稍凹,称**髂窝**(iliac fossa),其下界为**弓状线**(arcuate line),此线向后达**耳状面**(auricular surface)。耳状面形如耳廓,是一关节面,与骶骨的同名关节面相关节。耳状面后上方有**髂粗隆**(iliac tuberosity),与骶骨相连接,耳状面的下方,髂骨后缘有深

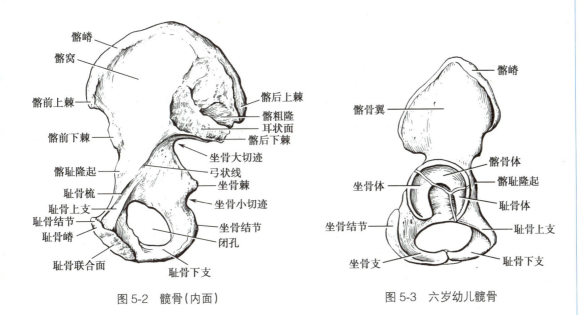

图 5-2　髋骨(内面)　　　　　图 5-3　六岁幼儿髋骨

陷的切迹,称**坐骨大切迹**(greater sciatic notch)。

(2) **坐骨**(ischium):构成髋骨的后下部,分为坐骨体及坐骨支2部分。**坐骨体**(body of ischium)为坐骨的后上份,上端参加组成髋臼的后下部,背侧有一突出的锐棘,称**坐骨棘**(ischial spine)。棘的上方即坐骨大切迹,棘的下方有较小的**坐骨小切迹**(lesser sciatic notch)。坐骨小切迹下方是一粗糙而肥厚的**坐骨结节**(ischial tuberosity),在活体容易触及,是体表重要的骨性标志。坐骨结节构成坐骨体的下端,自坐骨结节向前上延伸为较细部分,称**坐骨支**(ramus of ischium)。

(3) **耻骨**(pubis):构成髋骨前下部分,为体和上、下2支。**耻骨体**(body of pubis)是耻骨的最前部分,前后略扁,内侧面为椭圆形的**耻骨联合面**(symphysial surface),与对侧耻骨的相对面连结成**耻骨联合**(symphysis pubis)。体的上缘称**耻骨嵴**(pubic crest),其外侧端终于一钝圆的突起,称**耻骨结节**(pubic tubercle)。由耻骨体上外方伸向后上的部分为耻骨上支。**耻骨上支**(superior ramus of pubis)参加构成髋臼的前下份,与髂骨连接的上面有一粗糙的隆起,称**髂耻隆起**(iliopubic eminence)。耻骨上支的后上缘突出称为**耻骨梳**(pecten pubis),向前终于耻骨结节,向后与弓状线相续。耻骨体下外份向后下延续为**耻骨下支**(inferior ramus of pubis),其末端与坐骨支末端融合。这样耻骨和坐骨共同围成**闭孔**(obturator foramen)。

2. **骶骨**（前文已详述）。

3. **尾骨**（前文已详述）。

二、骨盆的韧带与关节

骨盆的主要韧带有骶骨、尾骨与坐骨结节间的骶结节韧带和骶骨、尾骨与坐骨棘之间的骶棘韧带。骨盆的关节包括耻骨联合、骶髂关节及骶尾关节。

1. **骨盆的韧带**　髋骨与脊柱间常借下列韧带加固(图 5-4):

(1) **髂腰韧带**(iliolumbar ligament):强韧肥厚,由第5腰椎横突横行放散至髂嵴的后上部。

(2) **骶结节韧带**(sacrotuberous ligament)和**骶棘韧带**(sacrospinous ligament):**骶结节韧带**位于骨盆后方,起自骶、尾骨的侧缘,呈扇形,集中附着于坐骨结节内侧缘。**骶棘韧带**位于骶结节韧带前方,起自骶、尾骨侧缘,呈三角形,止于坐骨棘,其起始部为骶结节韧带所遮掩。

骶棘韧带和骶结节韧带与坐骨大切迹围成坐骨大孔,和坐骨小切迹围成坐骨小孔,有肌肉、血管和神经等从盆腔经坐骨大、小孔达臀部和会阴。骶棘韧带和骶结节韧带连于骶骨和坐骨之间,仅允许骶骨下端向上轻微移动,从而在脊柱承重突然增加时(如从墙上跃下),为骶髂部位提供一定的弹性。

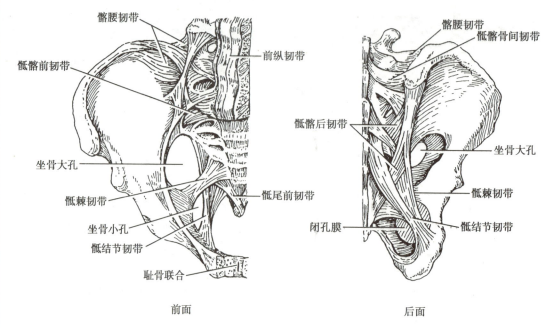

前面　　　　　　　　　　　　　　　　　　　后面

图 5-4　骨盆的韧带

2. 骨盆的关节

（1）**耻骨联合**（pubic symphysis）：属于软骨连结,由两侧耻骨联合面借纤维软骨构成的耻骨间盘连结构成。耻骨间盘中往往出现一矢状位裂隙。耻骨间盘女性较男性厚,裂隙也较大,孕妇和经产妇女尤为显著。在耻骨联合的上、下方分别有连结两侧耻骨的耻骨上韧带和耻骨弓状韧带。耻骨联合的活动甚微,但在分娩过程中,耻骨间盘中的裂隙增宽（图 5-5）。

（2）**骶髂关节**（sacroiliac joint）：是骶骨和髂骨在耳状面之间强大的承重性滑膜关节。骶骨悬垂于两髂骨之间,并通过骨间韧带及骶髂韧带牢固地贴附于髂骨和骶骨骨面。骶髂关节将身体重量传递至髋骨,活动性较小。妊娠妇女其活动度可稍增大。

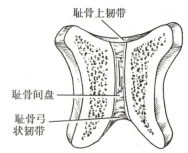

图 5-5　耻骨联合（冠状切面）

（3）**骶尾关节**（sacrococcygeal joint）：由第 5 骶椎体与第 1 尾椎体借纤维性椎间盘构成。前面和后面分别有前纵韧带和后纵韧带加强。骶尾关节也在尾骨肌作用下协助固定骶骨和尾骨,防止骶骨上端因承受重量而过度前倾。中年以后骶骨与尾骨中间的椎间盘常骨化而变成不动关节。

此外,左、右髋骨的闭孔有**闭孔膜**（obturator membrane）封闭,为肌肉提供附着点。膜的上部与闭孔沟围成**闭孔膜管**（obturator canal）,有血管神经通过。

三、骨盆的分部

由骶骨岬向两侧经髂骨弓状线、髂耻隆起、耻骨梳、耻骨结节至耻骨联合上缘构成的环形斜行的圈线为**界线**。骨盆被界线分为两部:界线以上叫大骨盆,又称假骨盆;界线以下叫小骨盆,又称真骨盆,其内腔即盆腔。盆部系指界线以下的小骨盆部分,它包括盆壁、盆膈和盆腔器官等,盆腔上口由界线围成,下口封以盆膈。盆膈以下的软组织称为会阴（图 5-6）。

大骨盆（greater pelvis）由界线上方的髂骨翼和骶骨构成。位于骨盆入口上方,含有部分腹腔内器官（回肠和乙状结肠）,前壁为腹壁,前外侧是髂窝,后面是腰 5 和骶 1 椎骨。大骨盆腔是

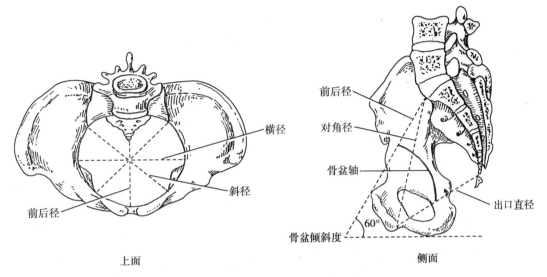

图 5-6　骨盆的径线

腹腔下部的一部分。

　　小骨盆(lesser pelvis)位于骨盆入口和出口之间,容纳盆内脏器。小骨盆可分为骨盆上口、骨盆下口和骨盆腔。骨盆上口由上述界线围成,呈圆形或卵圆形。骨盆下口由尾骨尖、骶结节韧带、坐骨结节、坐骨支、耻骨支和耻骨联合下缘围成,呈菱形。两侧坐骨支与耻骨下支连成耻骨弓,它们之间的夹角称为耻骨下角。男性为 70°~75°,女性角度较大,为 90°~100°。骨盆上、下口之间的腔为骨盆腔,也称为固有盆腔。假骨盆能支持妊娠时增大的子宫,但与产道无直接关系。真骨盆容纳子宫、卵巢、输卵管、阴道及邻近的输尿管、膀胱、尿道、直肠等器官。真骨盆是一前壁短,侧壁和后壁较长的弯曲通道,其中轴为骨盆轴,分娩时,胎儿循此轴娩出。

四、骨盆的位置与作用

　　骨盆的位置可因人体姿势不同而变动。人体直立时,骨盆向前倾斜,骨盆上口的平面与水平面构成 50°~55° 的角(女性可为 60°),称为骨盆倾斜度。骨盆倾斜度的增减将影响脊柱的弯曲,如倾斜度增大,则重心前移,必然导致腰曲前凸增大,反之则腰曲减小。

　　骨盆的作用:人体直立时,体重自第 5 腰椎、骶骨经两侧的骶髂关节、髋臼传导至两侧的股骨头,再由股骨头向下到达下肢,这种弓形力传递线称为股骶弓。当人在坐位时,重力由骶髂关节传导至两侧坐骨结节,此种弓形力传递称为坐骶弓。骨盆前部还有两条约束弓,以防止上述两弓向两侧分开。一条在耻骨联合处连结两侧耻骨上支,可防止股骶弓被压挤。另一条为两侧坐骨支和耻骨下支连成的耻骨弓,能约束坐骶弓不致散开。约束弓不如重力弓坚强有力,外伤时,约束弓的耻骨上支较下支更易骨折(图 5-7)。

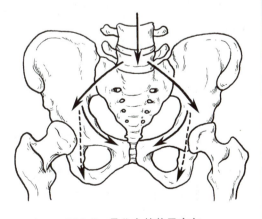

图 5-7　骨盆力的传导方向

五、骨盆的性差

　　男、女骨盆的性别差异最为显著。骨盆的性差与其功能有关,虽然骨盆的主要功能是运动,但女性骨盆还要适合分娩的需要(图 5-8,表 5-1)。女性小骨盆是弯曲的骨性产道,上口前后径(从

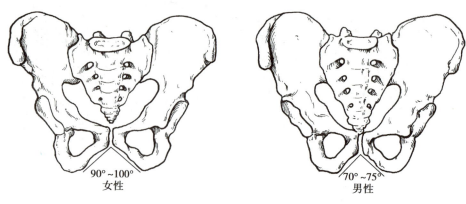

图 5-8　骨盆的性别差

骶岬至耻骨联合上缘)比左右径小;下口的左右径(坐骨结节间径)小于前后径(尾骨尖至耻骨联合下缘);坐骨棘间径是骨盆最小横径。人类分娩时,由于胎儿头相对大,骨盆上、下口及坐骨棘间径平面最小,胎头在骨性产道通过时,需要旋转才能出骨盆。因此,人类分娩很困难,而猴分娩相对容易得多。

表 5-1　男、女骨盆特点比较

骨盆	男性	女性
一般结构	厚而重	薄而轻
大骨盆	深	浅
小骨盆	窄而深	宽而浅
骨盆入口	心形	椭圆形
骨盆出口	较小	较大
耻骨弓及耻骨下角	窄 70°~75°	宽 90°~100°
闭孔	圆形	卵圆形
髋臼	大	小

六、产科骨盆

1. **骨盆腔**　骨盆腔为一前短后长的弯曲圆柱形管道,为便于了解分娩时胎儿在产道中的行经过程,现将骨盆的形状,按以下三个平面分别叙述,由上至下为入口平面、中段平面、出口平面。

(1) 入口平面:为大小骨盆的交界面(即盆腔的入口),呈横椭圆形,径线如下:前后径为耻骨联合上缘至骶岬前缘中点距离,又称骶耻内径,平均长约 11cm。横径是入口平面最大径线,为两髂耻线间的最宽距离,平均约 13cm。斜径左右各一条,为一侧骶髂关节至对侧髂耻隆突间的距离,长约 12.5cm。从左骶髂关节至右髂耻隆突者为左斜径,反之为右斜径。临床上以前后径为最为重要,扁平骨盆的前后径较小,将影响儿头入盆。

(2) 骨盆中段:中上段为骨盆腔的最宽大部分,近似圆形,其前方为耻骨联合后方的中点,两侧相当于髋臼中心,后缘位于第二、三骶椎之间。下段为骨盆的最小平面(所谓的中平面)系耻骨联合下缘、坐骨棘至骶骨下端的平面,呈前后径长的椭圆形。前后径约 11.5cm,横径(坐骨棘间径)长约 10cm。

(3) 出口平面:由两个以坐骨结节间径为其共同底线的三角平面组成。前三角的顶为耻骨联合下缘,两侧边为耻骨下支,后三角的顶为尾骨尖,两侧边为骶骨结节韧带。坐骨结节间径,即出口横径,平均长 9cm。耻骨联合下缘至尾骨尖间距离为其前后径,平均长 9.5cm。分娩时尾骨尖可向后移 1.5~2cm,使前后径伸长至 11~11.5cm。两侧耻骨下支在耻骨联合下方形成一接近直角的耻骨弓。由耻骨联合下缘至坐骨结节间径的中点称“前矢状径”,平均长 6cm;骶尾关

节至坐骨结节间径的中点称"后矢状径",平均长9cm。临床上单纯出口平面狭窄少见,多同时伴有骨盆中平面狭窄。

2. 骨盆底 骨盆底由三层肌肉和筋膜组成,它封闭骨盆出口,并承载和支持盆腔内的器官。

(1)外层为会阴浅筋膜与肌肉组成,包括会阴浅横肌、球海绵体肌、坐骨海绵体肌和肛门外括约肌。均会合于阴道出口与肛门之间,形成会阴中心腱。

(2)中层为尿生殖膈,覆盖在耻骨弓及两坐骨结节间所形成的骨盆出口前部的三角平面上。包括会阴深横肌及尿道括约肌。

(3)内层称为盆膈,由肛提肌、尾骨肌和盆筋膜组成,为尿道、阴道、直肠所贯穿。

盆筋膜是腹内筋膜的直接延续,可分为盆筋膜壁层、盆膈筋膜和盆筋膜脏层。盆筋膜间隙为盆内腹膜外组织在盆底腹膜与盆膈之间形成一些蜂窝组织间隙,其主要有耻骨后间隙、骨盆直肠间隙和直肠后间隙。盆底由多层肌肉和筋膜组成,封闭骨盆出口,尿道、阴道和直肠经此贯穿而出。盆底承载盆腔脏器并保持其正常位置。盆底肌有三层组织,即外层、中层(泌尿生殖膈)和内层(盆膈)(图5-9)。

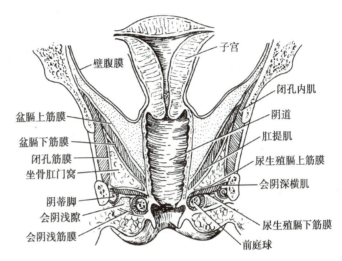

图5-9 女性骨盆冠状切面模式图(经阴道)

3. 分娩 女性骨盆是产道的重要组成部分,是胎儿经阴道娩出的必经之路,其大小、形状直接影响到分娩。因此,对其构造和特点,应有较清楚的了解。

骨盆是女性阴道分娩胎儿的必经之途,它由骶、尾、髋骨构成,并由关节和韧带将它们连在一起。骨盆分为上、下两个部分。上半部宽大,对分娩影响不大(产科称为假骨盆);而其下部与分娩关系十分密切(称为真骨盆),所谓的"骨产道"即指这一部分而言。真骨盆根据它与分娩的关系又分为三个平面,即入口、中腔及出口平面。这三个平面都是比较狭窄的部分,分娩时胎儿可受到阻力,尤其中腔平面是最窄的部分。

骨盆的大小及形状对分娩的难易影响很大,它与产力及胎儿构成了分娩的三要素。正常的骨盆,如产力及胎儿无异常,胎儿很容易娩出。明显狭窄的骨盆,胎儿根本不能自然娩出。相对狭窄的骨盆,分娩常需要决定于胎儿及产力情况。

女性骨盆解剖形态呈现宽而浅,有利于胎儿通过。但并非所有妇女骨盆的形状均如此。有的发育上存在变异,类似男性骨盆,即骨盆深而窄,骨盆前后径相对长,而横径相对较短,胎儿就不易娩出。有的骨盆呈扁平状,入口前后径很短,胎儿就不能通过骨盆入口。但有的骨盆入口正常,中、下平面越来越窄,称为漏斗骨盆,亦会造成难产。某些情况下,由于骨及关节病变也可造成骨盆形状的异常,如因缺钙引起的佝偻病(骨软化症),它可以造成骨盆严重变形,变得十分小,胎儿根本不能从阴道分娩。偶有外伤造成骨盆骨折,日后发生畸形的,这些均可能造成分娩时难产。除非有明显的畸形,一般不能只从外形就准确地判断骨盆的大小。因此,妇女怀孕后必须进行产前检查,实际测量骨盆的大小,必要时还需用X线来准确地测量骨盆的情况,以免分娩时出现难产。

(潘爱华)

第二节　股骨和髋关节

一、股骨的形态

股骨(femur)(图 5-10)是人体最长、最坚固的骨。长度约为体高的 1/4。股骨的远端与胫骨连结形成膝关节,近端与髋骨连结形成髋关节。股骨分为一体两端,属于典型的长骨。近端膨大,与髋骨连结的为**股骨头**(femoral head),远端膨大为膝关节骨面,两端中间部分为**股骨体**(shaft of femur)。

股骨近侧端有朝向内上的股骨头,头中央偏下方的凹陷为股骨头凹,股骨头韧带附着于此凹与髋臼相连接。头的外下缩窄部分为**股骨颈**(neck of femur)。股骨颈长约 5cm,其中部最窄,外侧部最宽。颈与体的夹角为颈干角,男性平均为 132°,女性平均为 127°。颈与体连接处外上侧的方形隆起称**大转子**(greater trochanter);内下方的隆起称**小转子**(lesser trochanter),有肌肉附着。大转子内侧的凹陷称转子窝,为闭孔内、外肌腱及上、下孖肌腱附着处。大转子与小转子之间,前面为转子间线,该线向后延续为转子间嵴。转子间嵴向下,内侧为耻骨肌线,外侧为臀肌粗隆。

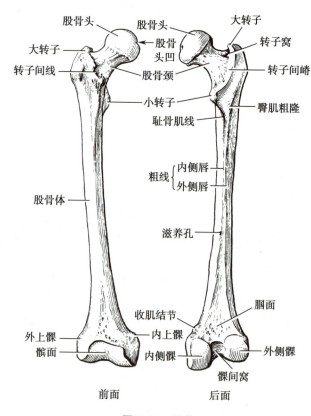

图 5-10　股骨

股骨体略弓向前,上段呈圆柱形,中段三棱柱形,下段前后略扁。体的后面有纵行的**粗线**(linea aspera),向上分叉,内侧延续为耻骨肌线,外侧延续为臀肌粗隆;向下分为内侧髁上嵴和外侧髁上嵴。两嵴之间三角形的骨平面为**腘平面**(popliteal surface)。

股骨下端有两个向后突出的膨大,分别为**内侧髁**(medial condyle)和**外侧髁**(lateral condyle)。内、外侧髁的前面、下面和后面均为光滑的关节面,两髁前方的关节面彼此相连,形成髌面,两髁之间的骨面无关节面。两侧髁侧面最突出处分别称为内上髁和外上髁。内侧髁上嵴向下移行为粗糙的圆形隆起称为收肌结节(adductor tubercle),位于内上髁的上方;外侧髁上嵴向下移行为外上髁。

二、髋关节

髋关节(hip joint)属于球窝关节。由关节囊包裹股骨头与髋臼形成。髋臼周缘的纤维软骨为**髋臼唇**(acetabular labrum)。封闭髋臼切迹的纤维结缔组织称**髋臼横韧带**(transverse acetabular ligament)。髋臼中央深面有滑膜覆盖的脂肪垫,可缓冲运动对髋关节的冲击(图 5-11)。

髋关节囊极其致密、强大。区别于肩关节,髋关节更加稳固。关节囊上端附着于髋臼周缘,距离髋臼约 5mm,向下包裹股骨头,附着于股骨颈周缘,前面达转子间线,后面上部达转子间

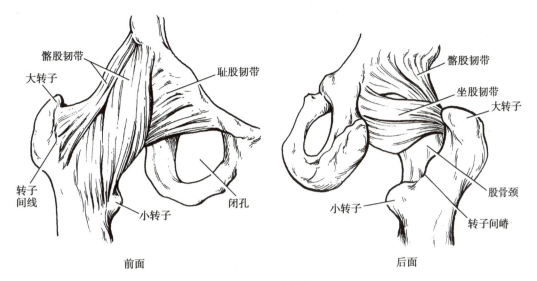

图 5-11　髋关节

嵴上 1cm 处,下部至股骨颈近小转子处。因此,股骨颈骨折有囊内、囊外之分。关节囊的上方和前后方较为坚固,下方松弛薄弱,关节脱位易发关节囊下方(图 5-11、图 5-12)。

　　关节囊的周缘有多条韧带加固(图 5-11、图 5-12):

　　(1) **髂股韧带**(iliofemoral ligaments):最为坚韧,加强关节囊前部和上部,起于髂前上棘,向下呈人字形止于转子间线。可限制大腿过伸,对维持人体直立姿势有着重要的作用。

　　(2) **坐股韧带**(ischiofemoral ligaments):加强关节囊的后部,起自坐骨体的后面,斜向外上与关节囊融合,附着于大转子根部。可限制大腿旋内动作。

　　(3) **耻股韧带**(pubofemoral ligaments):起自耻骨上支,韧带行向外下与关节囊前下壁和髂骨韧带深部融合。可限制大腿外展和旋外动作。

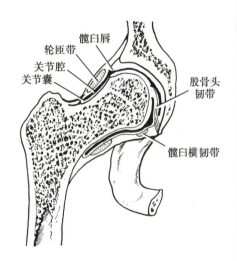

图 5-12　髋关节(冠状切面)

　　(4) **股骨头韧带**(ligament of the femoral head):位于关节内,起自髋臼横韧带,止于股骨头凹。韧带表面包被滑膜,内有滋养股骨头的血管。当大腿半屈并内收时,韧带紧张,外展时韧带松弛。

　　(5) **轮匝带**(orbicular zone):是关节囊的深层纤维围绕股骨颈环形增厚,约束股骨头向外脱出。

　　髋关节可做三轴运动:屈、伸、展、收、旋内、旋外以及环转。相对而言,股骨头深藏于髋臼窝内,关节囊紧张坚韧,有多条韧带加强关节囊,这些结构特点虽限制了髋关节的运动幅度,但关节具备了较大稳固性,适应其承重和直立行走功能。

(张建水)

第三节　小腿骨及膝关节

一、胫骨的形态

　　胫骨(tibia)(图 5-13)位于小腿内侧,为粗大的长骨。分一体两端。近侧端膨大,向两侧突出,形成内侧髁和外侧髁,其中外侧髁较明显,髁的上面有膝关节面,与股骨内、外侧髁形

Note

成膝关节。外侧髁后下有腓关节面与腓骨头形成关节。两关节面之间的粗糙隆起，称**髁间隆起**(intercondylar eminence)。胫骨近端前面的圆形隆起，称**胫骨粗隆**(tibial tuberosity)。内、外侧髁和胫骨粗隆均可在体表触及。胫骨体呈三棱柱形，前缘锐利，从胫骨粗隆下端开始向下延续至胫骨下端。内侧面平滑，与前缘位于皮下。外侧缘有小腿骨间膜附着，称为骨间缘。后面上份有斜向内下的比目鱼肌线。胫骨远侧端变窄，其内下方大的突起称**内踝**(medial malleolus)。远端的下面和内踝的外侧面有关节面与距骨相关节。远端外侧面有腓切迹与腓骨相连。

二、腓骨的形态

腓骨(fibula)(图 5-13)细长形，位于胫骨后外侧，一体两端。近侧端的膨大为**腓骨头**(fibular head)，其内侧有关节面，与胫骨相关节。腓骨头的下方缩窄称为腓骨颈。腓骨体的内侧缘锐利，称骨间缘。小腿骨间膜分别附着在胫骨和腓骨的骨间缘，以稳定二骨，并为小腿肌肉提供附着点。下端外侧的突起称为**外踝**(lateral malleolus)。腓骨不参与形成膝关节，身体的重量不通过其传递到踝和足，但小腿和足的部分肌肉起自腓骨，外踝的结构保证了踝关节运动时的稳定性。

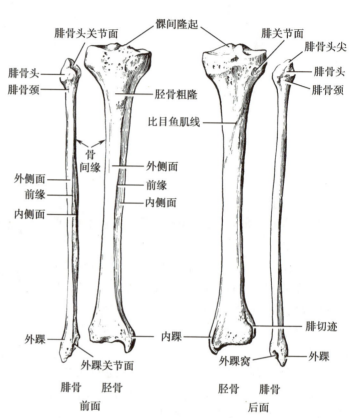

图 5-13　胫骨和腓骨（右侧）

三、髌骨的形态

髌骨(patella)(图 5-14)是人体最大的籽骨，位于股骨远端、股四头肌腱内。上宽称髌骨底，下尖称髌骨尖。其前面粗糙，后面光滑有关节面，与股骨髌面相关节。

四、膝关节(knee joint)(图 5-15)

膝关节属滑车关节，是人体内最大、最复杂的关节。股骨髌面与髌骨相对，股骨内、外侧髁分别与胫骨内、外侧髁相对，三骨包裹于结构复杂的膝关节囊中。机体站立、行走或奔跑时，膝关节连同髋、踝关节相互协调以承受体重。膝关节的解剖结

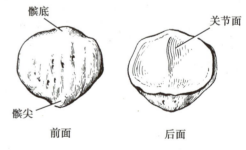

图 5-14　髌骨（右侧）

构可实现其最大运动幅度（下肢关节中膝关节运动幅度可达 160°多）。运动时，股骨远端的内、外侧髁在胫骨近端内、外侧髁上面转动，二骨关节面的接触点不断地变化。

膝关节囊薄而松弛，附着于各关节面的周缘，关节囊的周缘有韧带加固，以增加关节的稳定性。主要韧带有：

(1) **髌韧带**(patellar ligament)：是股四头肌腱的中央部纤维束，越过髌骨前方，止于胫骨粗隆，

Note

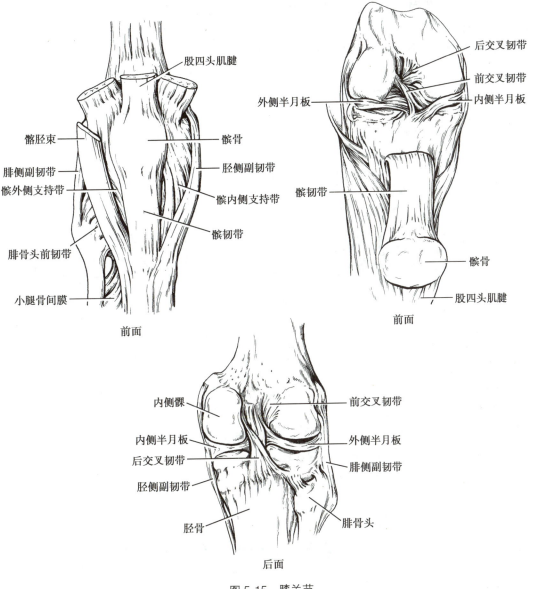

图 5-15　膝关节

髌骨位于肌腱内部。髌韧带从前面加固膝关节。

（2）**胫侧副韧带**（tibial collateral ligament）：呈宽扁束状,位于膝关节内侧后份。起自股骨内上髁,止于胫骨内侧髁附近骨面,并与内侧半月板紧密结合。

（3）**腓侧副韧带**（fibular collateral ligament）：呈条索状,坚韧的纤维索,起自股骨内上髁,止于腓骨头。韧带表面大部分被股二头肌腱覆盖,不与外侧半月板直接相连。伸膝关节时,胫侧副韧带和腓侧副韧带紧张,屈膝时松弛,半屈位最为松弛。二韧带加固膝关节的侧面。

（4）**腘斜韧带**（oblique popliteal ligaments）：是半膜肌肌腱的延续,起自胫骨内侧髁,斜向外上止于股骨外上髁,部分纤维与关节囊融合,加固膝关节的后面。

（5）**膝交叉韧带**（cruciate ligament）：属于关节内韧带,位于膝关节中央稍后方,分为前、后两条。

前交叉韧带（anterior cruciate ligament）起自胫骨髁间隆起前方内侧,与外侧半月前角融合,斜向后上外侧,纤维呈扇形附着于股骨外侧髁的内侧面。

后交叉韧带（posterior cruciate ligament）起自胫骨髁间隆起的后方,韧带较前交叉韧带短而强韧,几乎呈垂直位,斜向前上内侧,附着于股骨内侧髁的外侧面。

膝交叉韧带牢固的连结股骨和胫骨,防止胫骨沿股骨前、后移动。

半月板(meniscus)为垫在股骨内、外髁与胫骨内、外侧髁关节面之间的纤维软骨板,有外侧半月板和内侧半月板之分。内侧半月板较大,呈"C"形,前窄后宽,边缘与关节囊和胫侧副韧带紧密相连。外侧半月板较小,近似"O"形,边缘亦与关节囊相连。半月板可以增加关节软骨接触面积,使得膝关节运动时更加稳固(图5-16)。

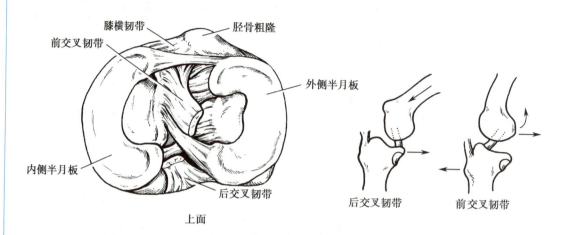

图5-16　膝关节内韧带和软骨

膝关节囊的滑膜层是全身滑膜关节中最复杂最宽阔的,附着于该关节周缘,覆盖除关节软骨和半月板以外的所有结构。髌骨的上方,部分滑膜可向上突入形成髌上囊,垫与股四头肌腱和股骨体下部骨面之间,减少摩擦。髌骨下方,部分滑膜可突向关节腔内,两层滑膜之间含有脂肪组织,形成翼状襞,充填关节腔的空隙。此外,胫骨近端与股四头肌腱之间存在的滑液囊,称为髌下深囊,该囊并不与关节腔相通。

(张建水)

第四节　足骨及其连结

一、足骨

足骨有28块,可分为跗骨、跖骨和趾骨(图5-17)。

1. **跗骨**(tarsal bones)　包括7块粗大的短骨,构成足的后半,与下肢的负重和支持功能相适应。由后向前可分为三列,后列包括上方的**距骨**(talus)和下方的**跟骨**(calcaneus);中列为**舟骨**(navicular bone);前列由内向外分别为**内侧楔骨**(medial cuneiform bone)、**中间楔骨**(intermediate cuneiform bone)、**外侧楔骨**(lateral cuneiform bone)和**骰骨**(cuboid bone)。

(1)距骨:位置最高,分为头、颈、体三部。前端为圆隆的距骨头,与舟骨相关节,头后为缩细的距骨颈。颈的后方为距骨体。体上部有前宽后窄的关节面,称距骨滑车,上面接胫骨下关节面;体的内、外侧面分别与内、外踝相关节;体的下面与跟骨上面的对应关节面相关节。

(2)跟骨:位于距骨下方。近似长方体,前2/3承托距骨,后1/3形成足跟。跟骨的上面有三个关节面,其后关节面与距骨体的对应关节面形成距跟关节;前、中关节面与距骨头和舟骨共同组成距跟舟关节。跟骨的内侧面有伸向内侧的载距突,承托距骨。跟骨前端接骰骨,后端为跟结节(图5-18)。

(3)舟骨:介于距骨头与三块楔骨之间,前面与楔骨相关节,后面接距骨头,内侧面有向下的隆起,称舟骨粗隆,可在体表扪到。

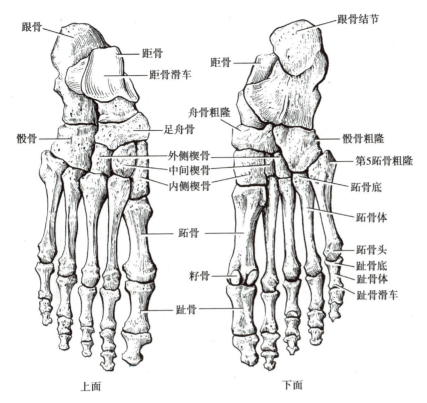

图 5-17　足骨

（4）楔骨：为三块楔形骨，上宽下窄，嵌于前方的第1、2、3跖骨与后方的舟骨之间。内侧与外侧楔骨较长，中间楔骨最短。因此，第2跖骨嵌在三块楔骨间，较为固定。

（5）骰骨：位于第4、5跖骨与跟骨之间，呈不规则的立方体状。骰骨的后面与跟骨构成跟骰关节，前面与第4、5跖骨组成跗跖关节，内侧面与外侧楔骨相关节。

2. 跖骨（metatarsal bones）　共5块，构成足部的中段。其排列和形状大致与掌骨相似，但较掌骨粗大。每一跖骨均可分为底、体和头三部分，近端为底，与跗骨相接，中间为体，远端为头，与近节趾骨相关节。第5跖骨底的外侧份特别膨大，向后突出，形成第5跖骨粗隆，活体易于扪及。

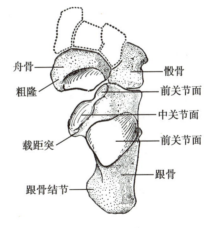

图 5-18　跟骨上面

3. 趾骨（phalanges of toes）　共14块，除姆趾为2块外，其余各趾均为3块，命名与指骨相同。近节和中节趾骨分底、体、滑车三部，远节趾骨无滑车。姆趾骨粗壮，其余趾骨较细小。

二、足关节

包括距小腿关节、跗骨间关节、跗跖关节、跖骨间关节、跖趾关节和趾骨间关节。

1. 距小腿关节（talocrural joint）　也称**踝关节（ankle joint）**，由胫骨下关节面、内、外踝关节面及距骨滑车组成。踝关节的关节囊附着于各关节面周围的骨面，囊的前、后部均松弛，允许关节作屈伸运动，两侧有韧带加强。**内侧韧带**（medial ligament），亦称三角韧带，较强韧，几呈尖向上的三角形，起自内踝，呈扇形向下止于舟骨、距骨和跟骨。外侧韧带较薄弱，由3条独立的韧带组成：前为**距腓前韧带**（anterior talofibular ligament），中为**跟腓韧带**（cacaneofigular ligament），后为**距腓后韧带**（posterior talofibular ligament）。均起于外踝的外面，分别向前、向下和向后止于距骨和跟骨。

踝关节属屈戌关节,可做背屈(伸)和跖屈(屈)运动。内、外踝和胫骨的下关节面构成的关节窝和距骨滑车均为前部较宽,后部较窄,当背屈时,较宽的滑车前部嵌入较窄的关节窝后部,关节较稳定。当跖屈时,较窄的滑车后部进入宽大的关节窝前部,距骨可有轻微的侧方运动,关节不够稳定,故踝关节在跖屈位易发生扭伤,如下坡、下台阶和跳起后着地时。踝关节外侧的韧带较薄弱,所以扭伤时多为内翻位,引起外侧结构的损伤(图5-19)。

2. 跗骨间关节(intertarsal joints)　是跗骨各骨之间的关节。主要包括距跟两骨之间的距跟关节(talocalcaneal joint),也称距下关节(subtalar joint),距骨、跟骨和舟骨之间的距跟舟关节(talocalcaneonavicular joint),跟骨与骰骨之间的**跟骰关节**(calcaneocuboid joint)以及3块楔骨、骰骨和舟骨之间的楔骰舟关节(图5-19)。

跗骨诸骨之间借许多强厚的韧带相连接,主要韧带有:距跟骨间韧带,位于距跟关节前方的跗骨窦内,连接距骨与跟骨。**分歧韧带**(bifurcate ligament),呈"V"形,起自跟骨前部背面,分两股,内侧纤维向前止于舟骨,外侧纤维止于骰骨。**跟舟足底韧带**(plantar calcaneonavicular ligament),又称**跳跃韧带**(spring ligament),位于足底,连接于跟骨和舟骨之间,为宽而肥厚的纤维结构,对维持足内侧纵弓有重要作用。足底长韧带和跟骰足底韧带,位于足底,连接跟骨、骰骨和跖骨底。这些韧带在足的支撑和运动中均发挥重要作用(图5-20、图5-21)。

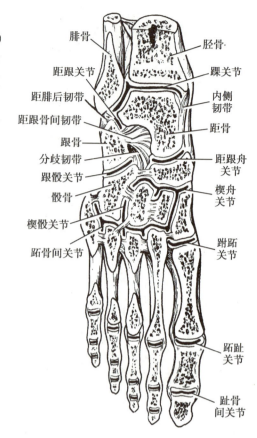

图5-19　足关节(水平切面)

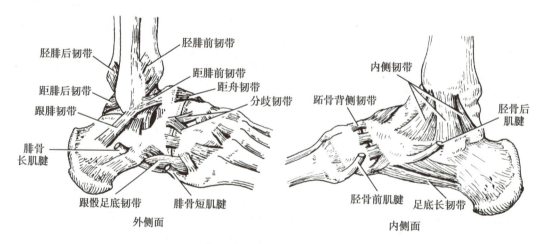

图5-20　踝关节周围韧带

距跟关节和距跟舟关节在功能上属联合关节,运动时,跟骨与舟骨与其余足骨联动,一起对距骨做内翻和外翻足底的运动。内翻时,足底转向内侧,足内侧缘抬起;外翻时,足底转向外侧,外侧缘抬起。内、外翻通常与踝关节运动协同,跖屈时伴有足底内翻,背屈时伴有足底外翻。跟骰关节与距跟舟关节合称**跗横关节**(transverse tarsal joint),又称Chopart关节,其关节线横过跗骨中部,弯曲呈"S"形,内侧部凸向前,外侧部凸向后,其间有分歧韧带。实际上这两个关节是互相独立的,其关节腔并不相通。临床上可沿此关节进行足的离断(图 5-20)。

3. **跗跖关节(tarsometatarsal joint)** 又称 Lisfranc 关节,由 3 块楔骨和骰骨的前部与 5 块跖骨的底构成,它们都属于平面关节,可作轻微滑动。内侧楔骨和第 1 跖骨之间的第 1 跗跖关节可有轻微的屈、伸运动。跗跖关节的关节线从内侧向后外倾斜,临床上也可沿此线进行足的离断。

4. **跖骨间关节(intermetatarsal joint)** 由第 2~5 跖骨底的毗邻面连接构成,其间有横行韧带加强,属平面关节,仅能微动。第 1、2 跖骨底间并无关节相连。

5. **跖趾关节(metatarsophalangeal joint)** 由跖骨头与近节趾骨底构成,属椭圆关节,可作轻微的屈、伸、收、展运动。

6. **趾骨间关节(interphalangeal joint)** 由相邻趾骨近侧的趾骨滑车与远侧的趾骨底构成,为滑车关节,能做屈、伸运动。

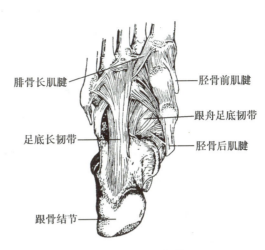

图 5-21 足底韧带

三、足弓

人类的双足的功能包括负载体重和搬运物件的重量及参与走、跑、跳运动。站立和行走时,身体的重量从距骨经由足弓,被均匀地分散至跟骨结节、第 1、5 跖骨头这三个主要的支撑点,并吸收和缓冲活动时所产生的震荡力。

足弓是跗骨和跖骨的形态和排列以及其间的连接使足形成向上凸起的弓形结构。足弓可分为内外方向的横弓和前后方向的纵弓,纵弓又分为内侧纵弓和外侧纵弓(图 5-22、图 5-23)。

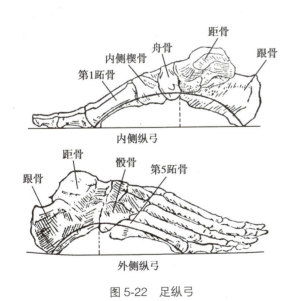

图 5-22 足纵弓

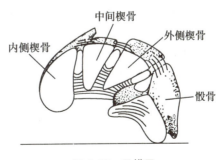

图 5-23 足横弓

横弓由 3 块楔骨、骰骨和跖骨连接构成,弓的最高点位于中间楔骨。每足仅形成半个横弓,呈半穹隆状,其足底凹陷朝向内下方,当两足并拢时,则形成一完整的横弓。横弓通常经由距骨头传递力。胫骨后肌和腓骨长肌腱对横弓有重要支持作用。

Note

内侧纵弓由跟骨、距骨、舟骨、3 块楔骨及内侧 3 块跖骨构成,弓的最高点为距骨头。内侧纵弓前端的承重点位于第 1 跖骨头,后端的承重点位于跟结节。内侧纵弓较外侧纵弓高,运动幅度较大,更具有弹性。

外侧纵弓由跟骨、骰子和外侧的 3 块跖骨构成,弓的最高点在骰骨。因外侧纵弓较低平,站立时足外侧缘均着地。外侧纵弓的运动幅度较小,可有效地传递重力和压力,但其缓冲作用较弱。

足弓使足具有有效的力分散径路和良好的弹性。人体直立时,重力从踝关节经距骨向前、后传递到距骨头和跟骨结节,从而确保足底着地支撑的稳固性。在行走和跳跃时,足弓发挥弹性和缓冲震荡的作用,减少地面对机体的冲击,以保护体内结构,特别是脑免受震荡损伤。足弓也可以保护足底的血管神经免受压迫。

除跗骨和跖骨之间的连结外,足底的韧带也对足弓的维持起重要作用,如跟舟足底韧带、跟骰足底韧带及足底长韧带都起着弓弦样作用。这些韧带无主动收缩能力,若足弓长期承受压力,这些韧带可被动拉长或受到损伤,则引起足弓塌陷,称为扁平足。另外,穿过足底的肌腱(如腓骨长肌腱、胫骨后肌肉腱、跖腱膜)对足弓也有一定的承托作用。

(陈新林)

第五节　临床联系

一、股骨

1. 股骨头　正常成人股骨头的血液循环为多支血管供应,主要为闭孔动脉、旋股内侧动脉、旋股外侧动脉等三个动脉系,在髋关节囊外股骨颈基底部由旋股内侧动脉、旋股外侧动脉吻合成囊外动脉环,自此动脉环发出前、后、内、外四组颈升动脉,紧贴股骨颈上行,在股骨头内呈网状分布,供应股骨头血供的大部分。不同原因(股骨颈骨折、长期使用激素、酒精中毒、减压病等)破坏股骨头的血液供应最终会导致股骨头缺血性坏死,是临床常见病之一。股骨头骨骺骨化中心出现(1 岁左右)至股骨头骨骺骨化融合(18~19 岁)阶段,尤其是 4~9 岁阶段,股骨头骨骺仅有一条外骺动脉供血,此阶段血供最差,各种原因导致的骨骺血管闭塞会继发股骨头骨骺的缺血性坏死,称为股骨头骨软骨病,又名为 Legg-Calve-Perthes 病或扁平髋,是全身骨软骨病中发病率较高,且病残也较重的一种骨软骨病。

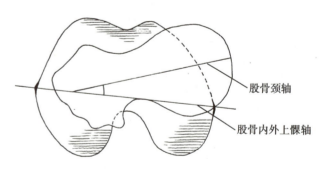

图 5-24　股骨颈前倾角

（图中标注：股骨颈轴；股骨内外上髁轴）

2. 颈干角与前倾角　股骨颈前倾角指股骨颈平面和股骨髁平面的夹角(图 5-24)。正常成人标本股骨颈前倾角值为 10°~15°。股骨颈与股骨体的夹角为颈干角,正常成人标本颈干角为 130°±7°,颈干角小于该范围为髋内翻,大于该范围为髋外翻。颈干角或前倾角的异常均会造成股骨近端负荷增大,应力集中,功能障碍,是髋关节疾病发生的危险因素。临床上应用正常前倾角对人工髋关节置换及发育性髋关节脱位股骨上段截骨术进行指导。髋部矫形手术时(例如股骨颈或转子间骨折复位,髋内、外翻截骨矫形等)应力求恢复正常颈干角,根据股骨力线方向,该角度最适于负重(图 5-25)。股骨颈发生骨折时,由于骨折断端持续存在剪切应力且股骨头血供不同程度破坏,故骨折难以获得满意复位和稳定,股骨头缺血性坏死或骨折延迟愈合、不愈合的发生率较高。股骨颈或股骨转子

Note

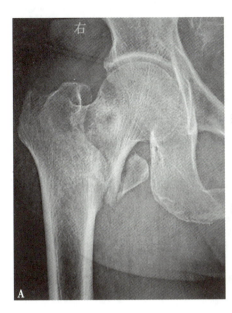
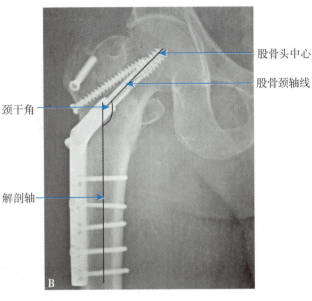

图 5-25　手术恢复正常颈干角
A. 股骨转子间骨折；B. 颈干角恢复正常

间骨折是中、老年人群常见的骨折，由于存在不同程度骨质疏松，内固定术后尽管复位及固定都很满意，但过早下地负重或不恰当的功能锻炼都可能造成髋内翻或内固定失效，包括内固定松动、脱出、断裂等，骨折移位显著者还可能导致内固定穿出骨骼，治疗方案应综合考虑患者骨折特点、类型、年龄、骨质状况、全身情况等选择不同的治疗方法。

3. **股骨矩**　股骨矩位于股骨颈干连接部的内后方，下极与股骨小转子下方的股骨干后内侧骨皮质相融合，上极与股骨颈后外侧的骨皮质连续，是小转子深部多层密质骨构成的纵行骨板（图 5-26）。股骨矩作为股骨干后内侧骨皮质的延续，有缩短股骨颈实际长度、减少股骨颈干连接部弯矩、增强股骨颈干连接部对应力的承受能力的作用，是直立负重时压缩应力最大的部位。骨质疏松症病程发展过程中，负重较大的股骨矩疏松发展较慢、程度较轻，其与疏松发展较快的其他骨小梁系统间的结合部会

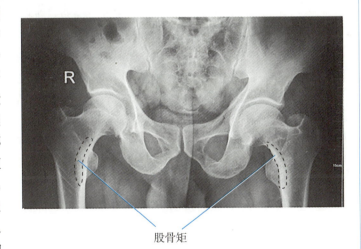

图 5-26　股骨矩

出现应力薄弱点，轻微暴力即可导致股骨颈或转子间骨折。此时，骨折线多经过股骨矩的上、下端，而股骨矩多完整。股骨颈骨折或转子间骨折治疗时无论采用何种内固定方式，内置物都应尽量靠近股骨矩植入，如此可提高内固定效果和改善骨 - 内固定复合体的受力情况。人工髋关节置换时，一般要求在小转子上方保留股骨颈 1.0~1.5cm，并在小转子偏前 1.0cm，保持前倾角10°~15°植入股骨假体，如此可完整保留股骨矩，防止假体下沉（图 5-27）。

4. **大、小转子**　股骨颈与股骨体连接处上外侧的方形隆起为大转子，大转子内侧与股骨颈相连，后上部游离与股骨颈形成转子窝，位于股骨颈基底部和股骨大转子的汇合处，转子窝是股骨颈骨折、股骨转子间骨折、股骨干骨折髓内钉内固定时的进钉点，也是髋关节置换术中股骨髓

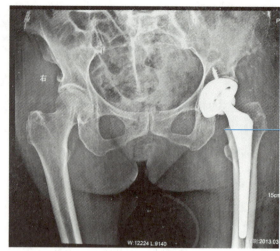

保留的股骨矩

图 5-27　人工关节置换时股骨矩的保留

腔准备时可靠的入位标识。大转子上附着的肌肉对旋转和外展下肢起重要作用,经大转子截骨的髋关节手术入路,截骨术后容易出现转子不愈合、外展肌乏力、疼痛等不良作用。如采用该手术入路行全髋关节置换术还会加速假体松动,引起术后步态异常、假关节脱位、假体柄断裂等并发症。

小转子位于股骨干的内后面,为髂腰肌止点,小转子是髋关节置换时股骨颈截骨和股骨扩髓保持前倾角的骨性标志。大、小转子间的前方为转子间线,在后为转子间嵴,它们均为髋关节囊及旋转髋关节诸肌肉的附着点,故股骨颈骨折为囊内骨折,转子间骨折为囊外骨折,转子间骨折因失去关节囊和髂股韧带对外旋诸肌肉的牵拉对抗作用,其骨折后外旋畸形比股骨颈骨折更明显。转子间骨质为松质骨且血运丰富,转子间骨折很少发生骨折不愈合和股骨头缺血性坏死。转子间是承受剪切应力较大的部位,骨折后由于内侧失去骨的支撑作用,尤其是股骨矩的支撑作用丧失,过早站立负重容易导致髋内翻。由于股骨近侧干骺端位于关节囊内,该部位罹患急性血源性化脓性骨髓炎时,脓液可积存于干骺端并进入髋关节,并发髋关节化脓性关节炎。

5. 股骨近端髓腔特点　股骨近端髓腔形态、大小变异较大,国人之间及与欧美白种人之间都存在一定差异,也直接影响人工髋关节假体的设计和固定方式及临床效果。股骨近端从标准的侧位上看,在干骺部分存在一个后弓,而在股骨干部分存在一个前弓(图 5-28)。人工髋关节股骨假体的体部和柄部是假体插入股骨干骺端及髓腔内的部分,股骨假体柄设计按几何形状分两大类,一类假体柄几何形状是直柄,其设计可适合各种类型的病人,即使股骨存在解剖异常也可使用,缺点是存在应力集中点,对假体植入后股骨近端骨床的正常应力分布影响较大(图 5-29)。另一类假体柄有弧度,形态与股骨髓腔自然形态一致,称为解剖柄,设计目的是使假体植入后对人体正常应力分布和大小的影响达到最小(图 5-30)。

6. 股骨干与股骨轴线　股骨干是指股骨转子下至股骨髁上的部分,股骨干有一个轻度向前外的弧度,有利于股四头肌发挥其伸膝作用,骨干表面光滑,后面有一条隆起的粗线,称为股骨嵴,是肌肉附着处,对股骨干有加固作用,也是骨折对位对线的标志。股骨干粗壮,皮质厚而致密,发生骨折时的致伤暴力强大,移位多较明显,移位情况受暴力方向及肌肉牵拉影响,股骨的上、中、下 1/3 位移各不相同,最常见的并发症有低血容量性休克、脂肪栓塞综合征、深静脉血栓、血管神经损伤等。股动脉、静脉和坐骨神经,在股骨下 1/3 处紧贴着股骨下行至腘窝部,若此处发生骨折,最易损伤血管和神经。股骨髓腔峡部位于股骨中段偏上,是髓腔最狭窄处,选择带锁髓内钉治疗股骨干骨折时多以峡部冠状径大小来估计髓内钉直径,且峡部可起到第三点固定作用。由于大腿部肌肉丰厚,肌力强大,加之下肢杠杆力量强,对骨折施行手法复位夹板固定术后,

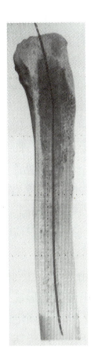

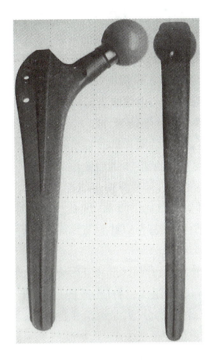

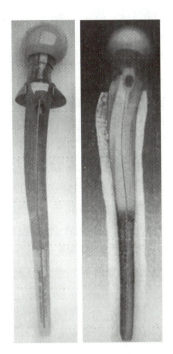

图 5-28　股骨
近端的前、后弓
(见书后彩图)

图 5-29　股骨假体柄(直柄)(见书后
彩图)

图 5-30　股骨假体柄(解剖柄)
(见书后彩图)

仍有可能使已复位的骨折端发生成角甚至侧方移位。3 岁以下儿童,可接受的对位范围较宽,断端重叠不超过 2cm、向前外侧成角不超过 15° 是允许的,但不能有旋转畸形。大腿外侧无重要神经、血管,手术显露股骨以此处最为适宜。

7. **股骨远端**　股骨内、外上髁后面为腓肠肌起点,该起点上 2~4cm 范围内为股骨干至股骨髁的移行区,是皮质骨向松质骨的过渡区,骨的几何形态变化剧烈,此区域的骨折称股骨髁上骨折,易发生腘血管损伤、膝内翻或膝外翻畸形,该部位骨折常导致伸膝装置损伤,故易发生膝关节粘连、强直。

股骨内、外侧髁关节面覆盖了内、外侧髁的前面、下面、后面,股骨髁部骨折多累及关节面,属关节内骨折,要求解剖复位,复位不佳可导致膝关节创伤性关节炎。两髁后份之间的深窝称髁间窝,股骨髁上骨折行逆行带锁髓内钉固定或人工膝关节置换行股骨髓内定位时均以此窝为标志做髓腔开口(图 5-31)。

二、髋关节

1. **髋关节临床解剖**　髋关节是人体最大且最稳定的关节之一。由髋臼和股骨头、股骨颈组成,属多轴的球窝关节,具有内在稳定性,这种稳定性源于球窝关节坚强的限制作用与髋关节坚韧致密的关节囊及其周围多条韧带的加强作用。髋臼周边有纤维软骨结构的盂唇,可增加关节的稳定性和活动度,盂唇的损伤可导致髋部疼痛。髋关节活动范围很大,包括屈曲及伸展、外展及内收、内旋及外旋,允许行走、坐、蹲、及上下楼等日常活动,行走和负重是髋关节的主要功能,负重功能更重要,髋部各种矫形手术的原则主要是恢复髋关节稳定性,在此基础上兼顾运动功能是

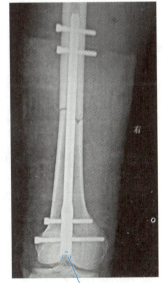

髁间窝

图 5-31　髁间窝(此处为髓腔开口的标志)

Note

目前追求的目标。髋关节囊前、后均有韧带加强，其中位于关节囊前方的髂股韧带最为坚强，可限制大腿过伸，对维持直立姿势有很大作用，该韧带起自髂前下棘，呈人字形向下经关节囊前方止于转子间线，韧带分叉之间区域较薄弱，有时形成一小孔，髂腰肌滑膜囊（也称髂耻囊，位于髂腰肌腱与髂耻隆起及关节囊之间。该滑膜囊通过髂股韧带与耻股韧带的小孔。）经由该孔与髋关节腔相通，来自腰骶部结核的腰大肌脓肿可经由髂耻囊流向髋关节，引起髋关节结核。髋关节化脓性关节炎出现髋关节积脓时，脓液可进入髂耻囊，或向上蔓延至骨盆，也可绕过小转子到大腿后侧。髋关节后面与坐骨神经贴近，髋臼后部骨折或手术时，坐骨神经易受损伤。髋关节囊的后下部相对较薄弱，故髋关节较易发生后脱位，少数后脱位的患者，向后上移位的股骨头可挤压坐骨神经，引起神经麻痹，但股骨头复位后神经麻痹多能逐渐恢复。较少发生的髋关节脱位亦有前脱位，前脱位偶可压迫股动、静脉，导致血供障碍。闭孔神经同时支配髋关节和膝关节，因此，有些髋关节疾患患者会出现膝关节疼痛，甚至以膝关节疼痛为主诉来就诊，此情况应警惕髋关节患病可能。

2. 髋臼的临床解剖　髋臼由髂骨、坐骨、耻骨的体部相互融合而成，髋臼由两个骨性支柱组成和支撑，前柱由髂嵴、髂棘、髋臼前半和耻骨组成；后柱由髋臼后半、坐骨、坐骨棘和形成坐骨切迹的密质骨组成，柱的概念常用于髋臼骨折的分型，是讨论骨折类型、手术入路和内固定的核心（图5-32）。髋臼穹隆或顶与股骨头负重部位形成关节，影响髋臼手术和非手术治疗远期效果的最重要因素是股骨头在完整或已解剖重建的臼顶下方维持同心复位，故髋臼骨折治疗的目的均为解剖修复髋臼穹隆并在其下方同心复位股骨头，恢复髋关节正常解剖和负重功能。髋臼面向前下方，前倾平均约15°，外展平均约45°。外展角指髋臼内下侧和外上侧之间的连线与水平线之间的夹角（图5-33）。前倾角指髋臼向前屈曲的大小，以矢状面为参照，测量内外侧间的夹角。全髋关节置换术的近期和远期效果均与假体安放，特别是臼杯的安放位置有关。臼杯安放位置不恰当将引起假体撞击、磨损、脱位、骨溶解等，导致早期失败。髋臼假体安置是否合理，一般通过外展角和前倾角两个参数来评价。

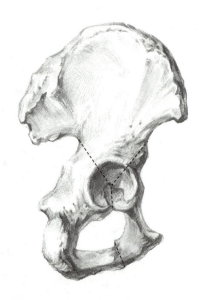

图5-32　髋臼的前柱、后柱

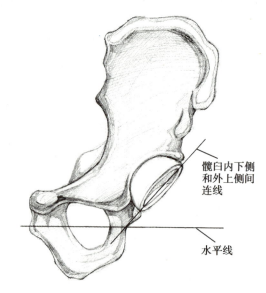

髋臼内下侧和外上侧间连线

水平线

图5-33　髋臼外展角

　　髋臼横韧带构成盂唇下方结构，髋臼切迹被髋臼横韧带封闭，使半月形髋臼关节面扩大为环形以抱紧股骨头。当存在髋部严重畸形时，髋臼横韧带是髋臼重建的可靠参考点。
　　根据髋臼周围血管的分布情况，全髋关节置换术中处理髋臼时最常损伤的血管是股动脉和髂外血管，虽然较少见，但可引起大出血。掌握髋臼象限四分法（图5-34）可最大限度避免置入髋臼

螺钉导致的血管损伤。起自髂前上棘通过髋臼中心的直线与其经过髋臼中心的垂线将髋臼分成四个相等的象限，旋入髋臼螺钉最安全的区域是后上象限，其次是后下象限，在前上象限可能会损伤髂血管，前下象限可能会损伤闭孔血管。在髋臼前方使用拉钩可能会损伤股部血管，在髋臼下方使用拉钩可能会损伤闭孔血管分支。

3. **髋关节手术入路**　髋关节有丰富的血管和神经支配，与髋部手术有关的重要神经有股外侧皮神经、股神经、坐骨神经及臀上神经。重要血管有闭孔动脉、臀上动脉、臀下动脉、旋股内侧动脉、旋股外侧动脉、股动脉等。髋关节前方手术入路易损伤股外侧皮神经及旋股外侧动脉升支。髋关节前外侧入路向近端延伸切口时易损伤臀上血管神经束，股神经、

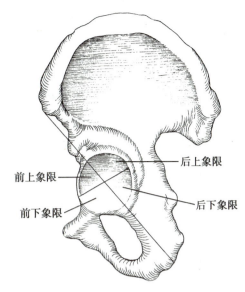

图 5-34　髋臼象限四分法

股动静脉离手术区域近，放置拉钩时要注意避免过度牵拉或放置位置不当造成神经血管损伤。经臀肌入路在切口近端要注意避免损伤臀上神经。髋关节后方入路是最常用的髋关节手术入路，该入路暴露充分、安全、不损伤外展肌，只要妥善保护，坐骨神经损伤几率不高。

三、小腿骨和膝关节

(一) 胫骨、腓骨

1. **胫骨**　胫骨是小腿两骨中相对重要的一个负重骨，较坚强，其上端与股骨相连构成膝关节，传导自上而下的力量。胫骨近端主要为松质骨，无论是胫骨平台遭受到垂直冲击力，或是受到内翻或外翻应力，易造成胫骨平台骨折，此类骨折为关节内骨折，粉碎性骨折居多，松质骨多有压缩，复位后常出现大小不同骨缺损，需要同时修复。损伤亦可合并半月板及韧带损伤，闭合复位困难，手术复位要求极高，否则易导致膝关节创伤性关节炎。胫骨上端前侧的三角形骨性隆起为胫骨粗隆或胫骨结节，此处为胫骨前缘最高点，是髌韧带的附着点。在胫骨粗隆尚未发育完全的生长发育期青少年，股四头肌强力收缩可导致胫骨粗隆撕脱。股四头肌长期、反复不断的牵拉力也可使胫骨粗隆骨骺产生不同程度撕裂而导致骨骺炎，甚至缺血、坏死，称胫骨结节骨软骨病，此病在胫骨结节与胫骨上端骨化后，症状可自行消失，但局部隆起不会改变。胫骨结节是髓内钉内固定时进钉点的骨性参考标志。胫骨两髁关节面与股骨两髁不完全相称，其间的半月板除发挥传导载荷、缓冲纵向冲击和振荡、协同润滑等作用外，亦有弥补关节面形状不匹配和稳定关节作用。胫骨体前缘较锐，临床上又称胫骨嵴，是胫骨骨折复位的标志。胫骨的前缘和内侧面位于皮下，外侧缘有骨间膜将胫骨外侧嵴和腓骨的前内侧缘连接起来，胫骨单独骨折时，腓骨借骨间膜的联系，对胫骨骨折有支撑作用。暴力同时也可沿骨间膜传导，导致腓骨骨折。临床上胫腓骨干骨折最多见，以双骨折及开放性骨折居多，治疗难度较大，近来主张处理胫骨骨折同时亦给予腓骨骨折解剖复位和内固定。小腿深筋膜、骨间膜及胫腓骨在小腿形成四个骨筋膜室(图 5-35)，胫腓骨骨折并发血管及严重软组织损伤可导致骨筋膜室综合征，进一步可导致肌和神经的坏死，发生 Volkmann 挛缩。胫骨中、下 1/3 交界处是三棱形与四边形骨干形态移行部，为骨折好发部位，且胫骨下段周围缺乏肌肉等软组织，血供较差，故骨折愈合较慢，易出现延迟愈合或不愈合。胫骨下端的下面和内踝的外侧面有关节面和距骨相关节。高能量外力导致距骨撞击胫骨远端关节面会造成波及关节面的胫骨远端粉碎骨折，此类骨折常影响踝关节功能，尽管达到解剖复位，但由于关节软骨本身的损伤，踝关节创伤性关节炎经常发生，严重的创伤性

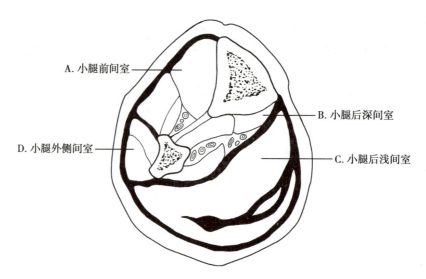

图 5-35 小腿骨筋膜室

A. 小腿前间室:胫前肌、趾长伸肌、足踇长伸肌、第三腓骨肌、胫前血管、腓深神经;B. 小腿后深间室:胫后肌、足踇长屈肌、趾长屈肌、胫后血管、腓血管、胫神经;C. 小腿后浅间室:腓肠肌、比目鱼肌、跖肌、腓肠神经;D. 小腿外侧间室:腓骨长肌、腓骨短肌、腓浅神经

关节炎需行踝关节融合术或目前临床逐渐流行的踝关节置换术。

　　2. **腓骨**　腓骨上端通过腓骨头关节面和胫骨相关节,一部分身体重力通过胫骨上端经由胫腓关节传递到腓骨。腓骨头颈部有腓总神经由后上向前下方绕行经过,该部位骨折或外伤引起腓骨头骨骺分离时极易导致腓总神经损伤。胫骨上端骺线在关节囊内,胫骨上端结核或急性化脓性感染极易蔓延至关节腔内,腓骨则不同,腓骨上端骺线在胫腓关节腔外,病灶甚少蔓延至胫腓关节内。腓骨下端膨大形成外踝,其内侧的外踝关节面与距骨相关节。

　　(二)膝关节

　　膝关节由股骨远端、胫骨近端和髌骨共同组成,在关节分类上,膝关节是滑膜关节。临床上常将膝关节由透明软骨覆盖的关节表面分为三个间室:内侧间室、外侧间室及髌股间室(图 5-36、图 5-37)。退行性膝关节炎常涉及单间室或三间室的不同程度改变。

　　1. **髌骨**　髌骨是人体内最大的籽骨,它与股四头肌、髌腱共同组成伸肌装置。在功能上,髌骨给股四头肌腱带来了力学优势,也为膝关节前方提供保护作用,可与股四头肌共同维持膝关

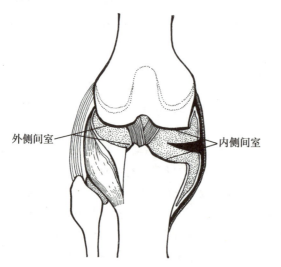

图 5-36 膝关节的内、外侧间室

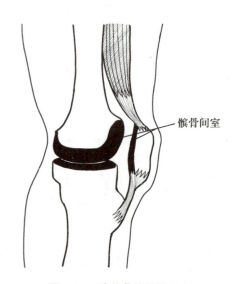

图 5-37 膝关节的髌股间室

Note

节半屈位的稳定性。髌骨最常见的损伤为髌骨骨折,属关节内骨折,治疗不当会影响髌股关节和伸膝功能。在膝关节置换术中,伸膝装置是最重要的软组织结构,伸膝功能不全是膝关节置换术的禁忌证。

髌骨平均厚度为 2.0~3.0cm,在膝关节置换术中,髌骨截骨后的髌骨骨床厚度至少在1.2~1.5cm,这样可减少术后髌骨骨折的发生。但是,截骨后如髌骨骨床厚度过大,会导致术后髌骨承受应力增加,也是髌骨骨折和膝关节僵硬的危险因素。

髌骨是伸膝装置中的重要结构,对增加股四头肌的力臂和做功具有重要意义。由于股四头肌的力线(为髂前上棘与髌骨中心的连线)与髌腱纵轴线(为髌骨中心与胫骨结节的连线)之间存在一个外翻角度即股四头肌角(Q角),该角度越大髌骨向外的运动就越大,提示不稳定,因而髌骨存在着向外侧移位的倾向(图5-38)。在人工膝关节置换的手术中,应该考虑到髌骨脱位的可能,因而全膝置换时重建正确的髌骨-滑车轨迹是非常重要的,必要时采用外侧松解等方法。

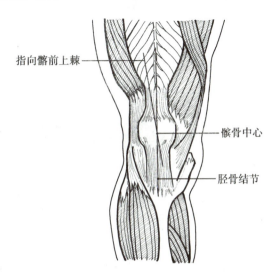

指向髂前上棘

髌骨中心

胫骨结节

图 5-38　Q 角(是由髂前上棘到髌骨中心的连线和髌骨中心到胫骨结节的连线所构成的锐角。通常男 14° 女 17°)

因外伤或髌骨病变需行髌骨部分切除时,术后常会出现膝无力及股四头肌软弱,由于髌骨残余端向股骨关节面倾斜,易发生创伤性关节炎,影响膝关节功能,故在行髌骨部分切除术缝合髌韧带于髌骨时,必须尽可能使髌韧带与髌骨关节面接近缝合。髌骨全部切除术后可导致膝关节伸直功能减弱、膝关节创伤性或退行性改变,患者步行耐力降低,上、下坡易疲乏。

2. 膝关节的"扣锁"机制　股骨远端的前部称为滑车,其正中有一前后方向的切迹将之分为内、外两部分,滑车切迹向后延伸为髁间切迹,向前上延伸止于滑车上隐窝。股骨远端的后部为股骨髁,由髁间切迹分为股骨内髁和股骨外髁,分别与内、外滑车相延续,构成凸起的股骨关节面。从侧面观,股骨外髁弧度大于内髁且较内髁更突前,而内髁比外髁更加向后延伸。当膝完全伸直时,胫骨绕股骨轴外旋,同时胫骨平台内侧沿着股骨内侧髁的曲度滑动。当完全伸膝时,这种机制"锁定"了膝关节,此为膝关节的"扣锁"机制。

3. 半月板　半月板是关节内唯一没有滑膜覆盖的组织,其冠状断面呈三角形结构,可概括为"三面一缘":与股骨髁相关的上表面,与胫骨平台相关的下表面,借冠状韧带与关节囊、胫骨平台相连的周围面(又称半月板壁或半月板边缘)及关节腔内凹形的游离缘。除冠状韧带外,半月板的前后角借纤维组织连接固定于髁间棘周围。

内侧半月板与关节囊结合紧密,外伤时易撕裂。其后角借纤维组织与半膜肌直头相连,故有一定的活动度。外侧半月板畸形较内侧多,外侧半月板与关节囊之间有腘肌腱相隔,活动较自如,比内侧半月板有更大灵活性,不易撕裂。

在人工膝关节置换技术中,按照是否模拟半月板功能可将人工膝关节假体分为旋转平台(或称活动平台)膝关节假体和固定平台膝关节假体。旋转或活动平台假体在设计上是为了能够降低金属-聚乙烯衬垫之间的接触应力,减少聚乙烯衬垫的磨损,增加膝关节假体的生存期(图5-39)。

4. 膝关节的稳定　与髋关节不同,膝关节骨性表面的形合度较低。膝关节软组织结构(关节囊和韧带)通过对抗作用于膝关节的复杂应力,在维持关节稳定性上发挥重要作用。在膝关

Note

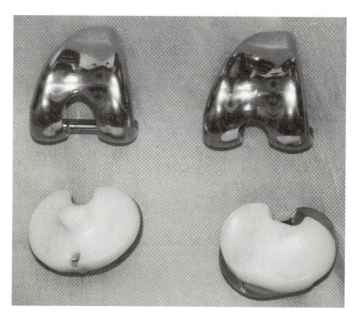

图 5-39　膝关节旋转平台与固定平台假体（左侧为固定平台,右侧
　　　　为旋转平台）（见书后彩图）

节中心,股骨内外髁与胫骨之间的前、后交叉韧带是维持膝关节稳定的最重要和最坚强的韧带
结构。前交叉韧带(ACL)在膝关节完全伸直时紧张而于关节屈曲时松弛,其作用在于防止股骨
向后脱位、胫骨向前脱位及膝关节的过度伸直和过度旋转。后交叉韧带(PCL)则随着膝关节的
屈曲而逐渐紧张,它有利于防止股骨向前脱位、胫骨向后脱位以及膝关节的过度伸直、过度旋
转和伸膝位的侧方活动。后交叉韧带是膝关节内最强大的韧带结构。按照人工膝关节置换术
中是否保留后交叉韧带将人工膝关节假体分为后交叉韧带保留型假体和后交叉韧带不保留型
假体。

　　膝关节为一负重关节,膝关节的稳定性除了依赖于膝关节骨性结构本身的特殊构造以
外,还有赖于前/后交叉韧带的制约、内/外侧副韧带的平衡,以及伸膝装置与股四头肌、腓
肠肌及腘绳肌等的力量均衡。股后肌群及腓肠肌能控制膝关节的屈曲,防止膝关节过伸。
股四头肌除伸直膝关节外,与股后肌群及腓肠肌在稳定膝
关节中起协同作用。归纳起来,稳定膝关节的动力因素在
前侧为股四头肌,内侧为缝匠肌、股薄肌、半腱肌、半膜肌,
外侧为股二头肌和腘肌,后侧为腓肠肌和腘肌。稳定膝关
节的静力因素在内侧为胫侧副韧带和关节囊韧带,外侧为
腓侧副韧带和髂胫束,后侧为腘斜韧带和腘弓状韧带。这
些肌肉和韧带在稳定膝关节过程中发挥协同作用。膝关节
的动力稳定因素或静力稳定因素一旦受损,即会引起不同
程度的不稳定。

　　5. 下肢力学轴线　准确地理解和建立精确的下肢对线
是基本也是重要的概念。胫股角是股骨解剖轴线与胫骨解
剖轴线在膝关节中心相交形成的向外侧的夹角,此夹角平
均为 174°（图 5-40）。在正常的生理情况下,当人体站立位
时,股骨头的中心、膝关节的中心及踝关节的中心应处于同
一条直线,此直线即为下肢的力学轴线或称机械轴,且此
时经膝关节平面的水平轴则应与地面相平行。在病理情况

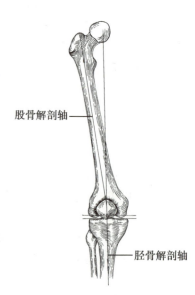

股骨解剖轴

胫骨解剖轴

图 5-40　胫股角（胫股角平均 174°,
也即正常有平均 6°外翻）

Note

下,由于膝关节的内翻或外翻,正常的胫股角将发生变化,而下肢的机械轴将不可能通过膝关节的中心。

6. 膝关节的运动特点 正常胫股关节间力的传递和应力分布与正常的半月板和关节软骨的功能密切相关。在膝关节的运动和受力相中,由于半月板随着关节活动的相对位移,以及具有黏弹特性的正常半月板和关节软骨组织的应变,使关节间的压强变化趋于缓和。此外,膝关节在水平面的旋转运动是以内侧髁为中心,这种旋转方式使得膝关节内侧间隙易发生退变,这也是膝关节骨关节炎病变往往以内侧间隙为重,甚至出现典型的内侧单腔室骨关节炎和膝内翻畸形。

髌股关节是参与膝关节伸屈运动的重要结构,在膝关节活动中有着特殊的意义。髌骨的外侧倾斜和外侧移位是髌股对合异常的主要存在形式,髌骨外侧移位实际上是程度不同的髌骨半脱位,在伸直位时,髌骨很容易向外侧推动,在屈膝 20° 时,可发现髌骨中央嵴与滑车凹的最低点不呈对应关系而向外侧移位,其移位的程度对评价髌骨半脱位很有意义。因此,在屈膝 20°~30° 时对髌股对合关系的评价是关节检查中对髌股异常对合诊断的关键。

(闫宏伟)

(三) 足骨及其连结

1. 足骨 距骨下面有一条从后内斜向前外走行的深沟,称距骨沟,与跟骨沟对合共同称为跗骨窦,窦内有跟距骨间韧带及跟、距骨血管通过,当距骨颈、体骨折或脱位时,易致血管损伤而导致距骨缺血性坏死。

跟骨结节下方是跟腱附着点,其上缘与跟距关节面 30°~45° 的 Böhler 角,为跟距关节关系的一个重要标志,跟骨骨折时此角减小或消失,甚至负角,影响足弓后臂,从而削弱小腿三角肌的力量及足的弹簧作用,从而导致平足畸形。

舟骨粗隆为胫后肌腱的主要止点,因胫后肌腱猛烈收缩而易引起撕脱性骨折,在部分人群中,在舟骨内上部有副舟骨,大小与连接方式不一,可引起胫后肌腱功能不良或其他异常,常是平足症的原因之一。

舟骨为传导从后足到前足的力量起了相当大的作用,因为这个原因,加之舟骨本身中 1/3 部分血供较少,因此易于出现应力性骨折和缺血性坏死。此外,三关节融合术后(距舟关节、跟骰关节和距下关节),距舟关节最容易出现不愈合。

跖骨的长度各不相同,通常第 1 跖骨比第 2 跖骨短,其余跖骨依次缩短,所有跖骨与足底负重平面都有一定的倾斜角,其中第 1 跖骨倾斜角最大,其余跖骨倾斜角从内向外逐渐减小,临床上第 2 跖骨过长,导致跖骨头应力发生变化,是引起第 2 跖骨头痛的原因之一。

2. 足关节 临床上以踝关节跖屈位内翻损伤最为常见,多伴有距腓前韧带撕裂,其次为功能位(足与小腿成 90°)内翻损伤,常伤及跟腓韧带。严重扭伤时可引起踝关节脱位甚至外踝骨折。此外,当踝关节受到强烈外翻、外旋应力时,也可导致外翻扭伤。但由于内侧韧带十分坚韧且与关节囊紧密相连,故此韧带不易发生断裂,常导致内踝骨折。

在运动员或体育爱好者中,由于足部反复强力背伸或跖屈活动使得胫骨远端与距骨之间直接相撞,长期刺激导致软组织瘢痕增生及骨赘形成,形成前后踝撞击综合征,临床表现为踝关节背伸、跖屈痛及背伸或跖屈活动受限。

跳跃韧带与胫后肌腱在功能上关节密切,是维持足纵弓的重要稳定结构,当胫后肌腱损伤时,跳跃韧带的负重增加,长时间可导致跳跃韧带损伤,两者互为因果,在获得性平足症中发挥重要作用,在临床中,跳跃韧带损伤尤其需要注意,必要时予以支具固定来维持足弓的形态,防止过早负重,固定时间依损伤的程度而定,其功能的恢复需要系统的康复治疗措施。

分歧韧带与距舟韧带共同维持舟骨与距骨和跟骨的位置相对稳定,在临床中,分歧韧带被

Note

比喻为判断中足损伤的"眼睛",一旦有跟骰关节处的疼痛、肿胀及活动受限,均应考虑有无分歧韧带损伤,多见于分歧韧带止点撕脱性骨折。

跗骨间的 3 个关节司后足活动,三个关节中任何关节被融合都会影响到邻近关节活动度,单独的距下关节融合大约会使距舟关节活动度下降 25%,跟骰关节活动度下降 50%,跟骰关节融合会使后足关节活动度总体下降约 1/3,特别是距舟关节融合后,后足的活动基本被锁定。

临床上,跟骰关节损伤少见,其症状与外踝扭伤的表现相似,常被误认为外踝的损伤,跟骰关节损伤主要发生于年轻人,治疗不当可能造成持续的跗横关节不稳,最终导致足部功能障碍。

Lisfranc 关节不仅是联系中前足的桥梁,也是足弓的重要组成部分,在足部生物力学方面发挥重要作用。该关节不仅为足向前推进提供稳定的杠杆臂,而且是足负重时传递载荷的关键。若损伤不能得到及时处理,会造成 Lisfranc 关节疼痛及退变、足弓塌陷,前足僵硬等一系列并发症,严重影响足的生物力学及功能;Lisfranc 关节损伤常造成第 2 跖骨基底部撕脱性骨折,但骨折片仍与韧带相连,此现象在 X 线检查可见,称为 Flcek 征,在临床上,如外伤致第 2 跖骨基底部撕脱性骨折,应考虑有无 Lisfranc 关节损伤。

3. 足弓　足弓具有弹性支撑作用,能缓冲人体直立行走或跳跃着地时地面对身体所产生的冲击,同时还具有保护血管、神经免受压迫的功能。能维持足弓的结构先天性发育不良或过度劳损可导致足弓扁平,称扁平足,有疼痛症状时,称平足症。

足弓分为内、外两个纵弓及三个横弓,外侧纵弓因覆被以肌肉及其他软组织,站立时几乎全着地,而内侧纵弓站立时不着地,故临床上常通过内侧纵弓塌陷来判断是否为平足畸形。

跟骨下部前方有跖腱膜,起于跟骨跖侧前下方,该部位是跖腱膜维持足内、外侧纵弓的应力点,由于牵拉频繁,尤其容易导致损伤,易有骨赘、骨刺形成。多数骨刺向前生长,不引起疼痛,骨刺向跖面生长,如频繁刺激跖腱膜起始部,会导致疼痛发生,是后跟疼痛的常见原因之一。

足底筋膜鞘对感染有一定的限制作用,但中间筋膜鞘除容纳肌、肌腱、血管和神经外,还含有较多的疏松结缔组织,故足底刺伤感染时,易导致中间筋膜蜂窝织炎。炎症可沿足底弓和足背动脉深支周围疏松结缔组织蔓延至足背;甚至可经踝管向小腿后骨筋膜蔓延。

(唐康来　陈新林)

本章小结

下肢骨包括下肢带骨(髋骨)、大腿骨(股骨)、小腿骨(胫骨和腓骨)和足骨(距骨、跗骨和趾骨)。骨盆由双侧髋骨、骶骨和尾骨通过骶髂关节、耻骨联合及韧带构成,具有传导重力至下肢的作用,并支持和保护着盆腔脏器。为适应女性分娩的需要,骨盆的形态也表现出显著的性别差异。髋关节由髋臼和股骨头构成,其关节囊致密,周围有多条强韧的韧带加强稳固性。膝关节由股骨下端、胫骨上端和髌骨构成,有囊内和囊外韧带加强,关节囊内有半月板,膝关节的剧烈运动场造成半月板损伤。足关节包括距小腿关节、跗骨间关节、跗跖关节及跖趾关节等。跗骨和距骨借其连接构成了足弓,足弓保证了足支撑的稳定性,缓冲运动时的震荡冲击,并保护足底的血管神经免受压迫。

Note

思考题

1. 构成骨盆的骨有哪些？男性骨盆和女性骨盆有何差别？
2. 肩关节和髋关节在结构和功能上有何异同？
3. 试述膝关节损伤的相关解剖学基础。
4. 为什么踝关节易发生内翻扭伤？
5. 维持足弓的结构都有哪些？

Note

第二篇　骨骼肌与神经

第六章　骨骼肌总论

骨骼肌具有其特定的形态、结构、功能和辅助装置,有丰富的血管、神经和淋巴管分布。本章介绍了骨骼肌的一般形态与结构、骨骼肌收缩的基本机制、兴奋 - 收缩偶联以及神经系统对躯体运动的调节。

第一节　骨骼肌的一般形态与结构

肌(muscle)依据组织结构和功能可分为三类:骨骼肌、平滑肌和心肌。骨骼肌分布于头颈、躯干和四肢;平滑肌分布于内脏的中空性器官及血管壁;心肌是心脏的基本结构单位。骨骼肌受躯体运动神经支配,其收缩舒张受人的意识控制,亦称**随意肌**(voluntary muscle)。平滑肌和心肌受内脏运动神经调控,一般不接受意识的直接管理,属于不随意肌。

骨骼肌是运动系统的动力部分,是运动功能得以完成的决定性因素,骨骼肌多附着于骨骼,也可附着于软骨、筋膜和皮肤。全身骨骼肌共有 600 多块,约占体重的 40%。每块骨骼肌都具有一定的形态、结构、功能和辅助装置,有丰富的血管、神经和淋巴管分布,因此每块骨骼肌都可视为一个器官。

一、肌的形态和构造

每块骨骼肌包括两部分:**肌腹**(muscle belly)和**肌腱**(tendon)。肌腹主要由肌纤维(即肌细胞)组成,色红而柔软。每条肌纤维外面包有一层薄的结缔组织膜,称肌内膜。多条肌纤维形成一条肌束,肌束外包裹的结缔组织则称为肌束膜,多个肌束形成一块肌(腹),肌的外面也包有一层结缔组织,称为肌外膜。供应肌的血管、神经和淋巴管等沿着这些结缔组织深入肌内。骨骼肌可有红肌与白肌之分。红肌主要由红肌纤维组成,较细小,收缩较慢,但作用持久;白肌主要由白肌纤维组成,较宽大,收缩较快,能迅速完成特定的动作,但作用不持久,每块肌肉大都含有这两种纤维。一般来讲,保持身体姿势的肌肉,含红肌纤维多;快速完成动作的肌肉,含白肌纤维多。肌腱主要由平行致密的胶原纤维束构成,色白、强韧而无收缩功能,位于肌腹的两端,其抗张强度约为肌的 112~233 倍,肌多借肌腱附着于骨骼。当肌受到突然暴力时,通常肌腱不致断裂,而肌腹或肌腹与肌腱连结处或肌腱的附着处可能断裂。扁肌的腱性部分呈薄膜状,称**腱膜**(aponeurosis)。

骨骼肌的形态多样,按外形主要分为长肌、短肌、扁肌和轮匝肌四种(图 6-1)。**长肌**(long muscle)的肌束通常与肌的长轴平行,收缩时肌显著缩短,可引起大幅度的运动,多见于四肢。有的长肌起始端有两个或两个以上的头,逐渐汇成一个肌腹,则称为二头肌、三头肌或四头肌;有的长肌肌腹被中间腱划分成两个肌腹或多个肌腹,则称为二腹肌或多腹肌。**短肌**(short muscle)小而短,具有明显的节段性,收缩幅度较小,多见于躯干深层。**扁肌**(flat muscle)扁宽呈薄片状,多位于胸腹壁,除运动功能外还有保护内脏的作用。**轮匝肌**(orbicular muscle)主要由环形的肌纤维构成,位于孔(口)、裂的周围,收缩时可以关闭孔(口)、裂。

另外,根据肌束方向与肌长轴的关系可分为:与肌束平行排列的梭形肌或菱形肌,如缝匠

Note

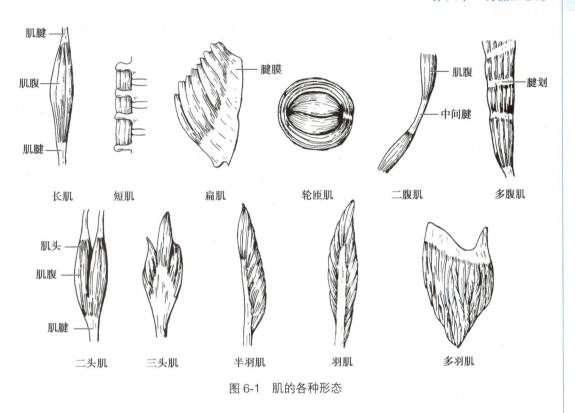

图 6-1　肌的各种形态

肌、肱二头肌;半羽状排列的有半膜肌、指伸肌;羽状排列的如股直肌、鉧长屈肌;多羽状排列的如三角肌、肩胛下肌;还有放射状排列的如斜方肌等。

二、肌的起止、配布和作用

　　骨骼肌通常以两端附着在两块或两块以上的骨面上,中间跨过一个或多个关节。骨骼肌收缩时,其附着的骨以关节为枢纽发生位移而产生运动。一般来说,两块骨必定有一块骨的位置相对固定,而另一块骨相对地移动。骨骼肌在相对固定骨上的附着点称定点或起点;在相对移动骨的附着点称动点或止点。通常将接近身体正中面或四肢部靠近近侧的附着点看作为起点,把另一端则看作为止点(图 6-2)。肌肉的定点和动点在一定条件下可以相互转换。例如背阔肌附着于脊柱和肱骨,通常情况下,收缩时使上肢向脊柱靠近,脊柱端为定点,肱骨端为动点;但是做引体向上时,肱骨上的附着点相对固定,变为定点,而脊柱的附着点变为动点,收缩时使脊柱向上肢靠近,故能引体向上。

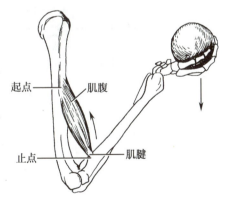

图 6-2　肌的起、止点

　　骨骼肌在关节周围配布的方式和数量与关节的运动轴相关。单轴关节通常配备两组肌,如指间关节,前方有屈肌,后方有伸肌,两组肌配合使关节完成屈和伸的运动。双轴关节通常有四组肌,例如桡腕关节,周围不仅配布屈肌和伸肌,还有内收肌和外展肌。三轴关节周围配布有六组肌,如肩关节,除围绕冠状轴和矢状轴排列有屈、伸、收和展肌外,还有排列在垂直轴相对侧的旋内(或旋前)和旋外(或旋后)两组肌。因此,每一个关节至少配布有两组运动方向完全相反的肌,引起关节向某一个方向运动的肌称**原动肌**(agonist),而起对抗作用的肌称为**拮抗肌**(antagonist)。原动肌和拮抗肌在功能上既相互对抗,又互为协调。如果其中的一组功能丧失,则该关节的有关运动也随之丧失。此外,关节在完成某一种运动时,通常是几块肌共同配合完成的。例如屈

Note

桡腕关节时,经过该关节前方的肌同时收缩,这些功能相同的肌称为**协同肌**(synergist)。还有一些肌有固定附近一些关节的作用,以防原动肌产生不必要的动作,例如屈肘时使肩胛骨固定于脊柱的斜方肌、菱形肌等,这些肌称为**固定肌**(fixator)。同一块肌在不同情况下可以是原动肌,也可以是协同肌、拮抗肌或固定肌,在神经系统的统一支配下,互相协调又互相配合共同完成特定的动作。

三、肌的命名

通常按照肌的形状、大小、位置、起止点或作用等进行命名。如菱形肌、三角肌等是按形状命名;冈上肌、冈下肌、骨间掌侧肌等是按位置命名;肱三头肌、股四头肌等是按肌的形态结构和部位综合命名;胸大肌、胸小肌等是以大小和位置综合命名;胸锁乳突肌、胸骨舌骨肌等按其起止点命名;旋后肌、大收肌等是按作用命名;腹外斜肌、腹内斜肌是根据位置和肌束的走向命名。了解肌的命名原则有助于记忆和学习。

四、肌的辅助装置

肌的周围配布有保持肌的位置、协助运动、减少摩擦等功能的辅助装置,包括筋膜、滑膜囊、腱鞘和籽骨等。

(一)筋膜

筋膜(fascia)遍布全身,分浅筋膜和深筋膜两种(图 6-3)。

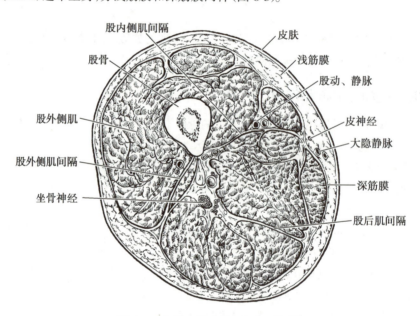

图 6-3　大腿中部水平切面(示筋膜)

1. **浅筋膜**(superficial fascia)　位于真皮之下,又称皮下组织,包被全身各部,由疏松结缔组织构成,内富有脂肪,且浅动脉、浅静脉、皮神经及淋巴管均走行于浅筋膜中。另外,胸部浅筋膜中有乳腺,头颈部浅筋膜中有皮肌。但在某些部位,浅筋膜内缺少脂肪组织,如眼睑、耳廓。某些部位,浅筋膜可分浅、深两层,浅层含脂肪较多;深层呈膜状,一般不含脂肪而含有较多弹性组织,如下腹部及会阴部。

2. **深筋膜**(deep fascia)　又称固有筋膜,由致密结缔组织构成,位于浅筋膜的深面,它包被躯体和四肢的骨骼肌及血管神经等。深筋膜与肌的关系非常密切,随肌的分层而分层。在四肢,深筋膜伸入肌群之间,并附着于骨,构成肌间隔,将功能、发育过程和神经支配不同的肌群分隔开来。肌间隔、包绕肌群的深筋膜和骨共同构成骨筋膜鞘,以保证肌群能相对独立地运动。当

病变引起肌肉肿胀时,由于筋膜限制其体积膨胀,可出现疼痛症状。深筋膜还包绕血管、神经形成血管神经鞘。深筋膜可供肌附着成为肌的起、止点,也可在某些部位增厚形成支撑带,以约束和支持深面的肌腱。

(二) 滑膜囊

滑膜囊(synovial bursa)为封闭的结缔组织囊,壁薄,内有滑液,多位于肌腱与骨面相接触处,可以减少两者之间的摩擦。有的滑膜囊位于关节附近并与关节腔相通。滑膜囊炎症可影响滑膜囊所在部位的运动功能。

(三) 腱鞘

腱鞘(tendinous sheath)是包围在肌腱外面的鞘管(图 6-4),存在于活动性较大的部位,如腕、踝、手指和足趾等处。腱鞘可分纤维层和滑膜层两部分。腱鞘的**纤维层**(fibrous layer)又称**腱纤维鞘**(fibrous sheath of tendon)位于外层,为深筋膜增厚所形成的骨性纤维性管道,它起着滑车和约束肌腱的作用。腱鞘的**滑膜层**(synovial layer)又称**腱滑膜鞘**(synovial sheath of tendon)位于腱纤维鞘内,是由滑膜构成的双层圆筒形的鞘。鞘的内层包在肌腱的表面,称为脏层;外层贴在腱鞘纤维层的内面和骨面,称为壁层。脏、壁两层互相移行,之间为腔隙,内含少量滑液,使肌腱能在鞘内自由滑动。若手指不恰当地作长期、过度且快速的活动,可导致腱鞘损伤,产生疼痛并影响肌腱的滑动,称为腱鞘炎,为一种常见病。腱滑膜鞘从骨面移行到肌腱的部分,称为**腱系膜**(mesotendon),其中有供应肌腱的血管通过。由于肌腱经常运动,腱系膜大部分消失,仅在血管神经出入处保留下来,称为**腱纽**(vincula tendinum)。

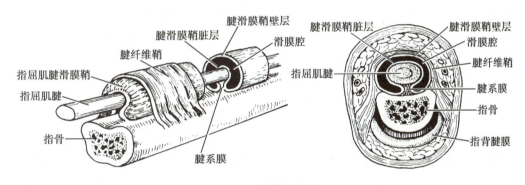

图 6-4　腱鞘示意图

(四) 籽骨

籽骨(sesamoid bone)位于肌腱内,由肌腱骨化而成,直径一般只有几毫米,但髌骨例外,为全身最大的籽骨。籽骨多在手掌面或足跖面的肌腱中,位于肌腱面对关节的部位,或固定于肌腱以锐角绕过骨面处,前者系籽骨替代并组成了关节囊,以变更、缓解所承受的压力;后者则使肌腱能较灵活的滑动于骨面,从而减少摩擦并改变骨骼肌牵引的方向。

五、肌的血管、淋巴管和神经

(一) 肌的血液供应

肌的代谢旺盛,血供丰富。血管束多与神经伴行,沿肌间隔、筋膜间隙行走,进入肌内经反复分支,在肌内膜形成包绕肌纤维的毛细血管网。肌的血供可分为四种类型:第一种为单支营养动脉型,动脉从肌的近端进入,如腓肠肌、阔筋膜张肌。第二种为两支营养动脉型,动脉从肌的两端进入,如腹直肌、股直肌。第三种为主要营养动脉联合次要营养动脉型,主要营养动脉从肌的近端进入,次要营养动脉可为一支或多支,分布于肌的内侧端,如胸大肌、背阔肌。第四种为节段营养动脉型,为一些细小动脉,呈节段性分布于肌,如缝匠肌、趾长伸肌。肌腱的血供较少,一般来自肌腹,但较长的肌腱可在其中段或止端有血管进入。

（二）肌的淋巴回流

肌的淋巴回流始于肌的毛细淋巴管，它们位于肌外膜和肌束膜内，离肌后沿途伴随静脉回流，并汇入较大的淋巴管中。

（三）肌的神经支配

支配肌的神经常与主要的血管伴行。进入肌的方式有两种，一种与肌纤维平行，如梭形肌；另一种与肌纤维垂直，如阔肌。了解这些特点有助于临床手术分离肌纤维时，对神经分支的保护。支配肌的神经有躯体神经及内脏神经。躯体神经的传入纤维传递肌的痛温觉和本体感觉，后者主要感受肌纤维的舒缩变化，在调节肌的活动中起重要作用。骨骼肌的收缩受躯体神经的传出纤维（运动神经）支配。一个运动神经元轴突支配的骨骼肌纤维数目多少不等，少者 1~2 条，多者上千条，而每条骨骼肌纤维通常只有一个轴突分支支配。一个运动神经元的轴突及其分支所支配的全部骨骼肌纤维合起来称为一个运动单位。因此，运动单位的大小相差很大，需要精细控制运动的骨骼肌，如眼外肌，运动单位很少，一个神经元仅管理 6~12 条肌纤维。运动单位是肌收缩的最小单位。在正常清醒的人体中，各肌都有少量的运动单位在轮流收缩，使肌保持一定的张力，称**肌张力**。肌张力对维持身体的姿势起着重要作用。运动神经纤维有两种，即 γ 运动纤维和 α 运动纤维，γ 运动纤维维持肌张力，α 运动纤维使骨骼肌纤维收缩。运动神经纤维末梢和肌纤维之间建立突触连接，称**运动终板**或**神经肌连接**。在神经冲动到达时，神经末梢释放乙酰胆碱，引起肌纤维的收缩。此外，神经纤维对肌纤维也有营养性作用，可由末梢释放某些营养物质，促进糖原及蛋白质合成。神经损伤后，肌内糖原合成减慢，蛋白质分解加速，肌肉逐渐萎缩，称为肌的营养性萎缩。内脏神经分布到肌内血管的平滑肌。

（高恒宇）

第二节　骨骼肌收缩的基本机制

骨骼肌主要由骨骼肌纤维和少量结缔组织构成。骨骼肌纤维，即骨骼肌细胞，外形细长，呈长纤维形，因而得名。每条肌纤维周围均有薄层结缔组织包裹，称为**肌内膜**（endomysium）。骨骼肌纤维相互平行排列，形成束状，称为**肌束**（fascicle）。肌束外有较厚的结缔组织称为**肌束膜**（perimysium）。许多肌束一起组成一块肌肉。包裹在肌肉表面的结缔组织称为**肌外膜**（epimysium），即深筋膜。各层结缔组织之间相互延续，富含血管神经，在肌肉的末端延续为腱性部分，附着于骨（图 6-5）。

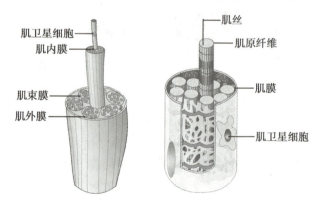

图 6-5　骨骼肌结构模式图（见书后彩图）

一、骨骼肌纤维的组织结构

骨骼肌纤维一般为细长圆柱形，长度一般与所在骨骼肌的长度一致，在 1~40μm，直径 10~100μm（图 6-6）。

骨骼肌纤维是一种多核细胞，即**合胞体**（syncytium），由发生时单个的成肌细胞融合而成。核均位于**肌浆**（sarcoplasm）的周边，贴近**肌膜**（sarcolemma），呈扁椭圆形，异染色质较少，染色较浅，其数量与肌纤维的长度成正比。

骨骼肌纤维的肌膜，由肌细胞膜和细胞外的基膜构成，两者之间可见一种多突起的细胞，称

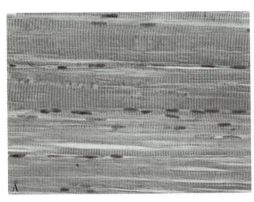
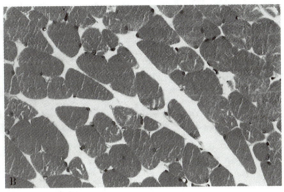

图 6-6 骨骼肌 HE 染色（见书后彩图）

肌卫星细胞（muscle satellite cell），来源于发生时未融合的成肌细胞，在生长的肌组织中较多，成年时减少。这些细胞是骨骼肌组织中的肌干细胞，参与骨骼肌的再生和修复。损伤时如基膜完整，肌卫星细胞可分化形成新的肌纤维。

骨骼肌纤维的肌浆非常丰富，主要由**肌原纤维**（myofibril）构成，同时还含有**肌红蛋白**（myoglobin）、线粒体、糖原颗粒和少量的脂肪。肌原纤维构成肌纤维的收缩装置，其他成分共同构成肌纤维收缩的供能系统。

肌原纤维呈细丝状，沿肌纤维长轴方向平行排列，长度与肌纤维一致，其直径约为 1~2μm。光镜下，骨骼肌的横切面上可见肌原纤维呈点状，聚集为许多小区，称**孔海姆区**（Cohnheim's field）。电镜下可见肌原纤维由粗、细肌丝构成，两种肌丝沿肌原纤维长轴规律的穿插排布使肌原纤维具有周期性横纹的特点，即明带、暗带沿长轴相间分布。偏振光显微镜下，**明带**（light band）呈单折光，为**各向同性**（isotropic），因此也称为 I 带；**暗带**（dark band）呈双折光，为**各向异性**（anisotropic），又称为 A 带。由于各条肌原纤维的明暗带都相应的排列在同一平面上，因此在肌纤维的纵切面上呈现出明暗相间的横纹。

电镜下观察，暗带（A 带）中央有一条较明亮的区域，称为 H 带。H 带中央有一条深色的暗线，称为 M 线或 M 膜。明带中央可见一条暗线，称 Z 线或 Z 膜。两条相邻 Z 线之间的一段肌原纤维称为**肌节**（sarcomere），即由 A 带及其两端各 1/2 的 I 带构成（图 6-7）。肌节是肌纤维机构和功能的基本单位。

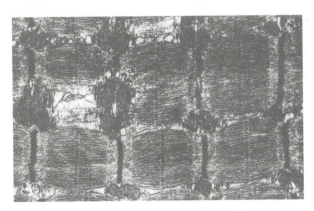

图 6-7 兔骨骼肌纤维透射电镜图像

二、骨骼肌的超微结构

1. **肌原纤维** 构成肌原纤维的粗、细肌丝沿长轴排列。**粗肌丝**（thick myofilament）位于肌节中部，贯穿 A 带全长，中央借 M 带固定，两端游离。**细肌丝**（thin myofilament）一端附着于 Z 带上，另一端平行分布于粗肌丝之间，以游离末端止于 H 带的外侧缘。因此，明带仅由细肌丝构成，H 带仅含粗肌丝，H 带以外的暗带则由粗、细肌丝共同构成。横断面上观察，每个粗肌丝的周围排列有 6 根细肌丝，而一条细肌丝的周围则有 3 根粗肌丝（图 6-8）。

（1）粗肌丝，长约 1.5μm，直径约 15nm，由大量平行排列、集合成束的**肌球蛋白**（myosin）分子构成。整个肌球蛋白分子形如豆芽，为双头杆状结构，尾端（杆）朝向 M 线，头端呈豆瓣状，朝向

Note

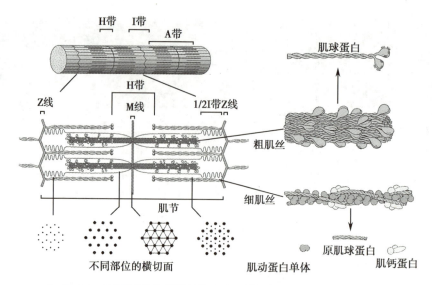

图 6-8　肌原纤维的超微结构和分子结构模式图（见书后彩图）

Z 线，并突出于粗肌丝表面，形成**横桥**（cross bridge），每条粗肌丝上约有 300~400 个横桥，近 M 线端约 0.2μm 仅由杆部形成，无横桥分布。在头和杆的连接点及杆上有两处类似关节的结构，可以屈动。肌球蛋白分子的头部含有肌动蛋白 actin 和 ATP 的结合位点，并具有 ATP 酶活性。

（2）细肌丝，长 1μm，直径约 5nm，由构成主体的肌动蛋白和调节蛋白构成，后者分为两种：**原肌球蛋白**（tropomyosin）和**肌钙蛋白**（troponin）。

肌动蛋白单体呈球形，互相连接呈串珠状，形成肌动蛋白链。两条肌动蛋白链相互铰合，形成纤维型肌动蛋白，构成细肌丝的双螺旋链状主干。每个肌动蛋白单体上均有可与肌球蛋白头部相结合的位点。

原肌球蛋白分子细长，由两条多肽链相互缠绕而形成的具有极性的双股螺旋状分子，首尾相连，嵌于肌动蛋白的双螺旋链的浅沟中，一方面加强和稳固肌动蛋白形成的双螺旋链，另一方面，当肌纤维处于非收缩状态时，封闭肌动蛋白上的横桥结合位点。

肌钙蛋白附着于原肌球蛋白分子之上，由三个球状亚单位构成：①肌钙蛋白 C 亚单位（TnC），分子量 18KD，最小，具有 4 个 Ca^{2+} 结合位点。②肌钙蛋白 T 亚单位（TnT），分子量 30kD，能与原肌球蛋白结合。③肌钙蛋白 I 亚单位（TnI），分子量 30kD，能与肌动蛋白结合，从而抑制后者与肌球蛋白结合。

肌肉舒张时，TnT 和 TnI 分别与原肌球蛋白和肌动蛋白结合，遮蔽肌动蛋白上的横桥结合位点；当胞质中 Ca^{2+} 浓度升高时，Ca^{2+} 与 TnC 结合，引起肌钙蛋白构象的改变，TnI 与肌动蛋白的结合减弱，同时原肌球蛋白分子向肌动蛋白双螺旋链的沟槽深部移动，暴露横桥结合位点，横桥与肌动蛋白结合，导致肌肉的收缩。

2. 横小管（transverse tubule）　是肌膜垂直于肌纤维长轴向肌浆内延续形成的管状结构，或称 T 小管。人与哺乳动物的横小管位于 A 带和 I 带结合处，同一水平的横小管在细胞内分支吻合环绕在每条肌原纤维周围。横小管上具有 L 型钙通道，能将肌膜的兴奋迅速的传入肌纤维内。

3. 肌浆网（sarcoplasmic reticulum）　是肌纤维中特化的滑面内质网，分布于横小管之间，其中大部分沿肌纤维长轴纵行包绕肌原纤维，故又称为**纵小管**（longitudinal tubule）或 L 小管；在两端靠近横小管处膨大，呈扁平状，形成**终池**（teminal cisternae）。肌浆网的作用主要与肌纤维收缩时 Ca^{2+} 的储存和释放有关。纵小管膜上有钙泵，可以逆浓度梯度将胞质中的 Ca^{2+} 泵入肌浆网中。进入肌浆网的 Ca^{2+} 主要储存在终池中，其浓度可达胞质中 Ca^{2+} 浓度的近万倍。同时，终池膜上具有钙释放通道，其分布与横小管或肌膜上的 L 型钙通道相对应。横小管及其两侧的终池共同组成**三联体**（triad）（图 6-9）。

Note

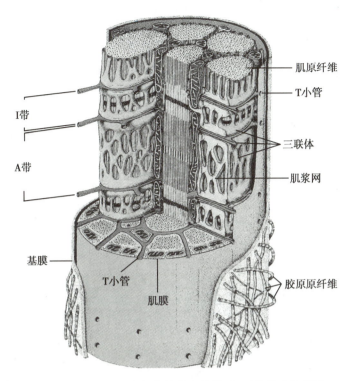

图 6-9　骨骼肌纤维超微结构立体模式图(见书后彩图)

4. **线粒体**　肌浆内含有丰富的线粒体,分布于肌原纤维之间和肌膜下,参与肌肉舒缩时的供能。

5. **辅助蛋白**　参与调节粗、细肌丝在肌原纤维内的规律分布,保证骨骼肌收缩的效率和速度。主要有**肌联蛋白**(titin)、**伴肌动蛋白**(nebulin)、α-**辅肌蛋白**(α-actinin)、**原肌球调节蛋白**(tropomodulin)、**肌间蛋白**(myomesin)和 C-**蛋白**(c-protein)等。

三、骨骼肌的收缩机制

骨骼肌的收缩机制一般用**肌丝滑动原理**(sliding filament mechanism)解释,即肌节为肌肉收缩和舒张的基本单位,肌肉的缩短和伸长系肌节内粗肌丝与细肌丝间相互滑行所致,粗、细肌丝本身的长度并不改变。

粗、细肌丝间的相互滑动通过横桥周期(cross bridge cycling)完成。即粗肌丝中肌球蛋白头部的横桥与细肌丝中肌动蛋白结合、扭动以及复位的过程。其主要过程(图 6-10):①肌肉舒张状态下,肌节中位于粗肌丝横桥上的 ATP 酶分解与之结合的 ATP,并与 ADP 和无机磷酸结合,释放的能量部分用于复位收缩时发生屈动的横桥,保持横桥位于垂直于细肌丝的方位。此时,横桥处于高势能状态,并对细肌丝中的肌动蛋白的横桥结合位点具有高亲和力;②胞质中 Ca²⁺浓度升高,Ca²⁺ 与肌钙蛋白结合,暴露出细肌丝肌动蛋白上的横桥结合位点,横桥迅速与肌动蛋白结合;③横桥发生屈动,拖动细肌丝向 M 线方向滑行,横桥储存的势能转变为肌肉张力(肌丝不滑动)或肌肉缩短(肌丝滑动),同时与横桥结合的 ADP 和无机磷酸被解离;④横桥再与 ATP 结合,导致与肌动蛋白的亲和力下降而分离,分离的横桥再次分解 ATP 而使横桥重新复位,重复上述过程。通常一次周期所需时间为 20~200 毫秒,其中横桥与肌动蛋白结合的时间约占一半。

滑行原理最直接的证明是,肌肉收缩时相邻 Z 线(细肌丝附着处)互相靠拢,肌节中明带(仅含细肌丝)长度随之缩短,暗带长度无变化,但暗带中央 H 带(仅含粗肌丝)相应地变窄。这只能说明,细肌丝在肌肉收缩时也没有缩短,只是更向暗带中央 M 线移动,和粗肌丝之间出现了更大程度的重叠。

Note

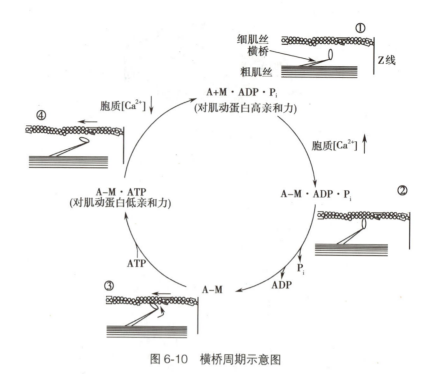

图 6-10　横桥周期示意图

第三节　神经与骨骼肌的运动

骨骼肌属于随意肌,受躯体运动神经的直接控制和支配,只有在支配骨骼肌的神经纤维发生兴奋时,才能产生收缩活动。同时,骨骼肌收缩功能的实现还依赖于多个亚细胞生物网络系统的协调活动。

一、骨骼肌纤维的电生理特性

骨骼肌纤维是可兴奋细胞,受到刺激后可产生兴奋,产生可扩布的电位变化,即出现动作电位。骨骼肌细胞的动作电位是在约 $-90mv$ 的**静息电位**(resting potential,RP)基础上产生的,其电位变化呈尖峰样,持续时间约 2~4 毫秒,形成机制和过程与神经细胞动作电位类似。

二、神经 - 肌接头的信息传递

运动终板(motor end plate)是运动神经元的轴突终末与骨骼肌纤维共同形成的特化结构(图 6-11A)。运动终板分为三个部分:①运动神经轴突在末梢处失去髓鞘,反复分支。每一分支的终末膨大,细胞膜较正常部位略厚,形成**接头前膜**(prejunction membrane)。接头前膜内侧的轴浆中含有约 3×10^5 个突触囊泡或**突触小泡**(synaptic vesicle),每个囊泡内含有约 10^4 个乙酰胆碱(acetylcholine,ACh)分子。②接头后膜(postjunction membrane)是与接头前膜相对应的骨骼肌细胞膜,此处细胞膜部分向肌细胞内凹陷,形成许多皱褶以增大表面积。接头后膜上有 N2 型 ACh 受体阳离子通道(N2-ACh receptor cation channel),同时还分布有**乙酰胆碱酯酶**(acetylcholinesterase),可分解 ACh 为胆碱和乙酸。③接头间隙(junctional cleft),位于接头前膜和接头后膜之间的间隔,宽 20~30nm,间隙内充满细胞外液。

神经 - 肌接头处的信息传递过程,具有电 - 化学 - 电传递的特点(图 6-11B)。

当动作电位(电信号)沿神经纤维传至神经末梢,引起轴突末梢去极化,导致电压门控式钙通道开放,引起 Ca^{2+} 内流,促使轴浆中含 ACh 的突触囊泡向接头前膜移动。突触囊泡膜与接头前膜融合并破裂,释放 ACh 至接头间隙(化学信号),ACh 到达接头后膜并激活 N2 型 ACh 受体

Note

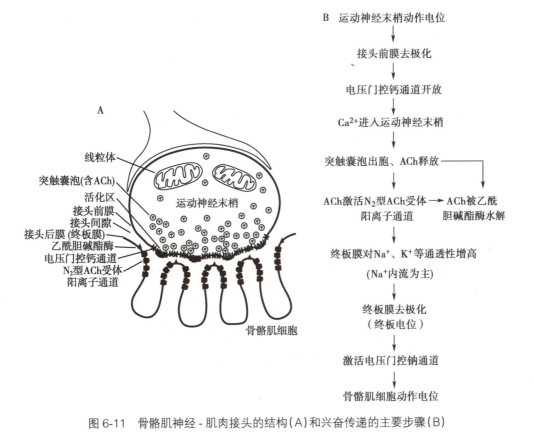

图 6-11　骨骼肌神经 - 肌肉接头的结构(A)和兴奋传递的主要步骤(B)

阳离子通道,引起 Na^+ 内流和 K^+ 外流,使接头后膜处膜电位幅度减下,即去极化。这一电位改变(电信号)称为**终板电位**(endplate potential,EPP),其幅度可达 50~75mv,EPP 可以电紧张的方式向周围传播,刺激邻近普通肌膜(非终板膜)中电压门控钠通道开放,引起 Na^+ 内流和普通肌膜去极化;当去极化达到阈电位水平即可暴发动作电位,并传遍整个肌细胞膜。ACh 释放后数毫秒内,可被接头后膜上的乙酰胆碱酯酶迅速分解而消除其作用。

三、兴奋 - 收缩偶联

衔接骨骼肌产生动作电位的电兴奋过程和以肌丝滑行为基础的收缩过程的中介机制或过程,称为**兴奋 - 收缩偶联**(excitation-contraction coupling),其中偶联因子是 Ca^{2+},而结构基础是三联体。

兴奋 - 收缩偶联包括以下几个步骤:①兴奋(动作电位)通过横小管传导到肌细胞内部。横小管是肌膜的延续部分,肌膜的动作电位可传导到横小管,并深入三联体深部,激活横小管和肌膜中的 L 型钙通道。②终池中的 Ca^{2+} 释放入胞质。肌膜的去极化可引起 L 型钙通道的电压敏感肽段发生位移(构象改变),产生 "拔塞" 样作用,使终池膜上的钙释放通道开放,Ca^{2+} 顺着浓度梯度释放入胞质。③胞质内 Ca^{2+} 升高促使 Ca^{2+} 与 TnC 结合而触发肌肉收缩。④ Ca^{2+} 回收。胞质内 Ca^{2+} 的升高同时激活纵小管膜上的钙泵逆浓度将 Ca^{2+} 转运至肌浆网并储存于终池。由于胞质中 Ca^{2+} 浓度降低,Ca^{2+} 与 TnC 分离,最终引起肌肉舒张。

(赵　虎)

第四节　神经系统对躯体运动的调节

躯体运动是人类活动的基本形式,是动物具有特征性的一种功能。躯体运动可分为反射性运动(如肢体受到伤害性刺激时的回缩)、随意性运动(主观意愿引起的运动)和节律性运动(如呼吸、行走等)。躯体运动以骨为杠杆、关节为枢纽、骨骼肌的舒缩为动力,在神经系统的调节下得以实施。

一、脊髓对躯体运动的调节

脊髓灰质的前角中有大量的运动神经元,包括 α- 运动神经元和 γ- 运动神经元。α- 运动神经元发出纤维支配骨骼肌中的梭外肌纤维,γ- 运动神经元发出纤维支配骨骼肌中的梭内肌纤维。骨骼肌中有一种感受骨骼肌伸缩状态的感受装置称肌梭,外包结缔组织囊,呈梭形,长约几毫米,与骨骼肌纤维平行排列。肌梭囊内有 6~12 条肌纤维,称梭内肌纤维,而囊外的骨骼肌纤维则称梭外肌纤维。梭内肌纤维连接于肌梭感受器两端,梭内肌纤维收缩或梭外肌纤维被动拉长,都会刺激感受器而发放冲动,经传入神经传入脊髓。

脊髓是躯体运动最基本的反射中枢。

(一) 牵张反射

牵张反射(stretch reflex)是指有神经支配的骨骼肌,在受到外力牵拉伸长时,引起受牵拉的同一块肌肉收缩的反射。肌肉受到牵拉,梭外肌纤维被拉长,肌梭感受器受到刺激而产生神经冲动,传入神经经脊神经后根进入脊髓,兴奋 a- 运动神经元,a- 运动神经元发放冲动经脊神经前根至梭外肌纤维,反射性地引起被牵拉的肌肉收缩(图 6-12)。牵张反射有两种类型,腱反射和肌紧张。

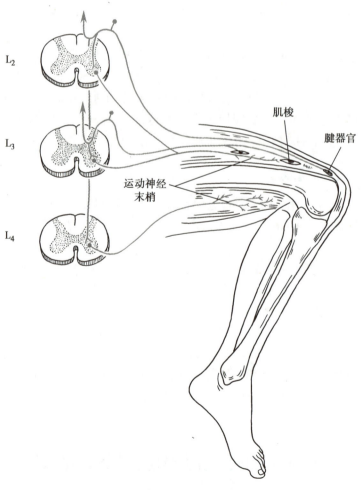

图 6-12　牵张反射模式图(见书后彩图)

1. **腱反射**（tendon reflex） 是指快速牵拉肌腱发生的牵张反射，为单突触反射，如膝反射、跟腱反射、肱二头肌反射等。

2. **肌紧张**（muscle tonus） 是指缓慢持续牵拉肌腱发生的牵张反射，表现为受牵拉的肌肉发生持续性收缩，属多突触反射。肌紧张是维持躯体姿势的最基本的反射活动，是姿势反射的基础。例如人体站立时，受重力影响，支持体重的关节趋向于弯曲，伸肌受到持续的牵拉，从而产生牵张反射引起伸肌收缩，对抗关节的屈曲，维持站立姿势。

3. **γ-环路**（gamma loop） γ-运动神经元兴奋时，引起梭内肌纤维收缩，肌梭感受器感受到刺激而产生神经冲动，通过牵张反射弧的通路兴奋α-运动神经元，使相应的骨骼肌（梭外肌纤维）收缩（图6-13）。γ-环路在调节肌张力方面发挥作用。

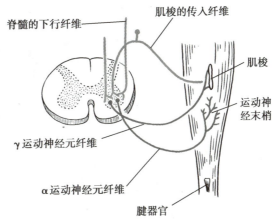

图6-13 γ-环路模式图（见书后彩图）

（二）屈肌反射与对侧伸肌反射

当肢体某处皮肤受到伤害性刺激时，该肢体出现屈曲反应的现象称**屈肌反射**（flexor reflex）。屈肌反射径路至少要有3个神经元参加，属多突触反射，即皮肤的信息经后根传入脊髓后角，再经中间神经元传递给前角的α-运动神经元，α-运动神经元兴奋，引起骨骼肌收缩（图6-14）。由于肢体收缩要涉及成群的肌肉，故受到兴奋的α-运动神经元也常是多节段的。屈肌反射是一种保护性反射，其强度与刺激强度有关。当刺激强度足够大时，在同侧肢体发生屈肌反射的基础上出现对侧肢体伸直的反射活动，称为**对侧伸肌反射**（crossed extensor reflex）。

脊髓前角运动神经元是实施躯体运动的低级中枢，各高级中枢对躯体运动的调节都是通过脊髓前角运动神经元得以实现的，所以脊髓前角运动神经元又被称作躯体运动反射的最后通路。前角运动神经元损伤时，将导致所支配的骨骼肌弛缓性瘫痪或称软瘫。表现为运动丧失、肌肉萎缩、肌张力低下、腱反射消失。

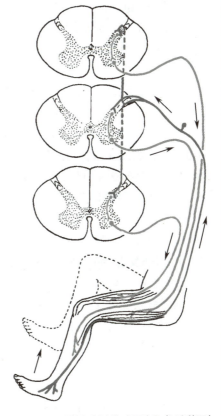

图6-14 屈肌反射模式图（见书后彩图）

二、脑干对躯体运动的调节

（一）脑干网状结构对肌紧张的调节

脑干网状结构有减弱和加强牵张反射的区域。减弱牵张反射的区域称抑制区，加强牵张反射的区域称易化区（图6-15）。

1. **抑制区** 位于延髓网状结构的腹内侧区，相当于巨细胞网状核及部分腹侧网状核。刺激抑制区可抑制牵张反射时的伸肌活动，降低肌张力。

2. **易化区** 分布于广大的脑干中央区域，包括延髓网状结构的背外侧部分、脑桥的中央灰质及被盖，并且上延至间脑。刺激易化区可强化牵张反射，使肌张力升高。

从活动的强度来看，易化区的活动比较强，抑制区的活动比较弱。因此在肌紧张的平衡调

Note

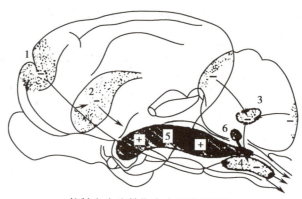

抑制（−）和易化（＋）系统示意图

图 6-15　脑干网状结构下行调节系统示意图

1. 皮层运动区；2. 基底神经节；3. 小脑；4. 网状结构抑制区；5. 网状结构易化区；6. 前庭核

节中,易化区略占优势。正常情况下,大脑皮质运动区及纹状体等部位对网状结构的抑制区和易化区有调控作用,使抑制与易化作用保持平衡,一旦上级中枢的控制丧失,则易化区作用加强。例如在中脑上丘与下丘之间横断脑干,动物出现**去大脑僵直**（decerebrate rigidity）,表现为四肢僵直,项背部肌肉紧张,头尾昂起。去大脑僵直主要是抗重力肌的肌紧张明显加强。一般情况下伸肌是抗重力肌,因此伸肌肌紧张在去大脑僵直时明显加强。人类在某些疾病中,也可出现与动物去大脑僵直相类似的现象。表现为头后仰,上下肢僵硬伸直,上臂内旋,手指屈曲。临床上如见到患者出现去大脑僵直现象,往往表明病变已严重地侵犯了脑干,预后不良。

3. α- 僵直和 γ- 僵直　通过对牵张反射的分析,可以得知,增强肌紧张力的机制有两种。一种是上级中枢的下行纤维直接或间接通过中间神经元兴奋脊髓前角 α- 运动神经元,从而增强肌紧张,如此出现的僵直称 **α- 僵直**（α- rigidity）。另一种是上级中枢的下行纤维直接或间接通过中间神经元兴奋脊髓前角 γ- 运动神经元,使肌梭感受器传入冲动增强,兴奋 α- 运动神经元,提高肌紧张,这样引起的僵直称 **γ- 僵直**（γ-rigidity）。去大脑僵直属于 γ 僵直。

（二）脑干对姿势的调节

中枢神经系统调节骨骼肌的运动及紧张度,以保持身体的空间姿态,这种反射活动称为姿势反射。姿势反射包括状态反射、翻正反射、旋转运动反射和直线运动反射。

1. 状态反射（attitudinal reflex）　是头部的空间位置以及头部与躯干的相对位置发生改变时,反射性地引起躯体肌肉的紧张性改变的反射活动。状态反射包括迷路紧张反射和颈紧张反射。**迷路紧张反射**（tonic labyrinthine reflex）是指头部空间位置发生改变时,内耳迷路感受器受刺激后,对躯体伸肌紧张性的调节反射。**颈紧张反射**（tonic neck reflex）是指头部与躯干的相对位置发生改变时,颈部扭曲,颈椎关节韧带或肌肉的本体感受器受刺激后,对四肢肌肉紧张性的调节反射。

2. 翻正反射（righting reflex）　人或动物处在不正常的体位时,通过一系列的动作恢复正常体位的反射活动。翻正反射包括一系列的反射活动:头部的位置不正常,通过视觉和迷路感受器的反射,将头部翻正;头部翻正后,头与躯干的相对位置不正常,通过颈椎关节韧带或肌肉的本体感受器的反射,使躯干翻正。

3. 旋转运动反射　人体进行旋转运动时,为维持正常身体平衡而产生的反射活动。旋转运动刺激前庭感受器,通过中脑和延髓反射性地引起全身肌肉紧张度的重新调整。

4. 直线运动反射　人体进行加速或减速运动时,为保持正常体位及平衡,而引起肌张力重新调整的反射活动。

三、小脑对躯体运动的调节

小脑的主要功能是维持身体的平衡、调节肌张力、协调随意运动以及参与并管理运动的编程。小脑的绒球小结叶称原小脑，与前庭神经和前庭神经核相联系，又称**前庭小脑**（vestibulocerebellum），主要维持身体的平衡。小脑的蚓部及小脑半球中间部称旧小脑，主要接受来自脊髓的本体感觉信息也接受视听信息，又称**脊髓小脑**（spinocerebellum），主要调节肌张力，对正在进行中的运动进行调节，协助大脑皮质对随意运动进行适时调控。小脑半球外侧部称新小脑，与大脑皮质之间有往返的纤维联系，又称**大脑小脑**（cerebrocerebellum），参与随意运动的设计和编程，调节精细运动（图6-16）。

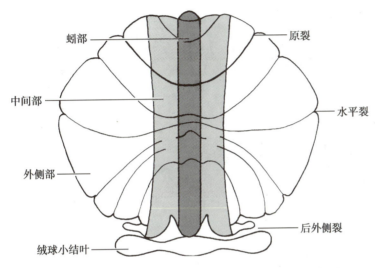

图 6-16　小脑皮质平面示意图（示小脑分区）（见书后彩图）

小脑损伤时不会引起随意运动丧失（瘫痪），主要表现为平衡、肌张力和运动协调方面的障碍。绒球小结叶（原小脑）损伤时，病人表现为平衡失调、眼球震颤。小脑半球损伤时往往同时波及新、旧小脑，病人表现为肌张力低下、运动共济失调和意向性震颤。

四、基底神经节对躯体运动的调节

形态学上将大脑髓质深面的核团称为基底核又称基底神经节，包括纹状体、屏状核和杏仁体。**纹状体**（corpus striatum）包括尾状核和豆状核。豆状核被两个白质板分为三部，外侧部最大称壳，内侧两部合称苍白球。苍白球发生上较古老称旧纹状体，尾状核和壳发生上较新合称新纹状体。纹状体与间脑的底丘脑核和中脑的黑质之间有往返的纤维联系，其功能密不可分，故从功能学上将纹状体、间脑的底丘脑核和中脑的黑质合称为基底神经节。此处指的是功能性基底神经节，尽管对其功能还不十分清楚，但它们与随意运动的稳定、肌紧张的控制、本体感觉传入冲动信息的处理都有关系。它们与大脑皮质之间的环路联系，提示可能参与了随意运动的计划、启动和执行。

基底神经节损伤的主要表现可分为两大类：一类是运动过少而肌紧张过强的综合征，如震颤麻痹；另一类是运动过多而肌紧张不全的综合征，如舞蹈病。

震颤麻痹也称**帕金森病**（Parkinson's disease），病人表现为肌肉强直、随意运动减少、动作缓慢、面部表情呆板、静止性震颤。病变部位在中脑黑质，多巴胺能神经元变性，黑质多巴胺能神经元功能减退，纹状体内的胆碱功能相对亢进。

舞蹈病也称**亨延顿病**（Huntington's disease），表现为不自主的上肢和头部的舞蹈样动作，并

Note

伴有肌张力降低。病变部位在纹状体,新纹状体严重萎缩,主要是纹状体内的胆碱能和γ-氨基丁酸能神经元功能减退,而黑质多巴胺能神经元功能相对亢进。

五、大脑皮质对躯体运动的调节

大脑皮质对躯体运动的调节主要是发出随意运动信息以及对皮质下各级中枢进行控制以保证随意运动的实施。

大脑皮质的运动区主要在第Ⅰ躯体运动区和运动前区,另外还有运动辅助区。**第Ⅰ躯体运动区**(first somatic motor area)位于大脑皮质中央前回及中央旁小叶前部,运动前区位于中央前回上部的前方及中央旁小叶的前方。第Ⅰ躯体运动区对运动的控制有以下特点:①交叉支配,即一侧大脑皮质支配对侧上肢肌、下肢肌、眼裂以下的面肌和舌肌的运动。②精细的功能定位,即一定的皮质刺激引起一定的运动。功能代表区的大小与运动的精细和复杂程度有关,运动越精细、复杂,功能代表区越大。③上下倒置,即头面部的代表区在中央前回下部(但头面内部位置是正立的),上肢的代表区在中央前回中部,下肢的代表区在中央前回上部,膝关节以下的代表区在中央旁小叶前部(图6-17)。

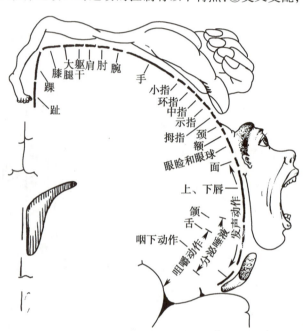

图6-17　人体各部在第Ⅰ躯体运动区的定位

大脑皮质运动区的随意运动信息通过**皮质脊髓束**(corticospinal tract)和**皮质核束**(corticonuclear tract)(亦称皮质脑干束)传递至脊髓前角运动神经元和脑干的脑神经运动神经元,经前角运动神经元和脑神经运动神经元控制所支配的肌肉。大脑皮质运动区将随意运动信息经皮质脊髓束和皮质核束传递的同时,也将信息传递给皮质下各级躯体运动调节中枢。因此,随意运动在大脑皮质运动中枢的主导下,以及各级运动中枢的协同配合下,得以实施完成。

大脑皮质运动区受损或其发出的纤维束(皮质脊髓束和皮质核束)受损,将导致所支配的骨骼肌痉挛性瘫痪或称硬瘫,表现为随意运动障碍、肌张力增高、腱反射亢进、出现病理反射。

(刘仁刚)

本章小结

　　骨骼肌从形态上可分为长肌、短肌、扁肌和轮匝肌,配布在关节周围,收缩时引起关节运动。关节的辅助装置有筋膜、滑膜囊、腱鞘和籽骨等。骨骼肌主要由骨骼肌纤维和少量结缔组织构成。骨骼肌纤维,即骨骼肌细胞,外形细长,呈长纤维形,光镜下肌纤维的纵切面上呈现出明暗相间的横纹。骨骼肌的肌浆非常丰富,主要由肌原纤维构成,电镜下可见肌原纤维由粗、细肌丝构成。骨骼肌的收缩机制一般用肌丝滑动原理加以解释。骨骼肌受躯体运动神经的直接控制和支配,神经兴奋引起骨骼肌收缩,其结构基础是神经-肌接头,兴奋的传递过程为兴奋-收缩偶联。中枢神经系统在不同层面对躯体运动进行控制与调节。

Note

思考题

1. 骨骼肌在起止和配布上有何规律,作用如何?
2. 骨骼肌有何组织结构特点,兴奋如何由神经传递至骨骼肌?
3. 中枢神经系统从哪些层面对躯体运动加以控制与调节?

Note

第七章　骨骼肌的配布

　　骨骼肌配布于全身各处,大体可以分为四部分:头颈肌、躯干肌、上肢肌和下肢肌。头颈肌分布于头面部和颈部,该部肌肉的运动不仅与人体面部表情、咀嚼和吞咽动作等有关,还与头颈部的姿态有关。躯干肌位于胸部、腹部、背部和会阴,参与构成胸壁、腹壁和盆壁,对胸腔、腹腔和盆腔内的器官有保护作用,收缩时可维持躯体的姿势,还与人体的呼吸、咳嗽、呕吐、分娩及排便等动作有关,并且可辅助上下肢运动。上肢肌数量较多,肌肉相对细小,收缩后可产生精细的动作,典型的是手的灵活动作。下肢肌数量较少,肌肉丰厚,收缩后力量较大,可维持人体直立和行走,多参与剧烈的运动。

第一节　头　颈　肌

一、头肌

　　头肌分为面肌和咀嚼肌两部分(表7-1)。

表 7-1　头肌

肌群名称	肌的名称	肌的起点	肌的止点	主要作用	支配神经
面肌 (表情肌)	枕额肌	枕骨上项线	眉部皮肤	提眉、皱额部皮肤、后牵帽状腱膜	面神经
	眼轮匝肌	环绕睑裂周围		眨眼、使睑裂闭合	
	口轮匝肌	环绕口裂周围		闭口	
	颊肌	面颊深层	口角或唇的皮肤	外拉口角,使唇、颊紧贴牙齿,帮助咀嚼和吸吮	
咀嚼肌	颞肌	颞窝	下颌骨的冠突	使下颌骨上提并向后移动	三叉神经
	咬肌	颧弓的下缘和内表面	咬肌粗隆	上提下颌骨	
	翼外肌	蝶骨大翼的下面和翼突的外侧面	下颌颈和颞下颌关节的关节盘	两侧收缩拉下颌关节向前(张口),一侧收缩牵拉下颌骨移向对侧	
	翼内肌	翼突窝	翼肌粗隆	上提下颌骨,并使下颌骨向前移动	

(一)面肌

　　面肌为扁薄的皮肌,位置浅表,大多数起自颅骨的不同部位,止于面部皮肤,主要分布于面部口、眼、鼻等孔裂周围,可分为环形肌和辐射肌两种,有闭合或开大上述孔裂的作用,同时牵动面部皮肤显示喜怒哀乐等各种表情,故面肌又叫表情肌。人耳周围肌已退化(图7-1、图7-2)。

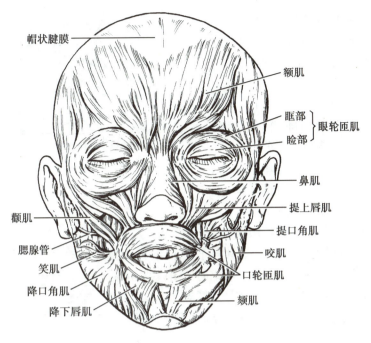

图 7-1　头肌（前面）

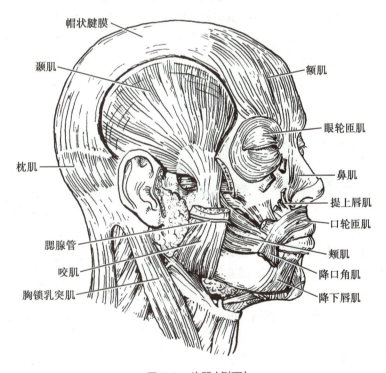

图 7-2　头肌（侧面）

1. **颅顶肌（epicranius）**　宽阔而薄，主要是指枕额肌，它有前后两个肌腹，肌腹之间借**帽状
腱膜**（galea aponeurotica）相连。前方的肌腹位于额部皮下称为**额腹**（frontal belly），后方的肌腹位
于枕部皮下称为**枕腹**（occipital belly），枕腹起自枕骨，额腹止于眉部皮肤。作用：枕腹可向后牵
拉帽状腱膜，额腹收缩时可提眉并使额部皮肤出现皱纹。额腹由眶上动脉和滑车上动脉供血，
面神经的颞支支配其运动；枕腹由枕动脉供血，面神经的耳后支支配其运动。

2. **眼轮匝肌（orbicularis oculi）**　位于睑裂周围，呈扁椭圆形，分眶部、睑部、泪囊部。睑部
肌束可眨眼，与眶部肌束共同收缩使睑裂闭合。泪囊部肌束可扩大泪囊，使囊内产生负压，以利

泪液的引流(图7-3)。由眼周的血管供血,包括眶上动脉、滑车上动脉、眶下动脉和内眦动脉等;由面神经的颞支和颧支支配。

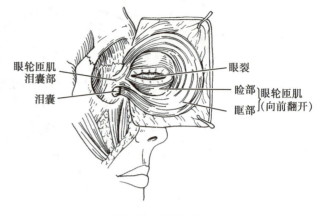

图7-3 眼轮匝肌

3. **口周围肌**   人类口周围肌在结构上高度分化,形成复杂的肌群,包括辐射状肌和环形肌。辐射状肌分别位于口唇的上、下方,能提上唇、降下唇或拉口角向上、向下或向外。在面颊深部有一对**颊肌**(buccinator),此肌紧贴口腔侧壁,可以外拉口角,并使唇、颊紧贴牙齿,帮助咀嚼和吸吮,与口轮匝肌共同作用,能做吹口哨的动作,故又叫吹奏肌。环绕口裂的环形肌称**口轮匝肌**(orbicularis oris),收缩时关闭口裂,并使上、下唇与牙贴紧。口周围肌的血供主要来自面动脉和眶下动脉;由面神经的颧支、颊支、下颌缘支支配。

4. **鼻肌**   不发达,为几块扁薄小肌,分布在鼻孔周围,有开大或缩小鼻孔的作用。

(二)咀嚼肌

咀嚼肌包括颞肌、咬肌、翼外肌和翼内肌,配布于颞下颌关节周围,参与完成咀嚼运动。

1. **颞肌**(temporalis)   起自颞窝,肌束如扇形向下汇聚,其前部肌束垂直走行,后部肌束斜向前下走行,汇合成肌腱后,通过颧弓的深面,止于下颌骨的冠突。收缩时使下颌骨上提并向后移动。

2. **咬肌**(masseter)   起自颧弓的下缘和内表面,肌纤维集中斜向后下走行,止于咬肌粗隆(图7-2)。收缩时上提下颌骨,有助于上、下颌牙齿的咬合。

3. **翼外肌**(lateral pterygoid)   在颞下窝内,起点有两个头,分别起自蝶骨大翼的下面和翼突的外侧面,肌束向后外止于下颌颈和颞下颌关节的关节盘等处(图7-4)。两侧翼外肌同时收缩时,拉颞下颌关节的关节盘连同下颌头向前至关节结节的下方,做张口动作,一侧翼外肌收缩时牵拉下颌骨移向对侧。

4. **翼内肌**(medial pterygoid)   起自翼突窝,肌束方向与咬肌相似,止于下颌角内侧面的翼肌粗隆。收缩时上提下颌骨,并使下颌骨向前移动。

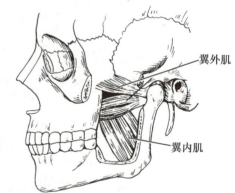

图7-4 翼内肌和翼外肌

由于闭口肌的力量大于张口肌的力量,所以下颌关节的自然姿势是闭口。当肌肉痉挛或下颌神经兴奋时,表现为牙关紧闭。

咀嚼运动是下颌骨的上提、下降、前进、后退、侧向运动的复合。在咀嚼时,咬肌、颞肌、翼内肌上提下颌,使上下颌磨牙互相咬合。张口运动一般是舌骨上肌群的作用,张大口时,翼外肌收缩,舌骨下肌群同时参与固定舌骨,协助舌骨上肌群的张口运动。下颌骨的前伸运动由两侧翼外肌和翼内肌共同作用,使下颌切牙移至上颌切牙之前。颞肌的后部肌束作用相反,使下颌骨后退。下颌骨的侧向运动是一侧翼外肌、翼内肌的协同作用,翼外肌牵拉颞下颌关节的关节盘及下颌头向前,翼内肌使下颌骨移向对侧,而对侧的下颌头在原位绕垂直轴轻度旋转。在两侧翼内、翼外肌交替作用下,形成下颌骨的两侧运动,即研磨运动。

咀嚼肌的血供主要来自上颌动脉;由三叉神经的第三支下颌神经发出的咀嚼肌神经支配。

二、颈肌

颈以斜方肌前缘为界分为前后两部分,前部为固有颈部,后部为项部。颈肌指固有颈部内的骨骼肌,依据肌所在层次和位置,可分为颈浅层肌、颈中层肌(包括颈外侧肌和颈前肌)、颈深层肌三群(表 7-2)。

表 7-2　颈肌

肌群名称		肌的名称	肌的起点	肌的止点	主要作用	支配神经
颈浅层肌		颈阔肌	胸大肌和三角肌表面的筋膜	口角、下颌骨下缘表面的皮肤	牵拉口角向下,并使颈部皮肤出现皱褶	面神经
颈中层肌	颈外侧肌	胸锁乳突肌	胸骨柄前面和锁骨的胸骨端	颞骨的乳突	一侧收缩使头向同侧倾斜,脸转向对侧;两侧收缩使头后仰	副神经
	颈前肌 舌骨上肌群	二腹肌	前腹:下颌骨二腹肌窝 后腹:乳突内侧	中间腱以滑车系于舌骨	舌骨固定时牵拉下颌骨向下,下颌骨固定,上提舌骨	前腹:三叉神经 后腹:面神经
		茎突舌骨肌	茎突	舌骨		面神经
		下颌舌骨肌	下颌骨	舌骨		三叉神经
		颏舌骨肌	颏棘	舌骨		第 1 颈神经前支
	舌骨下肌群	胸骨舌骨肌 肩胛舌骨肌 胸骨甲状肌 甲状舌骨肌	与名称一致		下降舌骨和喉	颈袢(第 1、2、3 颈神经)
颈深层肌 外侧群		前斜角肌 中斜角肌	颈椎横突	第 1 肋	肋骨固定,一侧收缩,颈侧屈,两侧收缩颈前屈。颈部固定,两侧收缩上提第 1、2 肋助深吸气	颈神经前支
		后斜角肌		第 2 肋		

(一)颈浅层肌

颈浅层肌只有一块肌,即颈阔肌。

颈阔肌(platysma)位于颈部浅筋膜中,属于皮肌,薄而宽阔,起自胸大肌和三角肌表面的筋膜,向上止于口角、下颌骨下缘表面的皮肤。收缩时牵拉口角向下,并使颈部皮肤出现皱褶(图7-5)。由面神经的颈支支配。

(二)颈中层肌

颈中层肌主要位于颈部深筋膜浅、中层之间,包括颈外侧肌和颈前肌。颈外侧肌为胸锁乳突肌,颈前肌包括舌骨上肌群和舌骨下肌群。

1. **胸锁乳突肌(sternocleidomastoid)**　位于颈部外侧,表面大部分被颈阔肌所覆盖,外观轮廓清晰,可作为颈部的体表标志。起自胸骨柄前面和锁骨的胸骨端,二头会合斜向后上方,止于颞骨的乳突。该肌主要作用是维持头的正常端正姿势以及参与头在水平方向进行左右旋转的运动。一侧肌收缩使头向同侧倾斜,脸转向对侧;两侧同时收缩可使头后仰(图7-5)。此肌受副神经支配。

Note

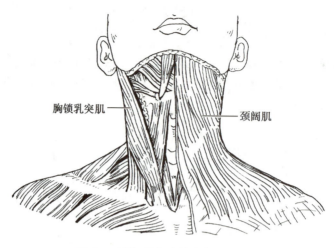

图 7-5　颈阔肌与胸锁乳突肌（前面）

2. **舌骨上肌群**　在舌骨与下颌骨之间，每侧 4 块肌（图 7-6、图 7-7）。

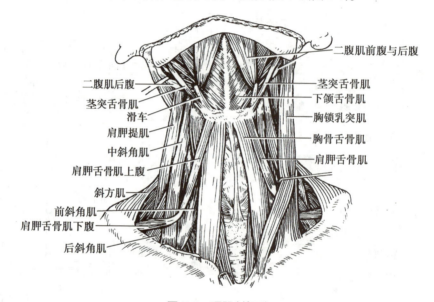

图 7-6　颈肌（前面）

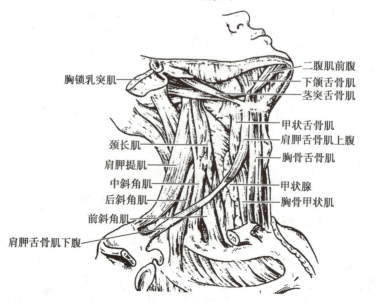

图 7-7　颈肌（侧面）

（1）二腹肌（digastric）：在下颌骨的下方，由前腹、中间腱、后腹构成。前腹起自下颌骨二腹肌窝，斜向后下方；后腹起自乳突内侧，斜向前下；两个肌腹借中间腱相连，中间腱借助筋膜形成的滑车系于舌骨。

（2）茎突舌骨肌（stylohyoid）：居二腹肌后腹浅面并与之伴行，起自茎突，止于舌骨。

（3）下颌舌骨肌（mylohyoid）：二腹肌前腹深部的三角形扁肌，起自下颌骨，止于舌骨，两侧下颌舌骨肌会合于正中线，组成口腔底（图7-8）。

（4）颏舌骨肌（geniohyoid）：在下颌舌骨肌深面，起自颏棘，止于舌骨。

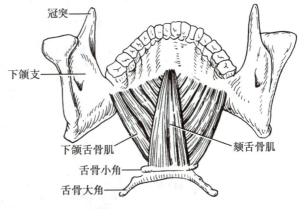

图7-8　口底部肌（后面）

舌骨上肌群的作用：舌骨固定时下颌舌骨肌、颏舌骨肌和二腹肌前腹牵拉下颌骨向下而张口。吞咽时下颌骨固定，舌骨上肌群上提舌骨，使舌升高，推挤食团入咽，并关闭咽峡。此肌群的血供主要来自舌动脉，由面神经、三叉神经等支配各肌运动（表7-2）。

3. **舌骨下肌群**　位于颈前部，在舌骨下方正中线的两侧，居喉、气管、甲状腺的前方，每侧有4块肌，分浅、深两层排列，各肌均根据起止点命名（图7-6、图7-7）。

（1）**胸骨舌骨肌**（sternohyoid）：为薄片带状肌，在颈部正中线的两侧。

（2）**肩胛舌骨肌**（omohyoid）：在胸骨舌骨肌的外侧，为细长带状肌，由上腹、中间腱、下腹构成，中间腱位于胸锁乳突肌下部深方。

（3）**胸骨甲状肌**（sternothyroid）：在胸骨舌骨肌深面。

（4）**甲状舌骨肌**（thyrohyoid）：在胸骨甲状肌的上方，亦被胸骨舌骨肌掩盖。

舌骨下肌群的作用：下降舌骨和喉，甲状舌骨肌在吞咽时可提喉使之靠近舌骨。此肌群由颈袢发出的分支支配。

（三）颈深层肌

颈深层肌包括内、外侧两群。

1. **内侧群**　在脊柱颈段的前方，有头长肌和颈长肌等，合称椎前肌。一侧椎前肌收缩使颈侧屈，两侧收缩使颈前屈、头前屈。

2. **外侧群**　位于脊柱颈段的两侧，包括**前斜角肌**（scalenus anterior）、**中斜角肌**（scalenus medius）和**后斜角肌**（scalenus posterior）。各肌均起自颈椎横突，其中前、中斜角肌止于第1肋，后斜角肌止于第2肋。前、中斜角肌与第1肋之间的空隙称为**斜角肌间隙**（scalene fissure），有锁骨下动脉和臂丛神经通过（图7-9）。前斜角肌肥厚或痉挛可压迫这些结构，产生相应症状，称前斜角肌综合征。一侧肌收缩，使颈侧屈，两侧肌收缩则可使颈前屈；颈部固定时，两侧肌同时收缩可上提第1、2肋助深吸气。血液供应主要来自肋颈干，由颈神经的前支的分支支配。

（四）颈部筋膜

颈部筋膜分为颈浅筋膜和颈深筋膜。颈阔肌即位于颈浅筋膜内，其他颈肌位于颈深筋膜内，颈深筋膜亦称**颈筋膜**（cervical fascia），又分为浅、中、深三层。

1. **颈筋膜浅层**　亦称**封套筋膜**（investing fascia），前方起于颈部正中线，向两侧包绕胸锁乳突肌和斜方肌，形成两肌的鞘，向后附着于颈椎的棘突。该筋膜向上分别包绕下颌下腺和腮腺，形成下颌下腺囊和腮腺囊。在舌骨下方、胸锁乳突肌的深面，包绕舌骨下肌群，形成舌骨下肌筋

Note

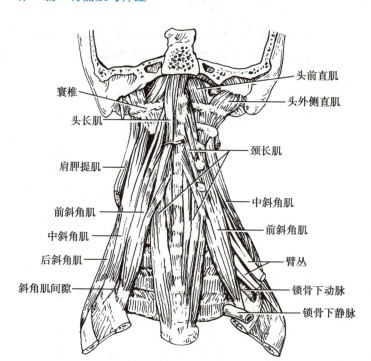

图 7-9　颈深层肌群

膜鞘,向下附于胸骨柄和锁骨。

2. **颈筋膜中层**　亦称**气管前筋膜**(pretracheal fascia)或内脏筋膜,较薄而疏松,在舌骨下肌群深面,包绕咽、喉、气管颈部、食管颈部、甲状腺等器官,并形成甲状腺鞘,即甲状腺假被膜。向两侧延伸,参与形成**颈动脉鞘**(carotid sheath)。

3. **颈筋膜深层**　亦称**椎前筋膜**(prevertebral fascia),覆盖在颈椎椎体、颈深层肌的前方,向下与胸内筋膜相续,两侧包被臂丛及锁骨下动脉,并向腋窝延伸形成**腋鞘**(axillary sheath)。

第二节　躯　干　肌

躯干肌可分为背肌、胸肌、膈、腹肌和会阴肌。

一、背肌

背肌分为背浅肌和背深肌两群(表 7-3)。

表 7-3　背肌

肌群名称	肌的名称	肌的起点	肌的止点	主要作用	支配神经
背浅肌	斜方肌	上项线、枕外隆凸、项韧带、第 7 颈椎棘突、全部胸椎的棘突	锁骨的外侧 1/3 部分、肩峰和肩胛冈	牵拉肩胛骨向脊柱靠拢,上部肌束上提肩胛骨,下部肌束使肩胛骨下降	副神经
	背阔肌	下 6 个胸椎的棘突、全部腰椎的棘突、骶正中嵴及髂嵴后部	肱骨小结节嵴	使肱骨内收、旋内和后伸	胸背神经
	肩胛提肌	上 4 个颈椎的横突	肩胛骨的上角	上提肩胛骨,使肩胛骨下角转向内	肩胛背神经
	菱形肌	第 6、7 颈椎和第 1~4 胸椎的棘突	肩胛骨的内侧缘	牵引肩胛骨向内上并向脊柱靠拢	

续表

肌群名称	肌的名称	肌的起点	肌的止点	主要作用	支配神经
背深肌	竖脊肌	骶骨背面和髂嵴的后部	椎骨和肋骨向上可到达颞骨乳突	一侧收缩使脊柱侧屈,两侧收缩使脊柱后伸和仰头	脊神经后支
	夹肌	项韧带下部、第7颈椎棘突和上部胸椎	颞骨乳突和第1~3颈椎横突	一侧收缩,使头转向同侧,两侧收缩,使头后仰	颈神经后支

(一) 背浅肌

背浅肌分为两层,均起自脊柱的不同部位,止于上肢带骨或自由上肢骨。第一层有斜方肌和背阔肌,第二层有肩胛提肌和菱形肌(图 7-10)。

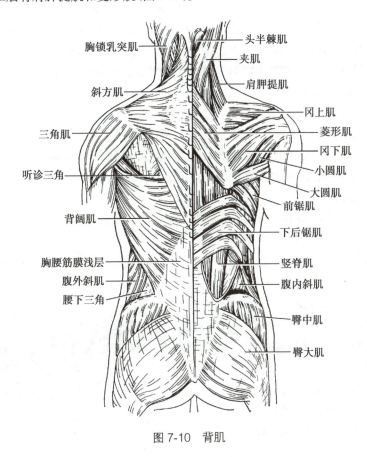

图 7-10　背肌

1. **斜方肌**(trapezius)　位于项部和背上部,是一块外形为三角形的扁肌,左右两侧合在一起呈斜方形,故而得名。该肌起自上项线、枕外隆凸、项韧带、第 7 颈椎棘突、全部胸椎的棘突,上部的肌束斜向外下方,中部的肌束平行向外,下部的肌束斜向外上方,止于锁骨的外侧 1/3 部分、肩峰和肩胛冈。收缩时牵拉肩胛骨向脊柱靠拢,上部肌束可上提肩胛骨,下部肌束使肩胛骨下降。如果肩胛骨固定,一侧肌收缩使颈向同侧屈、脸转向对侧,两侧同时收缩可使头后仰。该肌瘫痪时,产生"塌肩"。血液供应主要来自颈浅动脉和肩胛背动脉,还可来自枕动脉和肋间后动脉;受副神经支配。

2. **背阔肌**(latissimus dorsi)　是全身最大的扁肌,位于背的下半部及胸的后外侧,以腱膜起自下 6 个胸椎的棘突、全部腰椎的棘突、骶正中嵴及髂嵴后部等处,肌束向外上方集中,经肱骨的内侧至其前方,以扁腱止于肱骨小结节嵴。收缩时使肩关节内收、旋内和后伸。当上肢上举固定时,可引体向上。血液供应主要来自胸背动脉、肋间后动脉和腰动脉;由胸背神经支配。

临床上常利用背阔肌制作成肌皮瓣或肌瓣修复大面积缺损,或用于心肌成形术,此时不会

Note

对正常功能产生严重影响。

3. **肩胛提肌**（levator scapulae）　在项部两侧、斜方肌的深面,起自上 4 个颈椎的横突,止于肩胛骨的上角。上提肩胛骨,并使肩胛骨下角转向内,如肩胛骨固定,可使颈向同侧屈曲。血液供应主要来自枕动脉、肩胛背动脉;由肩胛背神经支配。

4. **菱形肌**（rhomboideus）　位于斜方肌的深面,为菱形的扁肌,起自第 6、7 颈椎和第 1~4 胸椎的棘突,纤维行向下外,止于肩胛骨的内侧缘。牵引肩胛骨向内上并向脊柱靠拢。血液供应主要来自肩胛背动脉;由肩胛背神经支配。

(二) 背深肌

背深肌排列在脊柱两侧,分为长肌和短肌。长肌位置较浅,主要有竖脊肌和夹肌;短肌位置较深,种类较多,有枕下肌、棘间肌、横突间肌、肋提肌等。它们都是从肌节演变而来,短肌仍保留明显的分节特征,长肌是肌节在不同程度上融合后形成的。背深部的长、短肌对维持人体直立姿势有重要作用,短肌与脊柱的韧带一起维持各椎骨之间的连接,使连接更加稳固(图 7-10)。

1. **竖脊肌**（骶棘肌）（erector spinae）　为背肌中最长的肌,纵列于躯干的背面、脊柱两侧的沟内,起自骶骨背面和髂嵴的后部,向上分出三群肌束,沿途止于椎骨和肋骨,向上可到达颞骨乳突。一侧收缩使脊柱侧屈,两侧收缩使脊柱后伸和仰头。

2. **夹肌**（splenius）　位于斜方肌、菱形肌的深面,起自项韧带下部、第 7 颈椎棘突和上部胸椎,走向外上,止于颞骨乳突和第 1~3 颈椎横突。一侧收缩,使头转向同侧,两侧收缩,使头后仰。

背深肌的血液供应主要来自枕动脉、肋间后动脉、腰动脉;由脊神经的后支支配。

(三) 背部深筋膜

胸腰筋膜（thoracolumbar fascia）包裹在竖脊肌和腰方肌的周围,在腰部筋膜明显增厚,可分为浅、中、深三层。浅层位于竖脊肌的后面,向内附于棘上韧带,外侧附于肋角,向下附于髂嵴,也是背阔肌的起始腱膜,白色而有光泽。中层分隔竖脊肌和腰方肌,中层和浅层在竖脊肌外侧会合,构成竖脊肌鞘。深层覆盖腰方肌的前面,三层筋膜在腰方肌外侧缘会合而成为腹内斜肌和腹横肌的起点(图 7-11)。由于腰部活动度大,在剧烈运动中,胸腰筋膜常可扭伤,为腰背肌劳损的病因之一。

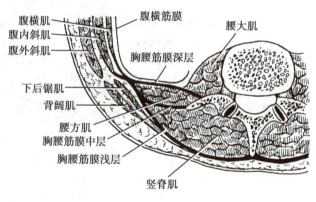

图 7-11　胸腰筋膜

二、胸肌

胸肌分两群,一群为胸上肢肌,位于胸壁的前面及侧面浅层,为扁肌,止于上肢带骨或肱骨;另一群为胸固有肌,参与胸壁的构成,具有节段性(表 7-4)。

表 7-4　胸肌

肌群名称	肌的名称	肌的起点	肌的止点	主要作用	支配神经
胸上肢肌	胸大肌	锁骨的内侧 2/3、胸骨和第 1~6 肋软骨	肱骨大结节嵴	使肩关节内收、旋内和前屈	胸外侧神经、胸内侧神经
	胸小肌	第 3~5 肋骨	肩胛骨的喙突	拉肩胛骨向前下方	胸内侧神经
	前锯肌	上 8 个或 9 个肋骨表面	肩胛骨内侧缘和下角	牵拉肩胛骨向前和紧贴胸廓,下部肌束助臂上举	胸长神经

续表

肌群名称	肌的名称	肌的起点	肌的止点	主要作用	支配神经
胸固有肌	肋间外肌	上位肋骨下缘	下位肋骨的上缘	提肋以助吸气	肋间神经
	肋间内肌	下位肋骨的上缘	上位肋骨的下缘	降肋助呼气	
	肋间最内肌	下位肋骨的上缘	上位肋骨的下缘	降肋助呼气	
	胸横肌	胸骨下部	第2~6肋的内面	拉肋骨向下,助呼气	

(一) 胸上肢肌

1. **胸大肌** (pectoralis major)　位于胸壁的前面上部,胸骨两侧,宽厚而呈扇形,起自锁骨的内侧2/3、胸骨和第1~6肋软骨等处,各部肌束聚集向外上,以扁腱止于肱骨大结节嵴(图7-12)。收缩时使肩关节内收、旋内和前屈。如上肢固定,可上提躯干,与背阔肌一起完成引体向上的动作,也可提肋助吸气。血液供应主要来自胸肩峰动脉、胸外侧动脉;由胸外侧神经和胸内侧神经支配。

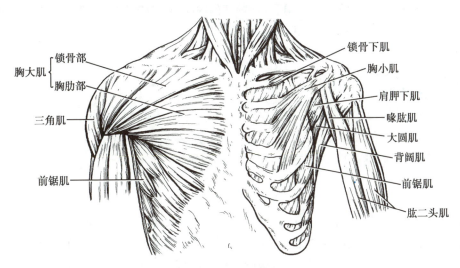

图 7-12　胸肌

2. **胸小肌** (pectoralis minor)　位于胸大肌深面,呈三角形,起自第3~5肋骨,肌束走向外上方,止于肩胛骨的喙突。收缩时拉肩胛骨向前下方。当肩胛骨固定时,可上提肋以助吸气。血液供应主要来自胸肩峰动脉、胸外侧动脉;主要由胸内侧神经支配。

3. **前锯肌** (serratus anterior)　贴于胸廓侧壁,是一宽大的扁肌,以肌齿方式起自上8个或9个肋骨表面,肌束斜向后上紧贴胸廓侧壁走行,经肩胛骨的前方,止于肩胛骨内侧缘和下角(图7-13)。收缩时牵拉肩胛骨向前和紧贴胸廓;下部肌束使肩胛骨下角旋外,助臂上举;当肩胛骨固定时,可上提肋骨助深吸气。血液供应主要来自胸外侧动脉、胸背动脉;由胸长神经

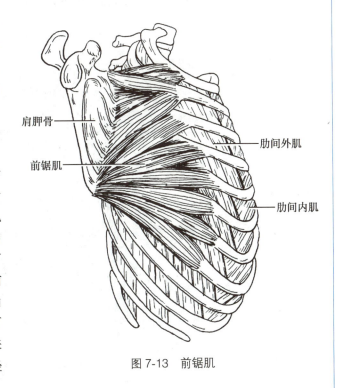

图 7-13　前锯肌

支配。若胸长神经损伤导致此肌瘫痪,则肩胛骨下角离开胸廓而突出于皮下,称为"翼状肩",此时不能完全上举臂或做向前推的动作。

(二)胸固有肌

1. **肋间外肌**(intercostales externi) 共 11 对,位于各肋间隙的浅层,起自上位肋骨下缘,肌束斜向前下,止于下位肋骨的上缘,其前部肌束仅达肋骨与肋软骨的结合处,在肋软骨间隙处,移行为一片结缔组织膜,称为**肋间外膜**(external intercostal membrane)(图 7-13)。有提肋的作用,扩大胸廓纵径及横径,以助吸气。

2. **肋间内肌**(intercostales interni) 位于肋间外肌的深面,起自下位肋骨的上缘,肌束斜向前上,止于上位肋骨的下缘。前部肌束达胸骨外侧缘,后部肌束只到肋角,自肋角向内移行为一片结缔组织膜,称为**肋间内膜**(internal intercostal membrane)。有降肋助呼气的作用。

3. **肋间最内肌**(intercostales intimi) 位于肋间隙中份,肋间内肌的深面,肌束起止、方向与肋间内肌相同。作用与肋间内肌相同。

4. **胸横肌**(transverses thoracis) 在胸前壁的内面,起自胸骨下部,肌束行向外上,止于第 2~6 肋的内面。有拉肋骨向下的作用,助呼气。

胸固有肌的血液供应主要来自胸廓内动脉和肋间后动脉,还来自胸上动脉、肋间最上动脉;由肋间神经发出的肌支支配。

(三)胸部深筋膜

胸部深筋膜分浅、深二层,浅层覆盖在胸大肌表面,较薄弱,深层在胸大肌深面,包裹胸小肌,并向上附于锁骨,在胸小肌和锁骨之间增厚的部分叫**锁胸筋膜**(clavipectoral fascia),有血管、神经穿过。胸壁内面有胸内筋膜覆盖于胸固有肌内表面。

三、膈

膈(diaphragm)是由颈部的肌节迁移至胸腹腔之间而形成的扁肌,向上膨隆呈穹窿状,周边为肌性部,中心为腱膜形成的**中心腱**(central tendon)。膈肌的肌束起自胸廓下口的周缘和腰椎前面,可分为四部:胸骨部起自剑突后面;两侧的肋部起自下 6 对肋骨和肋软骨;腰部以左、右两个膈脚起自上 2~3 个腰椎。各部肌纤维向中央移行于中心腱(图 7-14、图 7-15)。

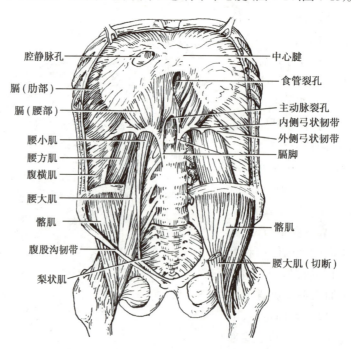

图 7-14 膈与腹后壁肌

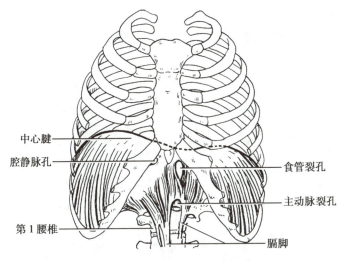

图 7-15　膈的位置

膈上有三个裂孔,是器官和结构穿膈进出胸腔、腹腔的部位。在第 12 胸椎体前方,左右两个膈脚与脊柱之间有**主动脉裂孔**(aortic hiatus),有主动脉和胸导管通过;主动脉裂孔的左前上方,约在第 10 胸椎水平,有**食管裂孔**(esophageal hiatus),有食管和迷走神经通过;在食管裂孔的右前上方的中心腱内有**腔静脉孔**(vena caval foramen),约在第 8 胸椎水平,有下腔静脉通过。

膈肌的起始部之间通常留有三角形小区,无肌纤维,仅覆以结缔组织,为薄弱区,其中胸骨部与肋部之间的叫**胸肋三角**(sternocostal triangle);肋部与腰部之间的叫**腰肋三角**(lumbocostal triangle),腹部脏器若经上述的三角区突入胸腔则称为膈疝。

膈为主要的呼吸肌,收缩时,膈穹隆下降,胸腔容积扩大,以助吸气;松弛时,膈穹窿上升恢复原位,胸腔容积减小,以助呼气。膈与腹肌同时收缩,则能增加腹压,协助排便、呕吐、咳嗽、喷嚏及分娩等活动。

膈肌的血液供应主要来自膈上动脉和膈下动脉;由颈丛发出的膈神经支配。

四、腹肌

腹肌位于胸廓与骨盆之间,参与腹壁的组成,按位置可分为前外侧群、后群两部分(表 7-5)。

表 7-5　腹肌

肌群名称	肌的名称	肌的起点	肌的止点	主要作用	支配神经
前外侧群	腹外斜肌	下 8 个肋骨的外面	髂嵴前部、白线	增加腹压,使脊柱前屈、侧屈与旋转,降肋助呼气	肋间神经、髂腹下神经、髂腹股沟神经
	腹内斜肌	胸腰筋膜、髂嵴和腹股沟韧带的外侧 1/2	下位 3 个肋骨、白线		
	腹横肌	下 6 个肋软骨的内面、胸腰筋膜、髂嵴和腹股沟韧带的外侧 1/3	白线		
	腹直肌	耻骨联合和耻骨嵴	胸骨剑突和第 5~7 肋软骨的前面	增加腹压、使脊柱前屈	肋间神经
后群	腰方肌	髂嵴的后部	第 12 肋和第 1~4 腰椎横突	下降和固定第 12 肋,并使脊柱侧屈	腰神经前支
	腰大肌	腰椎椎体侧面和横突	股骨小转子	使髋关节前屈和旋外	腰丛分支

Note

(一) 前外侧群

前外侧群构成腹腔的前外侧壁,主要有腹外斜肌、腹内斜肌、腹横肌 3 块扁肌和呈带状的腹直肌(图 7-16)。

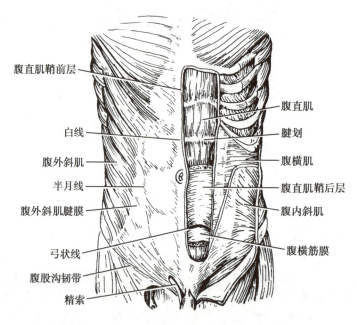

图 7-16 腹前外侧壁肌(前面)

1. **腹外斜肌**(obliquus externus abdominis) 为宽阔扁肌,位于腹前外侧部的浅层,以 8 个肌齿起自下 8 个肋骨的外面,与前锯肌、背阔肌的肌齿交错,肌束斜向前下,后部肌束向下止于髂嵴前部,其余肌束向前下移行为腱膜,经腹直肌前面,参与构成腹直肌鞘的前层,至腹正中线止于白线。腱膜的下缘卷曲增厚连于髂前上棘与耻骨结节之间,形成**腹股沟韧带**(inguinal ligament)。腹股沟韧带的内侧端有一小束腱膜纤维向下后方反折至耻骨梳,称**腔隙韧带**(lacunar ligament),又称**陷窝韧带**。腔隙韧带延伸并附于耻骨梳的部分称**耻骨梳韧带**(pectineal ligament),即 Cooper 韧带。腹股沟韧带和耻骨梳韧带都是腹股沟疝修补术时用来加强腹股沟管壁的重要结构。在耻骨结节外上方,腹外斜肌腱膜形成的三角形裂孔,称为**腹股沟管浅环**(superficial inguinal ring),又称**腹股沟管皮下环**。

2. **腹内斜肌**(obliquus internus abdominis) 位于腹外斜肌深面,起始于胸腰筋膜、髂嵴和腹股沟韧带的外侧 1/2,肌束呈扇形,后部肌束几乎垂直上行,最终止于下位 3 个肋骨;大部分肌束走向前上方并延续为腱膜,此腱膜在腹直肌外侧缘分为前、后两层并且包裹腹直肌,参与构成腹直肌鞘的前层及后层,终于白线;下部肌束起于腹股沟韧带,行向前下,越过精索前面,延为腱膜,与腹横肌的腱膜会合形成**腹股沟镰**(inguinal falx)或称**联合腱**(conjoint tendon),止于耻骨梳的内侧端及耻骨结节附近(图 7-17)。腹内斜肌的最下部发出一些细散的肌束与腹横肌的一些细散的肌束一起,包绕精索、睾丸和阴囊,形成**提睾肌**,收缩时可上提睾丸。

3. **腹横肌**(transversus abdominis) 位于腹内斜肌深面,起自下 6 个肋软骨的内面、胸腰筋膜、髂嵴和腹股沟韧带的外侧 1/3,肌束横行向前并延续为腱膜,参与组成腹直肌鞘后层,经过腹直肌后面,止于白线。腹横肌最下部的肌束和腱膜下缘的内侧部分分别参与构成提睾肌和腹股沟镰。

4. **腹直肌**(rectus abdominis) 是一带状肌,位于腹前壁正中线的两侧,起自耻骨联合和耻骨嵴,肌束向上止于胸骨剑突和第 5~7 肋软骨的前面。腹直肌全长被 3~4 条横行的**腱划**(tendinous intersection)分成多个肌腹,腱划与腹直肌鞘的前层结合紧密,为肌节愈合的痕迹,腹直肌后面的

Note

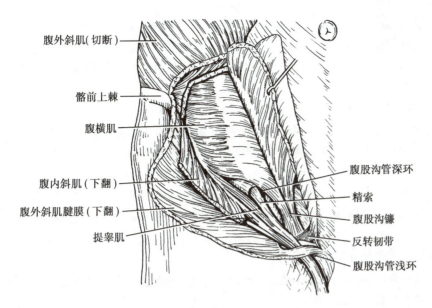

腹外斜肌(切断)

髂前上棘

腹横肌

腹内斜肌(下翻)

腹外斜肌腱膜(下翻)

提睾肌

腹股沟管深环

精索

腹股沟镰

反转韧带

腹股沟管浅环

图 7-17　腹前外侧壁肌(右下部)

腱划不明显,不与腹直肌鞘的后层愈合,因此腹直肌的后面是游离的。

前外侧群肌参与组成腹壁,保护腹腔脏器,维持腹内压。若这些肌张力减弱,可致腹腔脏器下垂。前外侧群肌收缩时,可增加腹内压以完成排便、分娩、呕吐和咳嗽等生理功能;能使脊柱前屈、侧屈与旋转,还可降肋助呼气。

三块扁肌的血液供应主要来自肋间后动脉、肋下动脉、腰动脉、腹壁浅动脉和旋髂浅动脉;由肋间神经、肋下神经、髂腹下神经和髂腹股沟神经支配。腹直肌的血液供应主要来自肋间后动脉、肋下动脉、腹壁上动脉和腹壁下动脉;由肋间神经、肋下神经的分支支配。

5. 腹直肌鞘(sheath of rectus abdominis)　包绕腹直肌,由腹外侧壁三块扁肌的腱膜形成。此鞘分前、后两层,前层由腹外斜肌腱膜与腹内斜肌腱膜的前层构成;后层由腹内斜肌腱膜的后层与腹横肌腱膜构成。在脐以下 4~5cm 处,三块扁肌的腱膜全部转到腹直肌的前面构成腹直肌鞘的前层,使后层缺如,因此腹直肌鞘后层的下缘游离,形成一凸向上方的弧形界线称**弓状线**(arcuate line)或**半环线**,此线以下腹直肌后面与腹横筋膜直接相贴(图 7-18)。

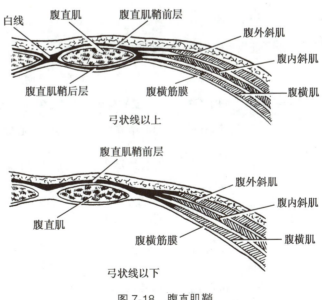

白线　腹直肌　腹直肌鞘前层

腹外斜肌

腹内斜肌

腹直肌鞘后层　腹横筋膜　腹横肌

弓状线以上

腹直肌鞘前层

腹外斜肌

腹内斜肌

腹直肌　腹横筋膜　腹横肌

弓状线以下

图 7-18　腹直肌鞘

6. 白线(linea alba)　位于腹前壁正中线上,为左右腹直肌鞘之间的腱性结构,由两侧三层扁肌腱膜的纤维交织而成,上方起自剑突,下方止于耻骨联合。白线坚韧而缺少血管,上部较宽,约 1cm,自脐以下变窄成线状。约在白线的中点有疏松的瘢痕组织区即脐环,为胚胎脐带附着处,为腹壁的一个薄弱点,若腹腔脏器由此处膨出,称为脐疝。

(二)后群

后群有腰大肌和腰方肌,腰大肌将在下肢中叙述。

Note

　　腰方肌（quadratus lumborum）　位于腹后壁,在脊柱两侧,其内侧有腰大肌,其后方有竖脊肌,前后面被胸腰筋膜的深层和中层覆盖。该肌起自髂嵴的后部,向上止于第12肋和第1~4腰椎横突(图7-11、图7-14)。有下降和固定第12肋、并使脊柱侧屈的作用。血液供应主要来自腰动脉,由腰神经前支支配。

(三)腹股沟管

　　腹股沟管（inguinal canal）　为腹前外侧壁三块扁肌的肌和腱之间的裂隙,有男性的精索或女性的子宫圆韧带所通。位于腹前外侧壁的下部,在腹股沟韧带内侧半的上方,由外上斜向内下,长约4.5cm。此管有两口四壁:管的内口称**腹股沟管深环**（deep inguinal ring）或腹环,在腹股沟韧带中点上方约1.5cm处,为腹横筋膜向外突出形成的卵圆形孔;管的外口即**腹股沟管浅环**或皮下环;前壁是腹外斜肌腱膜和腹内斜肌;后壁是腹横筋膜和腹股沟镰;上壁为腹内斜肌和腹横肌的弓状下缘;下壁为腹股沟韧带。

(四)腹股沟(海氏)三角

　　腹股沟三角（inguinal triangle）　亦称海氏三角,位于腹前壁下部,是由腹直肌外侧缘、腹股沟韧带和腹壁下动脉围成的三角区。

　　腹股沟管和腹股沟三角都是腹壁下部的薄弱区。在病理情况下,如腹膜形成的鞘突未闭合,或腹壁肌肉薄弱、长期腹内压增高等,可致腹腔内容物由此区突出形成疝。若腹腔内容物经腹股沟管深环进入腹股沟管,再经腹股沟管浅环突出,下降入阴囊,构成腹股沟斜疝;若腹腔内容物不经腹股沟管深环,而从腹股沟三角处膨出,则为腹股沟直疝。

　　腹股沟疝的修补术除了要将疝囊高位结扎切除外,尚需重建腹股沟管,加强腹股沟管后壁,缩小腹股沟管深环,使之仅容许精索(女性为子宫圆韧带)通过。术中需注意保护髂腹下神经及髂腹股沟神经,前者在髂前上棘前方约2.5cm处穿过腹内斜肌,在腹外斜肌腱膜深面,于腹股沟管浅环上方浅出;后者行于前者下方,经精索浅面,穿腹股沟管浅环而出。二者支配该区深层两块肌,在术中如损伤髂腹下神经与髂腹股沟神经,可导致疝复发。

五、会阴肌

　　会阴肌分为尿生殖区的肌和肛区的肌(表7-6)。

表7-6　会阴肌

肌群名称	肌的名称	肌的起点	肌的止点	主要作用	支配神经
尿生殖区的肌	会阴浅横肌	坐骨结节	会阴中心腱	固定会阴中心腱	会阴神经
	坐骨海绵体肌	坐骨结节	阴茎脚下面	参与阴茎勃起	
	球海绵体肌	会阴中心腱、尿道球下面的中缝	阴茎背面的筋膜	协助排尿和射精,参与阴茎勃起	
	会阴深横肌	坐骨支	坐骨支、会阴中心腱	稳定会阴中心腱	
	尿道括约肌	环形围绕尿道膜部		缩紧尿道,控制排尿	
肛区的肌	肛门括约肌	环绕在肛门周围		控制排便	肛神经
	肛提肌	耻骨后面、坐骨棘及肛提肌腱弓	会阴中心腱、肛尾韧带和尾骨	增加腹压,协助排便、分娩等,承托盆腔器官	会阴神经
	尾骨肌	坐骨棘	尾骨和骶骨两侧缘	协助肛提肌封闭骨盆下口	

Note

（一）尿生殖区的肌

尿生殖区的肌分为浅层和深层,浅层肌包括会阴浅横肌、坐骨海绵体肌、球海绵体肌;深层包括会阴深横肌、尿道括约肌(尿道阴道括约肌)(图7-19、图7-20)。

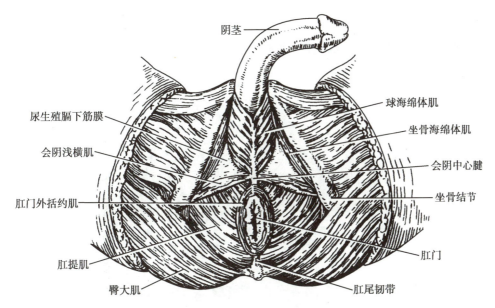

图 7-19　男会阴肌(浅层)

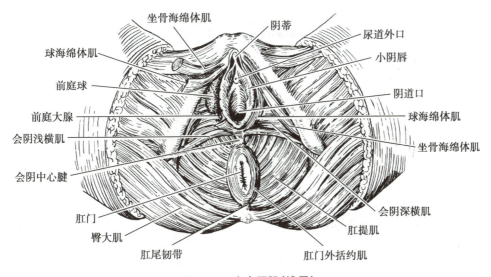

图 7-20　女会阴肌(浅层)

1. **会阴浅横肌**(superficial transverse muscle of perineum)　起自坐骨结节,止于会阴中心腱。有固定会阴中心腱的作用。

2. **球海绵体肌**(bulbocavernosus muscle)　起自会阴中心腱和尿道球下面的中缝,围绕尿道球和尿道海绵体后部侧面,止于阴茎背面的筋膜。收缩时可使尿道缩短变细,协助排尿和射精,参与阴茎勃起。女性此肌覆盖于前庭球表面,称为阴道括约肌,收缩时可缩小阴道口。

3. **坐骨海绵体肌**(ischiocavernosus)　覆盖在阴茎脚表面,起自坐骨结节,止于阴茎脚下面。收缩时压迫阴茎海绵体根部,阻止阴茎静脉血回流,参与阴茎勃起,又名阴茎勃起肌。女性此肌比较薄弱,覆盖在阴蒂脚表面,收缩时使阴蒂勃起,又称阴蒂勃起肌。

4. **会阴深横肌**(deep transverse muscle of perineum)　位于尿生殖膈上、下筋膜之间,肌束横行,张于两侧坐骨支之间,肌纤维在中线上互相交织,部分纤维止于会阴中心腱。收缩时可

Note

稳定会阴中心腱。

5. 尿道括约肌（sphincter of urethra）　位于尿生殖膈上、下筋膜之间，会阴深横肌的前方，肌束呈环形围绕尿道膜部。收缩时可缩紧尿道，控制排尿，是随意的尿道外括约肌。女性此肌还围绕阴道，称**尿道阴道括约肌**（urethrovagonal sphincter），收缩时可缩紧尿道和阴道。

（二）肛区的肌

肛区的肌有肛门括约肌、肛提肌和尾骨肌（图 7-21）。

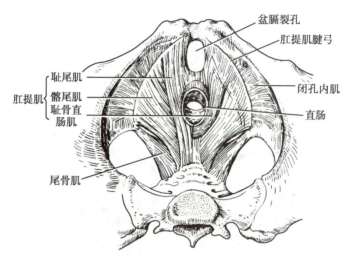

图 7-21　肛提肌和尾骨肌（上面观）

1. 肛门外括约肌（sphincter ani externus）　环绕在肛门周围，分为皮下部、浅部和深部。此肌受意识支配收缩和舒张，有较强的控制排便功能。

2. 肛提肌（levator ani）　是一对宽阔的扁肌，两侧肌会合呈漏斗状，尖向下，封闭骨盆下口的大部分。起自耻骨后面、坐骨棘及二者之间的肛提肌腱弓，肌纤维行向内下，止于会阴中心腱、肛尾韧带和尾骨。收缩时可以增加腹压，协助排便、分娩等活动，亦有承托盆腔器官的作用。

3. 尾骨肌（coccygeus）　位于肛提肌后方，起于坐骨棘，止于尾骨和骶骨两侧缘。具有协助肛提肌封闭骨盆下口等作用。

会阴肌的血液供应来自阴部内动脉的分支：肛动脉、会阴动脉、阴茎（蒂）动脉；肛门外括约肌受肛神经支配，会阴诸肌受会阴神经支配。

第三节　上　肢　肌

上肢肌分为上肢带肌、臂肌、前臂肌和手肌。

一、上肢带肌

上肢带肌配布于肩关节周围，均起自上肢带骨，止于肱骨（图 7-22、图 7-23），能运动肩关节并增强关节的稳固性（表 7-7）。

表 7-7　上肢带肌

肌群名称	肌的名称	肌的起点	肌的止点	主要作用	支配神经
浅层	三角肌	锁骨的外侧 1/3、肩峰和肩胛冈	肱骨体外侧的三角肌粗隆	外展肩关节，前部肌束使肩关节屈和旋内，后部肌束使其伸和旋外	腋神经

Note

续表

肌群名称	肌的名称	肌的起点	肌的止点	主要作用	支配神经
深层	冈上肌	肩胛骨的冈上窝	肱骨大结节的上部	使肩关节外展	肩胛上神经
	冈下肌	肩胛骨冈下窝	肱骨大结节的中部	使肩关节旋外	
	小圆肌	肩胛骨外侧缘背面	肱骨大结节的下部	使肩关节旋外	腋神经
	大圆肌	肩胛骨下角的背面	肱骨小结节嵴	使肩关节收和旋内	肩胛下神经
	肩胛下肌	肩胛下窝	肱骨小结节	使肩关节内收和旋内	

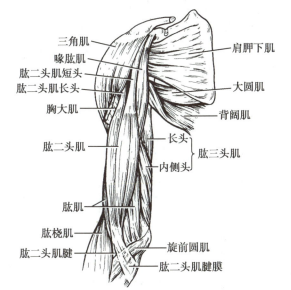

图 7-22　上肢带肌与臂肌前群

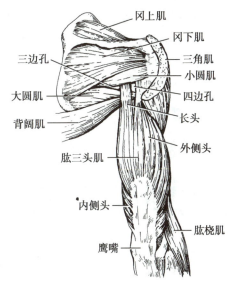

图 7-23　上肢带肌与臂肌后群

(一) 三角肌

三角肌(deltoid)　位于肩部,呈三角形。起自锁骨的外侧 1/3、肩峰和肩胛冈,与斜方肌的止点对应,肌束逐渐向外下方集中,止于肱骨体外侧的三角肌粗隆。收缩时外展肩关节,前部肌束可以使肩关节屈和旋内,后部肌束能使肩关节伸和旋外。血液供应主要来自旋肱前、后动脉,由腋神经支配。肱骨上端由于三角肌的覆盖,使肩部呈圆隆形,腋神经损伤时可致该肌瘫痪、萎缩,而肩峰显得相对突出,显露于皮下,使肩部出现方形。

(二) 冈上肌

冈上肌(supraspinatus)　位于肩胛骨冈上窝,斜方肌深面,起自冈上窝,肌束向外经肩峰和喙肩韧带的下方,跨越肩关节,止于肱骨大结节的上部。收缩时使肩关节外展。血液供应主要来自肩胛上动脉,由肩胛上神经支配。冈上肌腱与喙肩韧带、肩峰、三角肌之间有一较大的滑膜囊,即肩峰下囊,感染时外展肩关节常引起疼痛。冈上肌腱也是肩关节周围诸肌腱中最易断裂的肌腱之一。

(三) 冈下肌

冈下肌(infraspinatus)　位于肩胛骨冈下窝内,大部分被三角肌和斜方肌覆盖。起自肩胛骨冈下窝,肌束向外上走行,经肩关节后面,止于肱骨大结节的中部。收缩时使肩关节旋外。血液供应主要来自肩胛上动脉和肩胛背动脉,由肩胛上神经支配。

Note

(四) 小圆肌

小圆肌(teres minor)　位于冈下肌的下方,起自肩胛骨外侧缘背面,肌束走向外上方,止于肱骨大结节的下部。收缩时使肩关节旋外。血液供应主要来自肩胛上动脉、旋肩胛动脉、旋肱后动脉,由腋神经的分支支配。

(五) 大圆肌

大圆肌(teres major)　位于小圆肌的下方,其下缘后面被背阔肌遮盖。起自肩胛骨下角的背面,肌束走向上外方,经臂的内侧、肱三头肌长头的前面,止于肱骨小结节嵴。收缩时使肩关节收和旋内。血液供应主要来自旋肩胛动脉、胸背动脉,由肩胛下神经支配。

(六) 肩胛下肌

肩胛下肌(subscapularis)　呈三角形,起自肩胛下窝,肌束向上外走行,经肩关节的前方,止于肱骨小结节。肌腱与肩胛颈之间有一肩胛下肌腱下囊,与肩关节腔相通。收缩时使肩关节内收和旋内。血液供应主要来自肩胛背动脉、旋肩胛动脉,由肩胛下神经支配。

肩胛下肌、冈上肌、冈下肌、小圆肌肌腱分别经过肩关节囊的前方、上方、后方,且肌腱纤维与关节囊纤维相互交织,共同形成"**肌腱袖**"(muscle tendinous stuff),加强了肩关节的稳定性。这些肌收缩时,可保持肱骨头与关节盂紧密接触,间接加固了肩关节。此外,三角肌也有保持肩关节稳定的作用。

二、臂肌

臂肌覆盖肱骨,分为前、后两群(表7-8)。

表7-8　臂肌

肌群名称	肌的名称	肌的起点		肌的止点	主要作用	支配神经
前群	肱二头肌	长头:肩胛骨盂上结节 短头:肩胛骨喙突		桡骨粗隆	屈肘关节、协助屈肩关节	肌皮神经
	喙肱肌	肩胛骨喙突		肱骨中部的内侧	前屈和内收肩关节	
	肱肌	肱骨体下半的前面		尺骨粗隆	屈肘关节	
后群	肱三头肌	长头:肩胛骨盂下结节 外侧头:桡神经沟外上方骨面 内侧头:桡神经沟内下方骨面		尺骨鹰嘴	伸肘关节、长头可后伸和内收肩关节	桡神经

(一) 前群

前群包括浅层的肱二头肌和深层的肱肌和喙肱肌(图7-22)。

1. 肱二头肌 (biceps brachii)　呈梭形,起始端有长、短二个头,长头以长腱起自肩胛骨盂上结节,通过肩关节囊,经结节间沟下降;短头在内侧,起自肩胛骨喙突。两头在臂的上部合并成一个肌腹,向下移行为肌腱,止于桡骨粗隆。收缩时屈肘关节;当前臂在旋前位时,能使其旋后。此外还能协助屈肩关节。血液供应主要来自肱动脉,由肌皮神经支配。

2. 喙肱肌 (coracobrachialis)　在肱二头肌短头的后内方,起自肩胛骨喙突,止于肱骨中部的内侧。有前屈和内收肩关节的作用。血液供应主要来自肱动脉,由肌皮神经支配。

3. 肱肌 (brachialis)　位于肱二头肌的深面,起自肱骨体下半的前面,止于尺骨粗隆。有屈肘关节的作用。血液供应主要来自肱动脉和肱深动脉,由肌皮神经支配。

(二) 后群

肱三头肌(triceps brachii)　起始端有三个头,长头以长腱起自肩胛骨盂下结节,向下行经大、小圆肌之间;外侧头与内侧头分别起自肱骨后面桡神经沟的外上方和内下方的骨面,三个头向

下以一坚韧的肌腱止于尺骨鹰嘴(图 7-23)。收缩时伸肘关节,长头还可后伸和内收肩关节。血液供应主要来自肱深动脉,由桡神经支配。

三、前臂肌

前臂肌位于尺、桡骨的周围,分为前、后两群(表 7-9),主要运动腕关节、指骨间关节。除了屈、伸肌外,还配布有旋肌,这对于手的灵活运动有重要意义。前臂肌大多数是长肌,肌腹位于近侧,细长的腱位于远侧,所以前臂的上半部膨隆,下半部逐渐变细。

表 7-9　前臂肌

肌群名称		肌的名称	肌的起点	肌的止点	主要作用	支配神经
前群	第一层	肱桡肌	肱骨外上髁	桡骨茎突	屈肘关节	桡神经
		旋前圆肌	肱骨内上髁以及前臂深筋膜	桡骨外侧面的中部	使前臂旋前、屈肘关节	正中神经
		桡侧腕屈肌		第2掌骨底	屈肘、屈腕和使腕外展	
		掌长肌		掌腱膜	屈腕和紧张掌腱膜	
		尺侧腕屈肌		豌豆骨	屈腕和内收腕	尺神经
	第二层	指浅屈肌	肱骨内上髁、尺骨和桡骨前面	第2~5指中节指骨体的两侧	屈第2~5指近侧指骨间关节和掌指关节、屈腕和肘关节	正中神经
	第三层	拇长屈肌	桡骨前面和前臂骨间膜	拇指远节指骨底	屈拇指指骨间关节和掌指关节	正中神经
		指深屈肌	尺骨的前面和前臂骨间膜	第2~5指远节指骨底	屈第2~5指指骨间关节和掌指关节、屈腕关节	正中神经 尺神经
	第四层	旋前方肌	尺骨远端的前面	桡骨远端的前面	使前臂旋前	正中神经
后群	浅层	桡侧腕长伸肌	肱骨外上髁以及邻近的深筋膜	第2掌骨底	伸和外展腕关节	桡神经
		桡侧腕短伸肌		第3掌骨底		
		指伸肌		第2~5指中节和远节指骨底	伸指和伸腕	
		小指伸肌		小指中节和远节指骨底	伸小指	
		尺侧腕伸肌		第5掌骨底	伸和内收腕关节	
	深群	旋后肌	尺骨近侧	桡骨上1/3的前面	使前臂旋后	
		拇长展肌	桡、尺骨和骨间膜的背面	第1掌骨底	与名称一致	
		拇短伸肌		拇指近节指骨底		
		拇长伸肌		拇指远节指骨底		
		示指伸肌		示指的指背腱膜		

(一) 前群

前群共 9 块肌,分四层排列(图 7-24)。

1. 第一层(浅层)　有 5 块肌,自桡侧向尺侧依次为:

(1) **肱桡肌**(brachioradialis):起自肱骨外上髁的上方,向下止于桡骨茎突,作用为屈肘关节。

其他 4 块肌共同以**屈肌总腱**(common flexor tendon)起自肱骨内上髁以及前臂深筋膜。

Note

（2）**旋前圆肌**（pronator teres）：止于桡骨外侧面的中部，作用为使前臂旋前、屈肘关节。

（3）**桡侧腕屈肌**（flexor carpi radialis）：以长腱止于第2掌骨底，作用为屈肘、屈腕和使腕外展。

（4）**掌长肌**（palmaris longus）：肌腹很小而腱细长，连于掌腱膜，作用为屈腕和紧张掌腱膜。

（5）**尺侧腕屈肌**（flexor carpi ulnaris）：止于豌豆骨，作用为屈腕和使腕内收。

肱桡肌位置表浅，有较恒定的血供和神经支配，易于寻找，切除后不影响前臂功能，因此为良好的肌瓣及肌皮瓣移植供体。

2. **第二层**   只有1块肌，即**指浅屈肌**（flexor digitorum superficialis）。肌的上端被浅层肌所覆盖，起自肱骨内上髁、尺骨和桡骨前面，肌束往下移行为四条肌腱，通过腕管和手掌，分别进入第2~5指的屈肌腱鞘，每一个肌腱末端分为二脚，止于中节指骨体的两侧（图7-24）。作用为屈第2~5指的近侧指骨间关节、掌指关节和屈腕关节。

3. **第三层**   有2块肌（图7-25）。

（1）**拇长屈肌**（flexor pollicis longus）：位于外侧半，起自桡骨前面和前臂骨间膜，以长腱通过腕管和手掌，止于拇指远节指骨底。作用为屈拇指指骨间关节和掌指关节。

（2）**指深屈肌**（flexor digitorum profundus）：位于内侧半，起自尺骨的前面和前臂骨间膜，向下分成四条肌腱，经腕管入手掌，在指浅屈肌腱的深面分别进入第2~5指的屈肌腱鞘，在鞘内穿经指浅屈肌腱二脚之间，止于远节指骨底。作用为屈第2~5指的远侧指骨间关节、近侧指骨间关节、掌指关节和屈腕关节。

4. **第四层**   有一块肌，即**旋前方肌**（pronator quadratus），是方形的小肌，贴在桡、尺骨远端的前面，起自尺骨，止于桡骨（图7-25）。作用为使前臂旋前。

前群肌的血液供应主要与肌的部位有关，外侧的来自桡动脉，内侧的来自尺动脉，中间深部的来自骨间前动脉。肱桡肌由桡神经支配，尺侧腕屈肌、指深屈肌尺侧半由尺神经支配，其余的肌由正中神经支配。

（二）后群

共有10块肌，分为浅、深两层排列（图7-26、图7-27）。

1. **浅层**   有5块肌，以一个共同的腱即**伸肌总腱**（common extensor tendon），起自肱骨外上髁以及邻近的深筋膜，自桡侧向尺侧依次为：

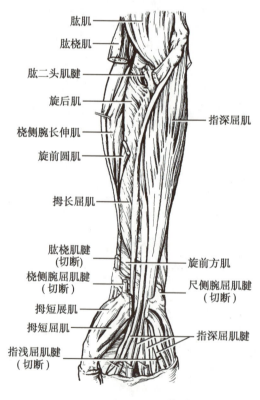

图7-24   前臂肌前群（浅层）

图7-25   前臂肌前群（深层）

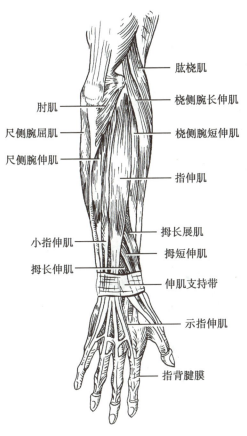

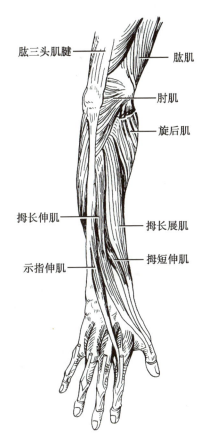

图 7-26　前臂肌后群（浅层）　　　　　　图 7-27　前臂肌后群（深层）

（1）**桡侧腕长伸肌**（extensor carpi radialis longus）：向下走行，其长腱至手背，止于第 2 掌骨底。主要作用为伸腕，还可使腕外展。

（2）**桡侧腕短伸肌**（extensor carpi radialis brevis）：在桡侧腕长伸肌的后内侧，止于第 3 掌骨底。作用为伸腕、使腕外展。

（3）**指伸肌**（extensor digitorum）：肌腹向下移行为四条肌腱，经手背，分别到 2~5 指。在手背远侧部，掌骨头附近，四条腱之间有腱间结合相连，各腱到达指背时向两侧扩展为扁的腱膜，称**指背腱膜**（extensor expansion），止于中节和远节指骨底。作用为伸指和伸腕。

（4）**小指伸肌**（extensor digiti minimi）：是一条细长的肌，附于指伸肌内侧，肌腱移行为指背腱膜，止于小指中节和远节指骨底。作用为伸小指。

（5）**尺侧腕伸肌**（extensor carpi ulnaris）：止于第 5 掌骨底，作用为伸腕，使腕内收。

2. 深层　也有 5 块肌，从上外向下内依次为：

（1）**旋后肌**（supinator）：位置较深，起自尺骨近侧，肌纤维斜向下外并向前包绕桡骨，止于桡骨上 1/3 的前面。作用为使前臂旋后。

其余 4 肌皆起自桡、尺骨和骨间膜的背面。

（2）**拇长展肌**（abductor pollicis longus）：止于第 1 掌骨底。

（3）**拇短伸肌**（extensor pollicis brevis）：止于拇指近节指骨底。

（4）**拇长伸肌**（extensor p11icis longus）：止于拇指远节指骨底。

（5）**示指伸肌**（extensor indicis）：止于示指的指背腱膜。以上各肌的作用同其名。

后群肌的血液供应与肌的部位有关，外侧的来自桡动脉，内侧的来自尺动脉，中间深部的来自骨间后动脉。后群肌由桡神经支配，桡侧腕长、短伸肌和旋后肌由桡神经浅支支配，其余肌由桡神经深支支配。

四、手肌

手的固有肌位于手的掌侧,是一些短小的肌肉,其作用为运动手指。人类手指灵巧,除可做屈、伸、收、展等运动外,拇指还有重要的对掌功能。手肌分为外侧、中间和内侧三群(图 7-28、表 7-10)。

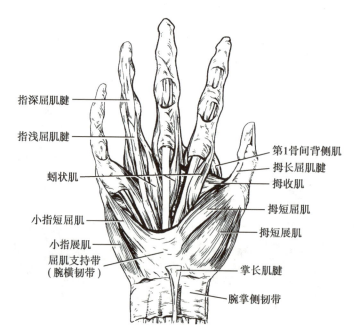

指深屈肌腱
指浅屈肌腱
蚓状肌
小指短屈肌
小指展肌
屈肌支持带
(腕横韧带)

第1骨间背侧肌
拇长屈肌腱
拇收肌
拇短屈肌
拇短展肌
掌长肌腱
腕掌侧韧带

图 7-28　手肌(浅层)

表 7-10　手肌

肌群名称	肌的名称	肌的起点	肌的止点	主要作用	支配神经
外侧群	拇短展肌	屈肌支持带、手舟骨	拇指近节指骨底	与名称一致	正中神经
	拇短屈肌	屈肌支持带、大多角骨			
	拇对掌肌		第1掌骨		
	拇收肌	屈肌支持带、头状骨、第3掌骨	拇指近节指骨		尺神经
内侧群	小指展肌	屈肌支持带、豌豆骨	小指近节指骨底	与名称一致	
	小指短屈肌	屈肌支持带、钩骨			
	小指对掌肌		第5掌骨内侧		
中间群	蚓状肌	指深屈肌腱桡侧	第2~5指的指背腱膜	屈掌指关节、伸指骨间关节	正中神经 尺神经
	骨间掌侧肌	第2掌骨尺侧面和第4、5掌骨桡侧面	第2~5指的指背腱膜	内收第2、4、5指,屈第2、4、5指掌指关节及伸指骨间关节	尺神经
	骨间背侧肌	第1~5掌骨相邻骨面	第2~4指的指背腱膜	外展第2、4指,屈第2、4、5指掌指关节及伸指骨间关节	

(一) 外侧群

外侧群比较发达,在手掌拇指侧形成一隆起,称**鱼际**(thenar),包括 4 块肌,分浅、深两层排列。

Note

1. **拇短展肌**（abductor pllicis brevis）　位于浅层外侧。

2. **拇短屈肌**（flexor pollicis brevis）　位于浅层内侧。

3. **拇对掌肌**（opponens pollicis）　位于拇短展肌的深面。

4. **拇收肌**（adductor pollicis）　位于拇对掌肌的内侧。

上述 4 肌可使拇指作展、屈、对掌和收等动作。血液供应主要来自桡动脉。拇收肌由尺神经支配，其余肌由正中神经支配。

（二）内侧群

在手掌小指侧亦形成一隆起，称**小鱼际**（hypothenar），包括 3 块肌，也分浅、深两层排列。

1. **小指展肌**（abductor digiti minimi）　位于浅层内侧。

2. **小指短屈肌**（flexor digiti minimi brevis）　位于浅层外侧。

3. **小指对掌肌**（opponens digiti minimi）　位于上述两肌深面。

上述 3 肌分别使小指作外展、屈和对掌等动作。血液供应主要来自尺动脉；由尺神经支配。

（三）中间群

位于掌心，包括蚓状肌和骨间肌。

1. **蚓状肌**（lumbricales）　为 4 条细束状小肌，起自指深屈肌腱桡侧，经掌指关节桡侧至第 2~5 指的背面，止于指背腱膜（图 7-28、图 7-29）。可屈掌指关节、伸指骨间关节。

2. **骨间掌侧肌**（palmar interossei）　有 3 块，位于 2~5 掌骨间隙内，表面有蚓状肌覆盖，起自第 2 掌骨尺侧面和第 4、5 掌骨桡侧面，分别经第 2 指的尺侧，第 4~5 指的桡侧，止于第 2、4、5 指的指背腱膜（图 7-29、图 7-30）。作用为使第 2、4、5 指向中指靠拢（内收）。

3. **骨间背侧肌**（dorsal interossei）　为 4 块，位于 4 个掌骨间隙的背侧，各有两头起自相邻掌骨骨面，经第 2 掌指关节桡侧、第 3 掌指关节桡侧和尺侧、第 4 掌指关节尺侧，止于第 2、3、4 指的指背腱膜。作用为固定中指，使第 2、4 指远离中指（外展）。

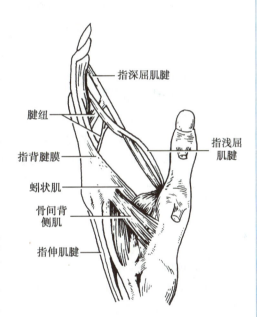

图 7-29　指屈肌腱和指背腱膜

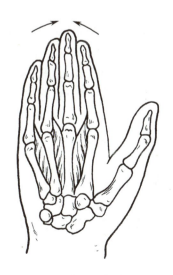

骨间掌侧肌作用示意图

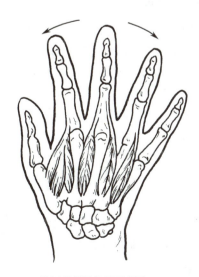

骨间背侧肌作用示意图

图 7-30　骨间肌

骨间掌侧肌和骨间背侧肌还可协同蚓状肌屈掌指关节、伸指骨间关节。

中间群肌的血液供应主要来自指掌侧总动脉和掌心动脉。第1、2蚓状肌由正中神经支配，其余肌由尺神经支配。

来自前臂的长肌(外部肌)完成手和手指的用力运动，而手的内部肌主要完成手的技巧性精细动作。长肌、短肌共同作用，使手能执行一系列的重要功能，如抓、捏、握持、夹、提等。

五、上肢的局部记载

(一) 腋窝

腋窝(axillary fossa)为位于臂上部内侧和胸外侧壁之间的锥形腔隙，有顶、底和前、后、内侧及外侧四个壁。前壁为胸大肌、胸小肌、锁骨下肌、锁胸筋膜；后壁为肩胛下肌、大圆肌、背阔肌和肩胛骨；内侧壁为上部胸壁和前锯肌；外侧壁为喙肱肌、肱二头肌短头和肱骨。顶即上口，由锁骨、肩胛骨的上缘和第1肋围成的三角形间隙，由颈部通向上肢的腋动、静脉和臂丛等结构经此口进入腋窝。底由皮肤、浅筋膜和腋筋膜构成。其内容物有腋动脉及分支、腋静脉及属支、臂丛锁骨下分支、腋淋巴结、脂肪等。

(二) 三角胸肌间沟

三角胸肌间沟(deltopectoral groove)为三角肌与胸大肌之间的裂隙，有头静脉经过。

(三) 三边孔和四边孔

三边孔(trilateral foramen)和**四边孔**(quadrilateral foramen)是肱三头肌长头在小圆肌前方和大圆肌后方穿过，在腋窝后壁形成的两个间隙。肱三头肌长头内侧的间隙为三边孔，有旋肩胛血管通过；外侧的间隙称四边孔，有旋肱后血管及腋神经通过。

(四) 肘窝

肘窝(cubital fossa)位于肘关节前面，为三角形凹陷。上界为肱骨内、外上髁之间的连线，外侧界为肱桡肌，内侧界为旋前圆肌。窝内主要结构自外向内有肱二头肌腱、肱动脉及分支、正中神经。

(五) 腕管

腕管(carpal canal)位于腕掌侧，由屈肌支持带(即腕横韧带)和腕骨沟围成。管内有指浅、深屈肌腱、拇长屈肌腱和正中神经通过。

六、上肢深筋膜

上肢深筋膜根据其所在部位可分为肩胛筋膜、三角肌筋膜、臂筋膜、前臂筋膜和手筋膜等。臂筋膜呈鞘状包裹臂肌，并发出臂内侧肌间隔和臂外侧肌间隔附着于肱骨，分隔屈、伸两肌群。前臂筋膜坚韧，在腕部附近显著增厚形成腕掌侧韧带、屈肌支持带(腕横韧带)和伸肌支持带，具有约束肌腱、防止肌腱滑脱的作用。屈肌支持带位于腕掌侧韧带的远侧，横架于腕骨沟上构成腕管。手掌筋膜分为浅、深两层，浅层可分为三部分，两侧的鱼际和小鱼际筋膜较薄弱，中间部分厚而坚韧，称为**掌腱膜**(palmar aponeurosis)，与掌长肌腱相连。深层筋膜覆盖掌骨和骨间肌。

第四节　下　肢　肌

下肢肌可分为髋肌、大腿肌、小腿肌和足肌。下肢的功能主要是维持直立姿势、支持体重和行走，因此下肢肌比上肢肌粗壮有力。

一、髋肌

髋肌又称盆带肌，主要起自骨盆的内面和外面，跨过髋关节，止于股骨上部，主要运动髋关

节。按其所在的部位和作用,可分为前、后两群(表 7-11)。

表 7-11 髋肌(盆带肌)

肌群名称	肌的名称		肌的起点	肌的止点	主要作用	支配神经
前群	髂腰肌	腰大肌	腰椎椎体侧面和横突	股骨小转子	使髋关节前屈和旋外	腰丛分支
		髂肌	髂窝			
	阔筋膜张肌		髂前上棘	胫骨外侧髁	紧张阔筋膜并前屈髋关节	臀上神经
后群	臀大肌		髂骨翼外面和骶骨背面	髂胫束和股骨臀肌粗隆	使髋关节后伸和旋外	臀下神经
	臀中肌		髂骨翼外面	股骨大转子	外展髋关节,使髋关节旋内(前部肌束)和旋外(后部肌束)	臀上神经
	臀小肌					
	梨状肌		骶骨前面外侧		使髋关节外展和旋外	骶丛分支
	闭孔内肌		闭孔膜内面及其周围骨面	股骨转子窝	使髋关节旋外	
	股方肌		坐骨结节	转子间嵴		
	闭孔外肌		闭孔膜外面及其周围骨面	股骨转子窝		闭孔神经

(一) 前群

前群有 3 块肌。

1. 髂腰肌(iliopsoas) 由腰大肌和髂肌组成。**腰大肌**(psoas major)在腰椎两侧,起自腰椎椎体侧面和横突。**髂肌**(iliacus)呈扇形,位于腰大肌的外侧,起自髂窝。两肌向下会合,经腹股沟韧带深面,止于股骨小转子(图 7-31)。髂腰肌与髋关节囊之间有一很大的滑膜囊,常与髋关节囊相通,故髋关节囊感染时其脓液可流入此囊。收缩时使髋关节前屈和旋外。下肢固定时,可使躯干前屈,如仰卧起坐。血液供应主要来自髂腰动脉,由腰丛分支支配。

2. 腰小肌(psoas minor) 出现率 50%,起自第 12 胸椎,贴腰大肌前面下行,止于髂耻隆起。有紧张髂筋膜的作用。

3. 阔筋膜张肌(tensor fasciae latae) 位于大腿上部前外侧,起自髂前上棘,肌腹在阔筋膜两层之间,向下移行于髂胫束,止于胫骨外侧髁(图 7-31)。收缩时紧张阔筋膜并前屈髋关节。由臀上神经分支支配。

(二) 后群

后群肌主要位于臀部,又称臀肌,有 7 块(图 7-32、图 7-33、图 7-34、图 7-35)。

1. 臀大肌(gluteus maximus) 位于臀部浅层、大而肥厚,形成特有的臀部隆起,覆盖臀中肌下半部及其他小肌,起自髂骨翼外面和骶骨背面,肌束斜向

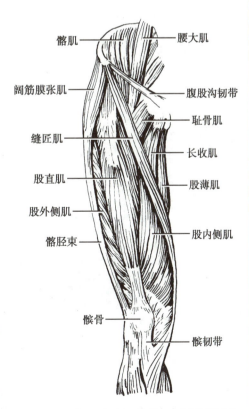

图 7-31 髋肌、大腿肌前群及内侧群(浅层)

髂肌 — 腰大肌
阔筋膜张肌 — 腹股沟韧带
缝匠肌 — 耻骨肌
股直肌 — 长收肌
股外侧肌 — 股薄肌
髂胫束 — 股内侧肌
髌骨 — 髌韧带

Note

下外,止于髂胫束和股骨的臀肌粗隆。作用为使髋关节后伸和旋外。下肢固定时,能伸直躯干,防止躯干前倾,是维持人体直立的重要肌肉。血液供应主要来自臀上动脉和臀下动脉,由臀下神经支配。

2.**臀中肌**(gluteus medius)**和臀小肌**(gluteus minimus)　臀中肌前上部位于皮下,后下部位于臀大肌的深面。臀小肌位于臀中肌的深面。两肌均呈扇形,都起自髂骨翼外面,臀中肌的起点偏于上部,臀小肌的起点偏于下部,两肌肌束向下集中形成短腱,止于股骨大转子。两肌作用相同,外展髋关节;前部肌束能使髋关节旋内,后部肌束则使髋关节旋外。血液供应主要来自臀上动脉,由臀上神经支配。

3.**梨状肌**(piriformis)　起自盆内骶骨前面的外侧,纤维向外经坐骨大孔达臀部,止于股骨大转子。收缩时使髋关节外展和旋外。

4.**闭孔内肌**(obturator internus)　起自闭孔膜内面及其周围骨面,肌束向后集中成为肌腱,由坐骨小孔出骨盆转折向外,止于转子窝。此肌腱上下各有一块小肌,分别称为上孖肌、下孖肌,与闭孔内肌一起止于转子窝。闭孔内肌腱绕坐骨小切迹处,有一恒定的闭孔内肌腱下囊。收缩时使髋关节旋外。

5.**股方肌**(quadratus femoris)　起自坐骨结节,向外止于转子间嵴。

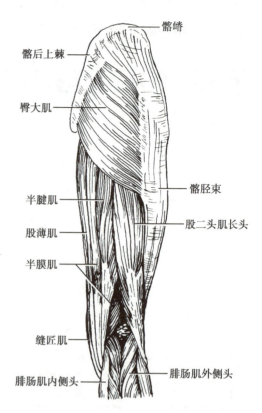

图 7-32　髋肌和大腿肌后群(浅层)

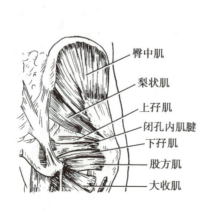

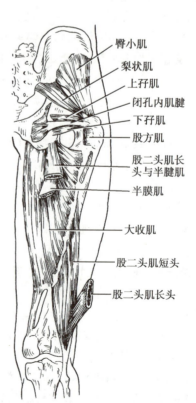

图 7-33　髋肌和大腿肌后群(深层)

Note

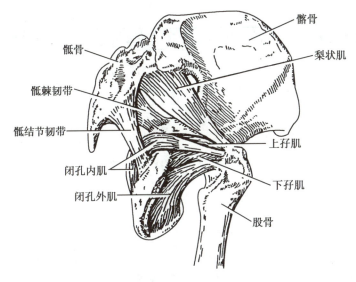

图 7-34　臀肌深层

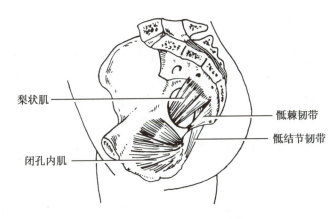

图 7-35　骨盆内面肌(右侧)

收缩时使髋关节旋外。

6. 闭孔外肌（obturator externus）　在股方肌深面,起自闭孔膜外面及其周围骨面,经股骨颈的后方,止于转子窝。收缩时使髋关节旋外。

梨状肌、闭孔内肌、股方肌和闭孔外肌的血液供应来自臀上动脉和臀下动脉的分支。梨状肌、闭孔内肌和股方肌由骶丛的分支支配,闭孔外肌由闭孔神经的分支支配。

二、大腿肌

大腿肌分为前群、后群和内侧群（表 7-12）。

表 7-12　大腿肌

肌群名称	肌的名称		肌的起点	肌的止点	主要作用	支配神经
前群	缝匠肌		髂前上棘	胫骨上端内侧面	屈髋关节和膝关节,使已屈的膝关节旋内	股神经
	股四头肌	股直肌	髂前下棘	胫骨粗隆	伸膝关节,屈髋关节	
		股内侧肌	股骨粗线内侧唇			
		股外侧肌	股骨粗线外侧唇			
		股中间肌	股骨体的前面			

Note

续表

肌群名称	肌的名称	肌的起点	肌的止点	主要作用	支配神经
内侧群	耻骨肌	耻骨支和坐骨支的骨面	股骨耻骨肌线	使髋关节内收和旋外	股神经、闭孔神经
	股薄肌		胫骨上端内侧		闭孔神经
	长收肌		股骨粗线		
	短收肌				
	大收肌	耻骨支、坐骨支、坐骨结节	股骨粗线、收肌结节		
后群	股二头肌	长头:坐骨结节 短头:股骨粗线	腓骨头	屈膝关节、伸髋关节;屈膝时,股二头肌使小腿旋外,半腱肌和半膜肌使小腿旋内	坐骨神经
	半腱肌	坐骨结节	胫骨上端内侧		
	半膜肌		胫骨内侧髁后面		

(一) 前群

1. **缝匠肌**(sartorius) 是全身最长的肌,呈扁带状,起于髂前上棘,经大腿的前面,斜向下内,止于胫骨上端的内侧面(图 7-31)。作用为屈髋关节和屈膝关节,并使已屈的膝关节旋内。

2. **股四头肌**(quadriceps femoris) 是全身最大的肌,有四个头,即股直肌、股内侧肌、股外侧肌和股中间肌(图 7-31)。股直肌起自髂前下棘;股内侧肌和股外侧肌分别起自股骨粗线内、外侧唇;股中间肌位于股直肌的深面,在股内、外侧肌之间,起自股骨体的前面。四个头向下形成一条肌腱,包绕髌骨的前面和两侧,向下续为髌韧带,止于胫骨粗隆。是膝关节强有力的伸肌,股直肌还可屈髋关节。

缝匠肌、股四头肌的血液供应来自股动脉主干的分支或旋股外侧动脉的分支,两块肌均由股神经的分支支配。

(二) 内侧群

内侧群共有 5 块肌,位于大腿的内侧,分层排列(图 7-31、图 7-36)。

1. **耻骨肌**(pectineus) 在髂腰肌的内侧,呈长方形的短肌。

2. **长收肌**(adductor longus) 在耻骨肌的内侧,呈三角形。

3. **股薄肌**(gracilis) 在最内侧,呈长条形。

4. **短收肌**(adductor brevis) 在耻骨肌和长收肌的深面,近似三角形的扁肌。

5. **大收肌**(adductor magnus) 在上述肌的深面,大而厚,呈三角形。

5 块肌均起自闭孔周围的耻骨支和坐骨支的骨面,大收肌还起自坐骨结节的骨面,除股薄肌止于胫骨上端的内侧、耻骨肌止于耻骨肌线以外,其他各肌都止于股骨粗线,大收肌还有一个腱止于股骨内上髁上方的收肌结节,此腱与股骨之间形成一裂孔,称为**收肌腱裂孔**(adductor tendinous opening),有股血管通过。其作用主

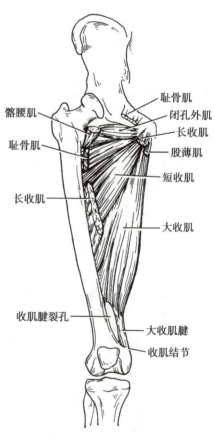

髂腰肌 — 耻骨肌
耻骨肌 — 闭孔外肌
长收肌 — 长收肌
— 股薄肌
— 短收肌
— 大收肌
收肌腱裂孔 — 大收肌腱
— 收肌结节

图 7-36 大腿肌内侧群(深层)

要为使髋关节内收和旋外。

内侧群肌的血液供应来自闭孔动脉、旋股内侧动脉和穿动脉的分支。耻骨肌主要由股神经的分支支配,其余四肌由闭孔神经支配。

股薄肌位置表浅,切除后对功能影响不大,为临床常用的肌瓣移植的供体,用来修复肛门括约肌或通过肌袢成型术治疗下肢深静脉瓣功能不全。

(三) 后群

后群有 3 块肌,即股二头肌、半腱肌、半膜肌(图 7-32)。

1. 股二头肌(biceps femoris)　位于股后部的外侧,有长、短两个头,长头起自坐骨结节,短头起自股骨粗线,两头会合后,以长腱止于腓骨头。

2. 半腱肌(semitendinosus)　位于股后部的内侧,起自坐骨结节,下端肌腱细长,几乎占肌的一半,止于胫骨上端的内侧。

半腱肌亦是一块适合作转移肌瓣或肌皮瓣的良好供肌,临床常用来修补坐骨部褥疮或外伤缺损。

3. 半膜肌(semimembranosus)　在半腱肌的深面,起自坐骨结节,上部是扁薄的腱膜,几乎占肌的一半,肌的下端以腱止于胫骨内侧髁的后面。

后群 3 块肌可以屈膝关节、伸髋关节。半屈膝时股二头肌可以使小腿旋外,而半腱肌和半膜肌使小腿旋内。

后群肌的血液供应主要来自股深动脉发出的穿动脉。三块肌均由坐骨神经的分支支配。

三、小腿肌

小腿肌分为三群:前群在小腿骨间膜的前面,后群在小腿骨间膜的后面,外侧群在腓骨的外侧,三群肌之间有深筋膜形成的肌间隔分隔(表 7-13)。小腿肌的后群强壮有力,在人体站立时

表 7-13　小腿肌

肌群名称		肌的名称		肌的起点	肌的止点	主要作用		支配神经
前群		胫骨前肌		胫骨外侧面	内侧楔骨内侧面和第 1 跖骨底	伸踝关节	使足内翻	腓深神经
		趾长伸肌		腓骨前面、胫骨上端和小腿骨间膜	第 2~5 趾中节、远节趾骨底		伸第 2~5 趾	
		姆长伸肌		腓骨内侧面下 2/3 和骨间膜	姆趾远节趾骨底		伸姆趾	
外侧群		腓骨长肌		腓骨外侧面	内侧楔骨和第 1 跖骨底	使足外翻和屈踝关节		腓浅神经
		腓骨短肌			第 5 跖骨粗隆			
后群	浅层	小腿三头肌	腓肠肌	股骨内、外侧髁的后面	跟骨	屈踝关节和屈膝关节		胫神经
			比目鱼肌	腓骨后面上部和胫骨比目鱼肌线				
	深层	腘肌		股骨外侧髁的外侧	胫骨的比目肌线以上的骨面	屈膝关节并使小腿旋内		
		趾长屈肌		胫骨后面	第 2~5 趾的远节趾骨底	屈踝关节	屈第 2~5 趾	
		姆长屈肌		腓骨后面	姆趾远节趾骨底		屈姆趾	
		胫骨后肌		胫骨、腓骨和小腿骨间膜的后面	舟骨粗隆和楔骨		使足内翻	

Note

可维持人体直立姿势,在人体运动时可通过足的跖屈动作产生巨大推动力,参与跑、跳动作。因小腿旋转功能甚微,故缺乏回旋肌,其旋转功能来自大腿肌。

(一)前群

前群有 3 块肌(图 7-37)。

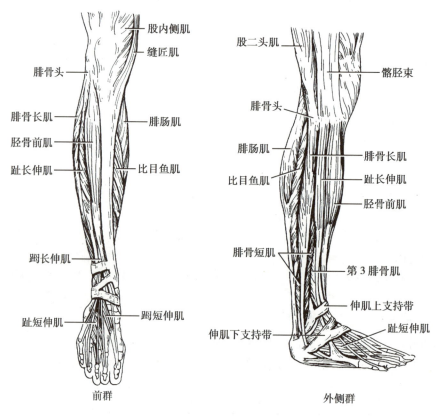

图 7-37　小腿肌

1. 胫骨前肌(tibialis anterior)　起自胫骨外侧面,肌腱向下穿经伸肌上、下支持带的深面,止于内侧楔骨内侧面和第 1 跖骨底。作用为伸踝关节(背屈)、使足内翻。

2. 趾长伸肌(extensor digitorum longus)　起自腓骨前面、胫骨上端和小腿骨间膜,向下经伸肌上、下支持带深面至足背,分为 4 条肌腱到第 2~5 趾,续为趾背腱膜,止于中节、远节趾骨底。作用为伸踝关节、伸第 2~5 趾。另外,此肌分出一腱,止于第 5 跖骨底,称**第三腓骨肌**(peroneus tertius),仅见于人类,是新发生的肌,可使足外翻。

3. 拇长伸肌(extensor hallucis longus)　位于上述两肌之间,起自腓骨内侧面下 2/3 和骨间膜,止于拇趾远节趾骨底。作用为伸踝关节、伸拇趾。

前群肌的血液供应主要来自胫前动脉。三块肌均由腓深神经的分支支配。

(二)外侧群

外侧群有**腓骨长肌**(peroneus longus)和**腓骨短肌**(peroneus brevis),两肌皆起自腓骨外侧面,长肌起点较高,并掩盖短肌。两肌的腱均经外踝后方转向前,通过腓骨肌上、下支持带的深面,腓骨短肌腱向前止于第 5 跖骨粗隆,腓骨长肌腱绕至足底,斜行向足内侧,止于内侧楔骨和第 1 跖骨底(图 7-37)。

作用为使足外翻和屈踝关节(跖屈)。此外,腓骨长肌腱和胫骨前肌腱共同形成"腱环",对维持足横弓、调节足的内翻、外翻有重要作用。

外侧群肌的血液供应主要来自胫后动脉发出的腓动脉。两肌均由腓浅神经的分支支配。

Note

（三）后群

后群分浅、深两层（图 7-38）。

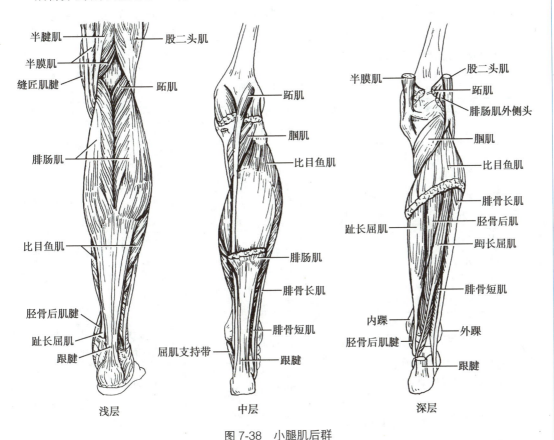

图 7-38　小腿肌后群

1. **浅层**　为一块强大的**小腿三头肌**（triceps surae），浅表的两个头称**腓肠肌**（gastrocnemius），起自股骨内、外侧髁的后面，内、外侧头会合，约在小腿中点移行为腱性结构；位置较深的一个头是**比目鱼肌**（soleus），起自腓骨后面的上部和胫骨的比目鱼肌线，肌束向下移行为肌腱，此腱和腓肠肌的腱合成粗大的**跟腱**（tendo calcaneus）止于跟骨。腓肠肌在行走、跑、跳中提供推动力，比目鱼肌富含红肌纤维，可维持站立时小腿和足的稳定性。可屈踝关节和屈膝关节。站立时，能固定踝关节和膝关节，以防止身体向前倾斜。

2. **深层**　有 4 块肌，腘肌在上方，另 3 块肌在下方。

（1）**腘肌**（popliteus）：斜位于腘窝底，起自股骨外侧髁的外侧部分，止于胫骨的比目肌线以上的骨面。可屈膝关节并使小腿旋内。

（2）**趾长屈肌**（flexor digitorum longus）：位于胫侧，起自胫骨后面，它的长腱经内踝后方、屈肌支持带深面至足底，然后分为 4 条肌腱，止于第 2~5 趾的远节趾骨底。可屈踝关节和屈第 2~5 趾。

（3）**姆长屈肌**（flexor hallucis longus）：起自腓骨后面，长腱经内踝之后、屈肌支持带深面至足底，与趾长屈肌腱交叉，止于姆趾远节趾骨底。可屈踝关节和屈姆趾。

（4）**胫骨后肌**（tibialis posterior）　位于趾长屈肌和姆长屈肌之间，起自胫骨、腓骨和小腿骨间膜的后面，长腱经内踝之后、屈肌支持带深面到足底内侧，止于舟骨粗隆和内侧、中间及外侧楔骨。可屈踝关节和使足内翻。

后群肌血液供应主要来自胫后动脉，由胫神经的分支支配。

Note

四、足肌

足肌分为足背肌和足底肌(表 7-14)。足背肌较薄弱,为伸踇趾的踇短伸肌和伸第 2~4 趾的趾短伸肌。足底肌的配布情况和作用与手肌相似,足底肌也分为内侧群、外侧群和中间群,但没有与拇指和小指相当的对掌肌(图 7-39)。

表 7-14　足肌

肌群名称		肌的名称	肌的起点	肌的止点	主要作用	支配神经
足背肌		趾短伸肌	跟骨	第 2~4 趾近节趾骨底	伸 2~4 趾	腓深神经
		踇短伸肌			伸踇趾	
足底肌	内侧群	踇展肌、	跟骨、足舟骨	踇趾近节趾骨底	外展踇趾	足底内侧神经
		踇短屈肌	内侧楔骨		屈踇趾	
		踇收肌	第 2~4 跖骨底		内收和屈踇趾	
	外侧群	小趾展肌	跟骨	小趾近节趾骨底	屈和外展小趾	足底外侧神经
		小趾短屈肌	第 5 跖骨底		屈小趾	
	中间群	趾短屈肌	跟骨	第 2~5 趾中节趾骨	屈第 2~5 趾	足底内侧神经
		足底方肌		趾长屈肌腱		足底外侧神经
		蚓状肌	趾长屈肌腱	趾背腱膜	屈跖趾关节、伸趾骨间关节	足底内、外侧神经
		骨间足底肌	第 3~5 跖骨内侧半	第 3~5 趾近节趾骨底和趾背腱膜	内收第 3~5 趾	足底外侧神经
		骨间背侧肌	跖骨相对缘	第 2~4 趾近节趾骨底和趾背腱膜	外展第 2~4 趾	

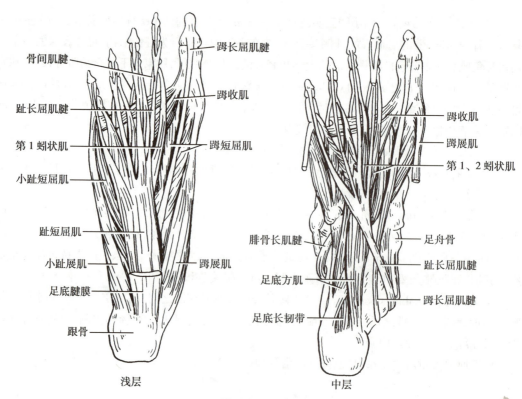

图 7-39　足底肌

浅层　　　　　　中层

骨间肌腱　　踇长屈肌腱　趾长屈肌腱　第 1 蚓状肌　小趾短屈肌　趾短屈肌　小趾展肌　足底腱膜　跟骨　踇收肌　踇短屈肌　踇展肌　踇收肌　踇展肌　第 1、2 蚓状肌　腓骨长肌腱　足底方肌　足底长韧带　足舟骨　趾长屈肌腱　踇长屈肌腱

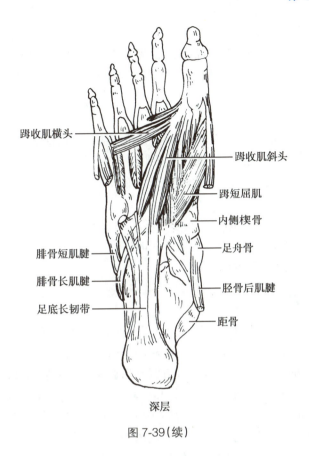

蹞收肌横头　蹞收肌斜头　蹞短屈肌　内侧楔骨　足舟骨　胫骨后肌腱　距骨　腓骨短肌腱　腓骨长肌腱　足底长韧带

深层

图 7-39（续）

　　内侧群有蹞展肌、蹞短屈肌和蹞收肌；外侧群有小趾展肌和小趾短屈肌；中间群由浅入深排列有趾短屈肌、足底方肌、4 条蚓状肌、3 块骨间足底肌和 4 块骨间背侧肌。各肌的作用同其名，足底方肌的作用是协助趾长屈肌腱向正后方屈足趾。总的来说，足底肌的主要作用在于维持足弓。

　　足背肌的血液供应主要来自足背动脉，足底肌的血液供应主要来自足底内、外侧动脉。足背肌由腓深神经的分支支配，足底肌由足底内、外侧神经的分支支配。

五、下肢的局部记载

（一）梨状肌上孔和梨状肌下孔

　　梨状肌上孔（suprapiriformis foramen）和**梨状肌下孔**（infrapiriformis foramen）位于臀大肌的深面，在梨状肌上、下缘与坐骨大孔之间。梨状肌上孔有臀上血管和臀上神经穿出骨盆，梨状肌下孔有坐骨神经、股后皮神经、臀下血管和臀下神经、阴部内血管和阴部神经等穿出骨盆。

（二）血管腔隙和肌腔隙

　　血管腔隙（lacuna vasorum）和**肌腔隙**（lacuna musculorum）是腹股沟韧带与髋骨之间形成的间隙，两者以**髂耻弓**（iliopectineal arch）为分界结构，髂耻弓是由腹股沟韧带连至髂耻隆起的一束纤维，髂耻弓的内侧为血管腔隙，有股血管、股管等通过；外侧为肌腔隙，有髂腰肌、股神经和股外侧皮神经等通过。

（三）股管

　　股管（femoral canal）在血管腔隙最内侧，为一长约 1.2cm 的小间隙，是腹横筋膜向下突出的漏斗形盲囊。上口称**股环**（femoral ring），其前界为腹股沟韧带，后界为耻骨梳韧带，内侧为腔隙韧带即陷窝韧带，外侧为股静脉内侧的纤维隔。若腹、盆腔内容物经此环脱出至股管，则称为股疝，女性多见。

Note

(四) 股三角

股三角(femoral triangle)在大腿前面的上部,呈三角形,上界为腹股沟韧带,内侧界为长收肌内侧缘,外侧界为缝匠肌的内侧缘。股三角的前壁为阔筋膜,底为髂腰肌、耻骨肌和长收肌,内有股血管、股神经和淋巴结等结构。

(五) 收肌管

收肌管(adductor canal)在大腿中部前内侧,是位于缝匠肌的深面,大收肌和股内侧肌之间的管状间隙。其前壁为大收肌腱板,后壁为大收肌,外侧壁为股内侧肌。管的上口为股三角尖,与股三角相通,下口为收肌腱裂孔,通至腘窝。管内有股血管、隐神经通过。

(六) 腘窝

腘窝(popliteal fossa)在膝关节的后方,呈菱形。窝的上外侧界为股二头肌,上内侧界为半腱肌和半膜肌,下外侧界和下内侧界分别为腓肠肌的外侧头和内侧头,底为膝关节囊。窝内有胫神经、腓总神经、腘血管、脂肪和淋巴结等。

六、下肢深筋膜

下肢的深筋膜比较发达。大腿的深筋膜为全身最厚的筋膜,称**阔筋膜**(fascia lata),向上附于腹股沟韧带和髂嵴,并延为臀筋膜,向下与小腿深筋膜相延续。在耻骨结节的外下方约3cm处,阔筋膜形成一卵圆形的薄弱区,称**隐静脉裂孔**或称**卵圆窝**。窝的表面被覆的筋膜,形如筛状,称为筛筋膜,此处被大隐静脉等血管、淋巴管和神经穿行。阔筋膜呈鞘状包裹大腿诸肌,并深入肌群之间形成内、外、后三个肌间隔,最终附于股骨。阔筋膜的外侧部分最厚,呈扁带状,称**髂胫束**。小腿深筋膜包裹小腿肌,并附于胫骨的内侧面。在小腿的外侧部,深筋膜发出前、后肌间隔附于腓骨。在踝关节附近,筋膜增厚形成数条支持带。小腿下端前面有**伸肌上支持带**;踝关节的前方有**伸肌下支持带**;内踝的后下方有**屈肌支持带**;外踝的后下方,还有**腓骨肌上支持带和腓骨肌下支持带**。这些支持带对经过踝关节前、后方的肌腱有约束作用,至足的血管神经都走在这些支持带的深面。小腿肌的肌腱在经过踝关节周围时,都有腱滑膜鞘包绕。足底深筋膜在足底中间部增厚形成**足底腱膜(跖腱膜)**,它作为足纵弓的弓弦,有增强足纵弓的作用。

第五节 体表的肌性标志

一、头颈部

咬肌 当牙咬紧时,在下颌角的前上方,颧弓下方可摸到坚硬的条状隆起。

颞肌 当牙咬紧时,在颞窝,于颧弓上方可摸到坚硬的隆起。

胸锁乳突肌 当头向一侧转动时,可明显看到从前下方斜向后上方呈长条状的隆起。

二、躯干部

斜方肌 在项部和背上部,可见斜方肌的外上缘的轮廓。

背阔肌 在背下部可见此肌的轮廓,它的外下缘参与形成腋后襞。

竖脊肌 脊柱两旁的纵形肌性隆起。

胸大肌 胸前壁较膨隆的肌性隆起,其外下缘参与形成腋前襞。

前锯肌 在胸部外侧壁,发达者可见其肌齿。

腹直肌 腹前正中线两侧的纵形隆起,肌肉发达者可见脐以上有三条横沟,即为腹直肌的腱划。

三、上肢

三角肌　在肩部形成圆隆的外形,其止点在臂外侧中部呈现一小凹。

肱二头肌　当屈肘握拳旋后时,可明显在臂前面见到膨隆的肌腹。在肘窝中央,亦可摸到此肌的肌腱。

肱三头肌　在臂的后面,三角肌后缘的下方可见到肱三头肌长头。

肱桡肌　当握拳用力屈肘时,在肘部可见到肱桡肌的膨隆肌腹。

掌长肌　当手用力半握拳屈腕时,在腕前面的中间、腕横纹的深方可清晰看见此肌的肌腱。

桡侧腕屈肌　握拳时,在掌长肌腱的桡侧,可见此肌的肌腱。

尺侧腕屈肌　用力外展手指半屈腕时,在腕的尺侧,可见此肌的肌腱。

鼻烟窝　在腕背侧面,当拇指伸直、第一掌骨外展时,自桡侧向尺侧可见拇长展肌、拇短伸肌和拇长伸肌肌腱。在后两个肌腱之间有一深的凹陷,称鼻烟窝。

指伸肌腱　在手背,伸直手指,可见此肌至 2~5 指的肌腱。

四、下肢

股四头肌　在大腿屈和内收时,可见股直肌在缝匠肌和阔筋膜张肌所组成的夹角内。股内侧肌和股外侧肌在大腿前面的下部,分别位于股直肌的内、外侧。

臀大肌　在臀部形成圆隆外形。

股二头肌　在腘窝的外上界,可摸到它的肌腱止于腓骨头。

半腱肌、半膜肌　在腘窝的内上界,可摸到它们的肌腱止于胫骨,其中半腱肌腱较窄,位置浅表且略靠外,而半膜肌肌腱粗而圆钝,位于半腱肌肌腱的深面的内侧。

蹬长伸肌　当用力伸足蹬趾时,在踝关节前方和足背可摸到此肌的肌腱。

胫骨前肌　在踝关节的前方,蹬长伸肌腱的内侧可摸到此肌的肌腱。

趾长伸肌　当背屈时,在踝关节前方,蹬长伸肌腱的外侧可摸到此肌的肌腱。在伸趾时,在足背可清晰见到至各趾的伸趾肌腱。

小腿三头肌(腓肠肌和比目鱼肌)　在小腿后面,可明显见到该肌膨隆的肌腹及**跟腱**。

（高恒宇）

第六节　临床联系

一、骨骼肌相关疾病分类

骨骼肌组织所患疾病基本分为以下五类:①先天性发育畸形;②各种暴力损伤类疾病;③慢性劳损性疾病;④肌肉组织来源的肿瘤性疾病;⑤肌肉自身疾病。

在这五类疾病中,前四种可以通过外科手段进行矫治,而肌肉自身疾病不能通过外科方法得到治疗。

二、肌肉自身疾病

肌肉自身疾病简称肌病,是指肌肉的原发性结构或功能性病变,中枢神经系统(CNS)、下运动神经元、末梢神经及神经肌肉接头处病变等所致继发性肌软弱也都包括在内。疾病包括:假性肌肥大症、面肩-肱型肌营养不良和重症肌无力等。神经性肌肉病变包括:运动神经元病、侧索硬化症等。根据临床和实验室检查特征,可对肌病与其他运动神经元疾病进行鉴别。本类

Note

疾病的临床表现:患者多数为中年男性,起病缓慢,主要表现为进行性肌无力和肌萎缩,病变涉及的部位以手部大小鱼际、肩胛肌、骨盆肌和臀肌较为明显,甚至可影响全身肌肉,致使患者出现站立、蹲位起立、走路、登楼及提物等均感到困难,可见肌纤维颤动,肌电图示非特异性肌病改变。治疗可采用对症、营养及康复疗法等,无特殊有效的方法,一般预后不良。

三、骨骼肌来源性肿瘤

肌肉组织肿瘤包括来源于骨骼肌及其附属组织的肿瘤病变。肌肉的附属组织包括走行于肌肉内与肌肉间的脂肪组织、滑膜组织以及血管、淋巴管、神经组织等。骨骼肌组织肿瘤可以发生于全身各个部位的肌肉组织,根据其生物学行为可以分为良性肿瘤与恶性肿瘤两类。良性肿瘤生长缓慢,病程长,界限清晰,活动度良好,局部症状少,无全身不良症状,功能影响小,无转移病灶发生。包括横纹肌纤维瘤、脂肪瘤、血管瘤、淋巴血管瘤等,手术治疗效果良好。恶性肿瘤为来源于结缔组织的恶性肉瘤,生物学行为恶劣,肿瘤生长快,病程短,短期内可见到较大肿块,且肿块活动度小,边界不清,疼痛症状及肢体功能受影响明显,全身状况受到不良影响,早期即可发生经血液循环或淋巴系统远隔转移。包括:横纹肌肉瘤、网织细胞肉瘤、滑膜肉瘤等,预后较差。

四、头颈肌常见疾病

发生在头颈肌部位的病理变化一般为畸形、外伤较为多见。

1. 先天性肌性斜颈 出生时因产伤或不明原因,导致生后单侧胸锁乳突肌痉挛,致使头面部偏向一侧,并且,随着年龄增长,往往会合并颌面骨骼发育不对称,病变侧下颌骨窄小倾斜,病变侧眼裂缩小、倾斜等发育畸形,严重影响美观,重者影响日常生活。在治疗方面,早期可进行按摩等手法治疗,若无效,应及早手术。

2. 胸廓出口综合征 锁骨下动、静脉出胸廓上口时与臂丛神经汇合,经腋窝进入上臂,在此部位,当受到痉挛的肌肉或颈部异常发育肋骨的刺激或压迫时,上肢会出现麻木、无力、静脉回流不畅、动脉供血不足等表现,此种症候群称为胸廓出口综合征,包括以下三种情况:斜角肌综合征、胸小肌综合征、颈肋综合征。保守治疗无效时,应手术治疗。

3. 头颈肌的外伤 常发生于锐器切割、刺伤等情况,为重要部位损伤,单纯肌肉损伤时会出现损伤肌肉功能障碍。但颈部锐器损伤多伴有毗邻重要血管、神经的损伤,由于走行于此处的血管(颈动、静脉系统)、神经(脊髓、臂丛等)极其重要,一旦损伤,往往会出现出血性休克、上肢神经麻痹、高位截瘫甚至死亡等情况,很多情况下,即使是得到了及时治疗,往往损伤器官的功能也多半不能完全恢复正常。

4. 颜面部发育性或神经麻痹性疾病 颜面部肌肉发育异常多见于眼周肌肉,例如眼的内斜视与外斜视,系眼周肌发育不均等所致。神经麻痹性疾病以上睑提肌瘫痪(上睑下垂)、面神经炎的表情肌、咀嚼肌瘫痪(临床表现口角歪斜)为多见。

五、躯干肌常见疾病

1. 躯干肌肉的背侧群 因长期负重、弯腰、伏案等情况,会引起背侧群肌劳损,临床常见为慢性棘上韧带、棘间韧带损伤,慢性滑囊炎等。因肌肉长期紧张痉挛,局部新陈代谢不良,酸性代谢产物不能充分排出,刺激局部产生慢性炎症。此类疾病临床表现为慢性腰背部疼痛、不适、活动受限等症状,影响日常生活。此组疾病一般通过制动、康复治疗或局部阻滞(封闭)疗法,也可加服非甾体类抗炎药物,一般均可以取得较好疗效。

2. 躯干腹侧肌肉 当局部腹壁肌发育薄弱,同时合并慢性腹内压力增高时,腹腔内容物可通过肌肉薄弱部位突出到腹腔外,称为"腹外疝"。临床常见的有:腹股沟斜疝、直疝、股疝和脐

Note

疝。当腹腔内脏器通过膈的薄弱点进入胸腔时,称作膈疝。因外伤或手术后腹壁肌未良好愈合,形成损伤处腹壁薄弱而发生的疝,称作切口疝。腹外疝很多情况下需要进行手术治疗,一般效果良好。

六、上肢肌肉常见疾病

1. 肌肉、肌腱急性损伤　肌肉、肌腱组织受到轻微挫扭伤时,局部可出现肿胀、疼痛、功能受限,这类挫扭伤,治疗后效果良好。当受到锋利锐器切刺、钝器砸压、暴力撕拉、断裂的骨折端切割等因素伤害时,会造成肌肉或肌腱组织完全或不完全断裂,从而出现疼痛及功能障碍。根据损伤的部位、严重程度不同,其临床表现也不同,但都会表现为损伤的肌肉组织疼痛及相应关节屈伸功能障碍,开放性损伤者,创口处可见到损伤肌肉或肌腱的断端。如果同时伴随伴行神经、血管损伤时,还会出现相应的神经麻痹表现、失血性休克、肢体远端缺血或淤血表现,严重者会导致肢体坏死。这类断裂性损伤,多需要进行外科清创、修复手术治疗,但肌肉组织受损严重时一般预后多不理想。

2. 肌腱、腱鞘、滑囊慢性损伤　这些结构遭受长期或持续性劳损后产生慢性无菌性炎症,导致局部出现囊肿(腱鞘囊肿)、肌腱局部肿胀、肌腱通道狭窄(狭窄性腱鞘炎),当肌腱组织通过时就会产生疼痛、弹响、活动受限等临床症状。可以进行局部制动、休息、理疗、阻滞等治疗。反复发作,症状严重影响功能者,可进行手术治疗。

3. 肌肉附着点、关节囊、韧带的慢性损伤　局部产生无菌性炎症,临床表现为损伤局部的慢性疼痛、劳累时加重,影响日常生活与工作。例如肱骨内、外上髁炎、粘连性肩关节囊炎、跟腱周围炎、腰肌劳损等。

4. 肿瘤性疾病　肌肉、腱鞘良性肿瘤:横纹肌肌纤维瘤、腱鞘巨细胞瘤、肌肉血管瘤、肌间脂肪瘤等。肌肉组织恶性肿瘤:横纹肌肉瘤、恶性纤维母细胞肉瘤、滑膜肉瘤等。

七、下肢肌肉常见疾病

1. 下肢肌肉、肌腱的急性损伤　根据损伤的部位、严重程度不同,其临床表现也不同,但都会表现为损伤的肌肉组织疼痛及相应关节屈伸功能障碍,开放性损伤者,创口处多可见到损伤肌肉或肌腱的断端。如果同时伴随伴行神经、血管损伤时,还会出现相应的神经麻痹表现、失血性休克、肢体远端缺血或淤血表现,严重者会导致肢体坏死。当小腿中段肌肉组织受到较为严重的损伤时,或者腘窝部动脉血管损伤时,会出现小腿伤处严重肿胀,由于小腿被致密的肌筋膜组织包绕,容积可变化幅度很小,此时会出现肿胀组织压迫小腿的动脉,导致局部组织微循环灌注障碍,甚至无血流通过,此时称作"骨筋膜室综合征",如不及时切开减压治疗,轻者后遗缺血性肌肉挛缩,重者需要截肢。

2. 下肢肌肉麻痹性疾病　可分两类,一是脊髓前角灰质炎后遗症,也称为"小儿麻痹后遗症"。表现为受累肢体的肌肉群呈现周围性麻痹,弛缓性瘫痪,肌肉萎缩、肢体变细、肌力下降甚至病变肌群肌力完全丧失(0级),但皮肤感觉正常。二是脑性麻痹(也称脑瘫)。多因出生时难产,胎儿在母体内长时间缺氧,造成大脑皮质组织缺氧性损害,表现为受累下肢肌肉痉挛,肌张力增高,腱反射亢进,并出现病理反射,往往伴有一定程度的智力障碍。

3. 下肢肌肉的肿瘤性疾病　同上肢发生的肿瘤性疾病相同,仅仅区别于发生的部位不同。例如良性的横纹肌肌纤维瘤、肌肉血管瘤、肌间脂肪瘤与恶性的横纹肌肉瘤、恶性纤维母细胞肉瘤、滑膜肉瘤等。

(陶树清)

本章小结

一、头颈肌

包括头肌和颈肌。

1. 头肌　分为面肌和咀嚼肌。

2. 颈肌　可分为颈浅层肌、颈中层肌、颈深层肌三群。

二、躯干肌

躯干肌可分为背肌、胸肌、膈、腹肌和会阴肌。

1. 背肌　背肌分为背浅肌和背深肌两群。

背浅肌：包括斜方肌、背阔肌、肩胛提肌、菱形肌。背深肌：主要指竖脊肌（骶棘肌）。

2. 胸肌　分为胸上肢肌和胸固有肌。胸上肢肌包括胸大肌、胸小肌和前锯肌。胸固有肌包括肋间外肌、肋间内肌、肋间最内肌和胸横肌。

3. 膈　分为肌性部和中心腱。膈上有三个裂孔，分别是主动脉裂孔、食管裂孔和腔静脉孔。

4. 腹肌　包括前外侧群和后群。前外侧群包括腹外斜肌、腹内斜肌、腹横肌、腹直肌。后群包括腰大肌和腰方肌。

5. 会阴肌　包括尿生殖区的肌和肛区的肌。尿生殖区的肌分为浅层和深层，浅层肌包括会阴浅横肌、坐骨海绵体肌、球海绵体肌，深层包括会阴深横肌、尿道括约肌（尿道阴道括约肌）；肛区的肌有肛门括约肌、肛提肌和尾骨肌。

三、上肢肌

上肢肌分为上肢带肌、臂肌、前臂肌和手肌。

1. 上肢带肌　配布于肩关节周围，包括三角肌、冈上肌、冈下肌、大圆肌、小圆肌和肩胛下肌。这些肌能运动肩关节并增强关节的稳固性。

2. 臂肌　分为前、后两群。前群包括肱二头肌、喙肱肌和肱肌；后群是肱三头肌。

3. 前臂肌　分为前、后两群。

(1) 前群：有9块肌，分四层排列。第一层（浅层）：肱桡肌、旋前圆肌、桡侧腕屈肌、掌长肌、尺侧腕屈肌。第二层：指浅屈肌。第三层：拇长屈肌、指深屈肌。第四层：旋前方肌。

(2) 后群：有10块肌，分为浅、深两层排列。浅层：桡侧腕长伸肌、桡侧腕短伸肌、指伸肌、小指伸肌、尺侧腕伸肌。深层：旋后肌、拇长展肌、拇短伸肌、拇长伸肌、示指伸肌。

4. 手肌　分为外侧、中间和内侧三群。肌位于手的掌侧，是一些短小的肌肉，其作用为运动手指。人类手指灵巧，除可做屈、伸、收、展等运动外，拇指还有重要的对掌功能。

四、下肢肌

可分为髋肌、大腿肌、小腿肌和足肌。下肢的功能主要是维持直立姿势、支持体重和行走，因此下肢肌比上肢肌粗壮有力。

1. 髋肌　分为前、后两群。前群包括髂腰肌和阔筋膜张肌；后群包括臀大、中、小肌，梨状肌，闭孔内肌，股方肌，闭孔外肌等。

2. 大腿肌　分为前群、后群和内侧群。前群：包括缝匠肌和股四头肌。后群：包括股二头肌、半膜肌和半腱肌。内侧群：有5块肌，分别是：耻骨肌、长收肌、股薄肌、短收肌、大收肌。

3. 小腿肌　分为前群、后群和外侧群。前群：包括胫骨前肌、趾长伸肌和姆长伸肌。后群：后群分浅、深两层，浅层有一块小腿三头肌，深层包括腘肌、趾长屈肌、姆长屈肌和胫骨后肌。外侧群包括腓骨长肌和腓骨短肌。

　　4. 足肌　分为足背肌和足底肌。足背肌较薄弱,包括踇短伸肌和趾短伸肌。足底肌的配布情况和作用与手肌相似,也分为内侧群、外侧群和中间群,但没有与拇指和小指相当的对掌肌。

思考题

1. 面部表情肌有哪些? 受哪个神经支配? 面瘫时有何临床表现?
2. 小儿斜颈的病变部位在哪块肌肉? 从解剖学角度解释斜颈症状产生的原因?
3. 什么是膈疝? 产生膈疝的解剖学基础是什么?
4. 何为腹股沟斜疝和直疝? 二者的解剖学基础是什么? 如何鉴别二者?
5. 肩关节脱位好发于关节囊的什么部位? 为什么?
6. "扳机指"是腱鞘炎的典型体征,请用解剖知识解释其产生的机制?
7. 何谓"梨状肌损伤综合征"? 解释其原因。
8. 跟腱断裂的常见部位在哪儿? 其运动障碍表现在哪些方面?

第八章　脊髓及脊神经

脊神经是指与脊髓相连的周围神经部分,由 31 对成对分布的神经组成;脊神经含有躯体运动纤维、内脏运动纤维、躯体感觉纤维和内脏感觉纤维四种纤维成分,为混合神经。感觉神经将神经冲动由外周感受器向中枢内传导,又称为**传入神经**(afferent nerve);运动神经将神经冲动由中枢神经系统传出至外周的效应器,又称**传出神经**(efferent nerve)。

脊神经主要由分布于身体各处的神经、神经节、神经丛和神经终末装置组成。神经元胞体发出的长突起与包裹在其外面的由神经胶质细胞(施万细胞)形成的被膜(髓鞘)组成了神经纤维。多条神经纤维由神经束膜所包被形成神经束,粗细不等的神经束由一层疏松结缔组织构成的神经外膜包被,组成**神经**(nerve)。

脊神经因外伤、嵌压、感染、中毒、营养障碍、遗传等因素受损时,可出现受损脊神经支配区的疾病。脊神经疾病重要症状之一是疼痛。临床上可分为神经痛和神经病两大类。脊神经疾病根据损伤范围分为单神经病、多发神经病等。

第一节　脊髓的位置、外形和被膜

一、脊髓的位置和外形

脊髓(spinal cord)是中枢神经的低级部分,起源于胚胎时期神经管的末端,全长 42~45cm,最宽处横径为 1~1.2cm,重约 20~25g,在构造上保留着节段性,与分布于躯干和四肢的 31 对脊神经相连。

脊髓位于椎管内,外包 3 层被膜,与脊柱的弯曲一致。其上端在枕骨大孔处与延髓相连,下端变细呈圆锥状称**脊髓圆锥**(conus medullaris),约平对第 1 腰椎下缘(新生儿可达第 3 腰椎下缘),软脊膜由此向下续为一条结缔组织细丝,即**终丝**(filum terminale),止于尾骨的背面,起固定脊髓的作用。

脊髓呈前、后稍扁的圆柱形,全长粗细不等,有两个梭形膨大。上方的称**颈膨大**(cervical enlargement),从第 4 颈髓节段至第 1 胸髓节段。下方的称**腰骶膨大**(lumbosacral enlargement),从第 1 腰髓节段至第 3 骶髓节段。两个膨大的形成是由于此处神经细胞和纤维数目增多所致,与四肢的出现有关。膨大的发展与四肢的发展相适应,人类的上肢功能特别发达,因而颈膨大比腰骶膨大明显(图 8-1)。

脊髓表面有 6 条平行的纵沟。前面正中较明显的沟称**前正中裂**(anterior median fissure),后面正中较浅的沟为**后正中沟**(posterior median sulcus)。这两条纵沟将脊髓分为左右对称的两半。脊髓的前外侧面有 1 对**前外侧沟**(anterolateral sulcus),有脊神经前根的根丝附着;后外侧面有 1 对**后外侧沟**(posterolateral sulcus),有脊神经后根的根丝附着。此外,在颈髓和胸髓上部,后正中沟和后外侧沟之间,还有一条较浅的**后中间沟**(posterior intermediate sulcus),是薄束和楔束在脊髓表面的分界标志。

脊髓在外形上没有明显的节段标志,每一对脊神经前、后根的根丝附着处即是一个脊髓节段。由于有 31 对脊神经,故脊髓可分为 31 个节段:即颈髓(C)8 个节段、胸髓(T)12 个节段、腰髓(L)

5 个节段、骶髓(S)5 个节段和尾髓(Co)1 个节段。

　　胚胎早期,脊髓几乎与椎管等长,脊神经根基本呈直角与脊髓相连。从胚胎第 4 个月起,脊柱的生长速度快于脊髓,致使脊髓的长度短于椎管。由于脊髓上端连于延髓,位置固定,导致脊髓节段的位置高于相应的椎骨,出生时脊髓下端已平对第 3 腰椎,至成人则达第 1 腰椎下缘。由于脊髓的相对升高,腰、骶、尾部的脊神经根,在穿经相应椎间孔合成脊神经前,在椎管内几乎垂直下行,这些脊神经根在脊髓圆锥下方,围绕终丝聚集成束,形成**马尾**(cauda equina)。因第 1 腰椎以下已无脊髓,故临床上进行脊髓蛛网膜下隙穿刺抽取脑脊液或麻醉时,常选择第 3、4 或第 4、5 腰椎棘突间进针,以免损伤脊髓。

　　成人脊髓的长度与椎管的长度不一致,所以脊髓的各个节段与相应的椎骨不在同一高度。成人上颈髓节段(C_1~C_4)大致平对同序数椎骨体,下颈髓节段(C_5~C_8)和上胸髓节段(T_1~T_4)约平对同序数椎骨的上 1 块的椎骨体,中胸髓节段(T_5~T_8)约平对同序数椎骨的上 2 块的椎骨体,下胸髓节段(T_9~T_{12})约平对同序数椎骨的上 3 块的椎骨体,腰髓节段约平对第 10~12 胸椎,骶髓、尾髓节段约平对第 1 腰椎。了解脊髓节段与椎骨的对应高度,对判断脊髓损伤的平面及手术定位,具有重要的临床意义(图 8-2)。

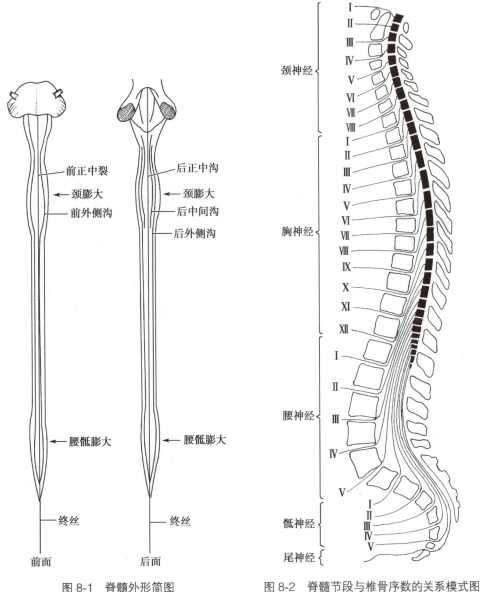

图 8-1　脊髓外形简图　　　　　图 8-2　脊髓节段与椎骨序数的关系模式图

二、脊髓的被膜

脊髓的被膜由内向外为软脊膜、脊髓蛛网膜和硬脊膜(图 8-3)。

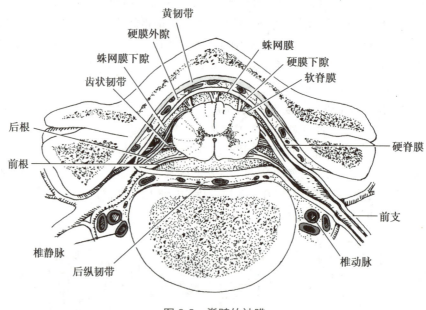

图 8-3　脊髓的被膜

(一) 软脊膜

软脊膜(spinal pia mater)薄而富含血管,紧贴脊髓表面,并延伸至脊髓沟裂中,向上与软脑膜相移行,在脊髓下端移行为终丝。在脊髓两侧,脊神经前、后根之间,软脊膜形成**齿状韧带**(denticulate ligament)。该韧带呈三角形,基底附着于脊髓、尖端向外顶着蛛网膜而附于硬脊膜。脊髓借齿状韧带、终丝和脊神经根固定于椎管内。齿状韧带还可作为椎管内手术的标志。

(二) 脊髓蛛网膜

脊髓蛛网膜(spinal arachnoid mater)为半透明的薄膜,位于硬脊膜与软脊膜之间,向上与脑蛛网膜相延续。脊髓蛛网膜紧贴于硬脊膜内面,而与软脊膜之间有一较宽阔的间隙,称**蛛网膜下隙**(subarachnoid space)。两层膜之间有许多结缔组织小梁相连,间隙内充满脑脊液。脊髓蛛网膜下隙的下部,自脊髓下端至第 2 骶椎水平扩大为**终池**(terminal cistern),内容马尾。腰椎穿刺,即将穿刺针插入终池抽取脑脊液或注入药物。

(三) 硬脊膜

硬脊膜(spinal dura mater)由致密结缔组织构成,厚而坚韧,为脊髓被膜的外层。向上与硬脑膜相延续,并附于枕骨大孔边缘;向下在第 2 骶椎水平逐渐变细,包裹终丝,并附于尾骨。硬脊膜与椎管内面的骨膜之间的间隙称**硬膜外隙**(epidural space),内含疏松结缔组织、脂肪、淋巴管和静脉丛等,此间隙略呈负压,有脊神经根通过。临床上进行硬膜外麻醉,就是将药物注入此间隙,以阻滞脊神经根内的神经传导。在硬脊膜与脊髓蛛网膜之间有潜在的硬膜下隙。硬脊膜在椎间孔处与脊神经的被膜相延续。

(刘仁刚)

第二节　脊　神　经

脊神经(spinal nerves)是指与脊髓相连接的周围神经部分,由 31 对成对分布的神经组成。

每对脊神经借**前根**(anterior root)和**后根**(posterior root)连于一个脊髓节段。前根连于脊髓前外侧沟,由运动性神经根丝构成;后根连于脊髓后外侧沟,由感觉性神经根丝构成。前根和后根在椎间孔处合为一条脊神经。因此,脊神经既含有感觉神经纤维,又含有运动神经纤维,为混合性神经。脊神经后根在椎间孔处有椭圆形的膨大,称**脊神经节**(spinal ganglion),其中含有假单极感觉神经元。

根据脊神经与脊髓的连接关系,可将其分为5部分,分别为**颈神经**(cervical nerves)8 对,**胸神经**(thoracic nerves)12 对,**腰神经**(lumbar nerves)5 对,**骶神经**(sacral nerves)5 对,**尾神经**(coccygeal nerves)1 对。

不同部位的脊神经前、后根在椎管内的走行方向和走行距离有明显差别。颈神经根最短,行程近于水平,胸神经根较长,斜向外下走行,腰神经根最长,几近垂直下行,在无脊髓的椎管内形成了**马尾**(cauda equina)。所有脊神经干都经同序数椎体上方或下方的椎间孔穿出椎管或骶管,形成特定的位置关系。在椎间孔处,脊神经有如下重要毗邻:其前方为椎体及椎间盘,后方为关节突关节和黄韧带,上方是上位椎弓的椎下切迹,下方是下位椎弓的椎上切迹。因此该部位的任何损伤和病变都可能累及脊神经,导致感觉和运动障碍。另外,尚有伴随脊神经一起走行的脊髓动、静脉和脊神经的脊膜支进出椎间孔。

脊神经为混合性神经,由躯体神经纤维和内脏神经纤维合成,而躯体神经和内脏神经都含有运动纤维和感觉纤维,因此脊神经含有四种纤维成分(图 8-4)。

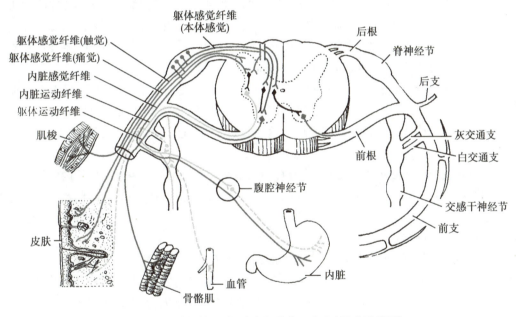

图 8-4　脊神经的组成、分支和分布示意图(见书后彩图)

1. 躯体感觉纤维　来自脊神经节中的假单极神经元,其中枢突构成脊神经后根进入脊髓,周围突则组成脊神经分布于皮肤、骨骼肌、肌腱和关节等身体部位,将皮肤浅感觉(痛、温觉和触觉)以及肌、腱和关节的深感觉(运动觉和位置觉)信号传入中枢。

2. 内脏感觉纤维　也来自脊神经节的假单极神经元,其中枢突组成后根进入脊髓,周围突则分布于内脏、心血管和腺体的感受器,将这些结构的感觉冲动传入中枢。

3. 躯体运动纤维　位于脊髓灰质前角的运动神经元的轴突构成前根,分布于躯干和肢体的骨骼肌,支配其随意运动。

4. 内脏运动纤维　发自胸髓12 个节段和腰髓 1~3 节段的中间外侧核(交感神经核)以及骶髓 2~4 节段的骶副交感核,其神经元的轴突经前根,在内脏运动神经节内交换神经元后,分布于内脏、心血管和腺体的效应器,支配心肌和平滑肌的运动,控制腺体的分泌活动。

脊神经的前根和后根在椎间孔处合为脊神经干后分为4支:前支、后支、脊膜支和交通支。

1. 前支(anterior branch) 前支神经纤维的含量最多,分布范围最广,主要涉及躯干前、外侧部和四肢的肌肉及皮肤,是脊神经干发出的最粗大分支,为混合性神经支。人类胸神经前支仍然保持进化早期原有的节段性走行和分布的特点,其余各部脊神经前支在到达所支配的器官前,相邻神经干相互交织成神经丛,并重新编织成新的神经干。除12对胸神经外,其余脊神经前支共组成4个神经丛,即颈丛、臂丛、腰丛和骶丛。由这些神经丛发出神经分支分布于身体的效应器和感受器。

2. 后支(posterior branch) 后支较前支细小,亦为混合性神经支。是脊神经干发出的一系列向躯干背面走行,分布于项部、背部和腰骶部的分支。后支经相邻椎骨横突之间或骶后孔向后走行,绕上关节突外侧向后行至相邻横突之间再分为内侧支和外侧支。骶神经后支则经由骶后孔行至臀区。大部分脊神经后支均可分为肌支和皮支两大类,前者分布于项、背、腰、骶和臀部的深层肌,后者则分布于枕、项、背、腰、骶和臀部的皮肤。脊神经后支的分布具有明显的节段性特点。

某些脊神经后支形成较粗大的神经干,分布于某些特定区域,范围较大,具有明显的临床意义。第1颈神经后支又称**枕下神经**(suboccipital nerve),该支直径粗大,在寰椎后弓上方与椎动脉下方之间穿行,支配椎枕肌。第2颈神经后支的皮支称为**枕大神经**(greater occipital nerve),该支穿斜方肌肌腱到达皮下,分布于枕、项部皮肤。第3颈神经后支的内侧支称为**第3枕神经**(third occipital nerve),该支也穿过斜方肌至皮下,分布于枕部下方皮肤。第1~3腰神经后支的外侧支粗大,分布于臀上部皮肤,称为**臀上皮神经**(superior gluteal nerves)。第1~3骶神经后支的皮支分布于臀中区域,称为**臀中皮神经**(middle gluteal nerves)。

3. 交通支(communication branch) 为连于脊神经与交感干之间的细支,属于交感神经系统的结构。可分为两类:白交通支自脊神经连于交感干,由脊髓灰质中间外侧核发出的有髓节前神经纤维构成;灰交通支自交感干返回脊神经,由起于交感干的无髓节后神经纤维构成。

4. 脊膜支(meningeal branch) 为脊神经出椎间孔后发出的一条返回椎管内的细支。该支返回椎管后分为横支、升支和降支,分布于脊髓被膜、血管壁、骨膜、韧带和椎间盘等处。每条脊膜支均接受来自邻近灰交通支或胸交感神经节的分支。上3对颈神经脊膜支的升支较大,可至颅后窝,分布于硬脑膜。

脊神经在走行和分布上具有一些共同的形态学特点:

(1) 较大的神经干多与血管伴行于同一个结缔组织筋膜鞘内,构成血管神经束。但是某些神经,如成人的坐骨神经在其行程中没有相应血管伴行,这是因为在胚胎发育过程中其伴行血管逐渐退化所导致的。在肢体的关节处,神经与血管一般多行于关节的屈侧,并发出浅支和深支。

(2) 较大的神经干一般都分为皮支、肌支和关节支。皮支从深面穿过深筋膜浅出于皮下,常与浅静脉伴行分布,主要含躯体感觉纤维和内脏运动纤维,前者与皮肤内的感受器相连,后者分布至皮肤内的血管平滑肌、竖毛肌和汗腺。肌支多从肌肉的近侧端或肌的起点附近发出,并伴随血管一起入肌,主要含有躯体运动纤维和躯体感觉纤维。关节支多在关节附近发出,一条行程较长的神经往往在其走行途中发出多条分支到达数个关节,一个关节也可同时接受多条神经发来的关节支。关节支主要由躯体感觉纤维组成。

(3) 某些部位的脊神经仍然保持着进化早期节段性分布的特点,相邻分布区之间可以存在重叠现象。

一、颈丛

(一) 颈丛的组成和位置

颈丛(cervical plexus)　由第 1~4 颈神经前支相互交织构成(图 8-5)。该丛位于胸锁乳突肌上部的深面,中斜角肌和肩胛提肌起始端的前方。

颈丛的分支可以分为三类,即分布于皮肤的皮支、至深层肌的肌支和与其他神经相互连接的交通支(图 8-6、图 8-7)。

颈丛的皮支在胸锁乳突肌深面集中后,从该肌后缘中点附近浅出,然后散开行向各方,分布于一侧颈部皮肤。颈丛皮支由深面浅出的部位,是颈部浅层结构浸润麻醉的重要阻滞点,故临床又将其称为神经点。

(二) 颈丛的主要分支

1. 枕小神经(lesser occipital nerve)(C_2)　沿胸锁乳突肌后缘上行,分布于枕部及耳廓背面上部的皮肤。

2. 耳大神经(great auricular nerve)(C_2、C_3)　沿胸锁乳突肌表面向耳垂方向上行,分布于耳廓及附近皮肤。耳大神经由

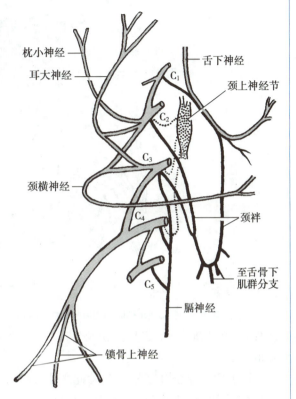

图 8-5　颈丛的组成及颈襻示意图(见书后彩图)

于其位置表浅,附近没有重要结构,是临床神经干移植的理想替代物。该神经由枕动脉和耳动脉的分支供血,长度为 5.5~7.4cm,直径为 2~4mm。

3. 颈横神经(transverse nerve of neck)(C_2、C_3)　发出后横行跨过胸锁乳突肌表面向前走行,分布于颈前部皮肤。该神经支常与面神经分支间有交通支存在。

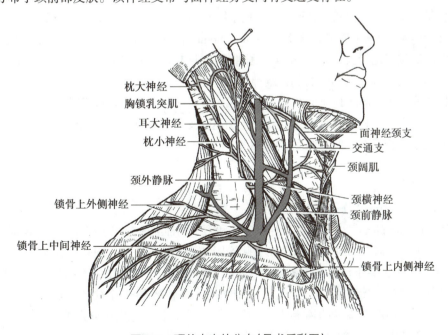

图 8-6　颈丛皮支的分布(见书后彩图)

Note

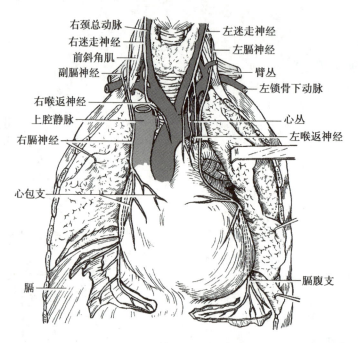

右颈总动脉　　　　　　　　　　　　左迷走神经
右迷走神经　　　　　　　　　　　　左膈神经
前斜角肌
副膈神经　　　　　　　　　　　　　臂丛
　　　　　　　　　　　　　　　　　左锁骨下动脉
右喉返神经
上腔静脉　　　　　　　　　　　　　心丛
右膈神经　　　　　　　　　　　　　左喉返神经

心包支

膈　　　　　　　　　　　　　　　　膈腹支

图 8-7　膈神经（见书后彩图）

4. 锁骨上神经（supraclavicular nerve）（C₃、C₄）　共有 2~4 条分支,呈辐射状行向下方和下外侧,越过锁骨达胸前壁上份及肩部。该神经主要分布于颈侧区下份、胸壁上部和肩部的皮肤。

以上四条神经均为皮神经,除此之外,颈丛尚发出一些肌支支配膈和颈部深层肌、肩胛提肌、舌骨下肌群。其中最重要的是膈神经。

5. 膈神经（phrenic nerve）（C₃~C₅）　起初在前斜角肌上端的外侧下行,继而沿该肌前面下降至肌的内侧,在锁骨下动、静脉之间经胸廓上口进入胸腔。入胸后有心包膈血管与其伴行,经由肺根前方,在纵隔胸膜与心包之间下行到达膈,最后于中心腱附近穿入膈的肌纤维中（图 8-7）。膈神经的运动纤维支配膈肌的运动,感觉纤维分布于胸膜、心包以及膈下面的部分腹膜。一般认为,右膈神经的感觉纤维尚分布到肝、胆囊和肝外胆道的浆膜。膈神经受到损伤后,主要影响同侧半膈肌的功能,表现为腹式呼吸减弱或消失,严重者可有窒息感。膈神经受到刺激时可发生呃逆。约有 48% 国人出现**副膈神经**（accessory phrenic nerve）常见于一侧,为颈丛一不恒定分支。该神经发出部位变化较大,多发自第 4、5 颈神经,亦见起自第 6 颈神经。发出后先在膈神经外侧下行,于锁骨下静脉上方或下方加入膈神经。

颈丛与分布在颈部的其他神经分支之间存在一些交通支,颈丛与副神经、迷走神经和交感神经之间均有交通支相连。其中最重要的是颈丛分支与舌下神经之间的交通联系,**颈襻**（ansa cervicalis）是这种交通联系的具体形式（图 8-4）。

二、臂丛

（一）臂丛的组成和位置

臂丛（brachial plexus）由第 5~8 颈神经前支和第 1 胸神经前支的大部分纤维交织汇集而成。该神经丛的主要结构先经斜角肌间隙向外侧穿出,继而在锁骨后方行向外下进入腋窝。进入腋窝之前,神经丛与锁骨下动脉关系密切,恰位于该动脉的后上方。组成臂丛的五条脊神经前支经过反复分支、交织和组合后,最后形成三个神经束。在腋窝内,三个神经束分别走行于腋动脉的内侧、外侧和后方,夹持、包围腋动脉的中段。这三个神经束也因此分别被称为臂丛内侧束、臂丛外侧束和臂丛后束,臂丛的主要分支多发源于该三条神经束（图 8-8）。

Note

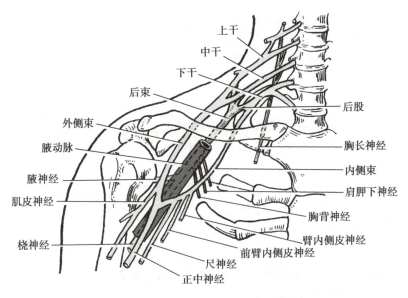

图 8-8　臂丛组成模式图（见书后彩图）

（二）臂丛的分支

臂丛是分支最多的神经丛，分支的分布范围也十分广泛。根据各分支发出的部位将其分为锁骨上分支和锁骨下分支两大类。

锁骨上分支　锁骨上分支在锁骨上方发自臂丛尚未形成三条神经束之前的各级神经干，多为行程较短的肌支，分布于颈深肌群、背部浅层肌（斜方肌除外）、部分胸上肢肌及上肢带肌。其主要分支有：

1. **胸长神经**（long thoracic nerve）（C_5~C_7）　起自相应神经根，形成后在臂丛主要结构的后方斜向外下进入腋窝，继沿胸侧壁前锯肌表面伴随胸外侧动脉下行，分布于前锯肌和乳房外侧份。此神经的损伤可导致前锯肌瘫痪，出现以肩胛骨内侧缘翘起为特征的"翼状肩"体征。

2. **肩胛背神经**（dorsal scapular nerve）（C_4、C_5）　自相应脊神经根发出，穿中斜角肌向后越过肩胛提肌，在肩胛骨内侧缘和脊柱之间伴肩胛背动脉下行，分布于菱形肌和肩胛提肌（图 8-9）。

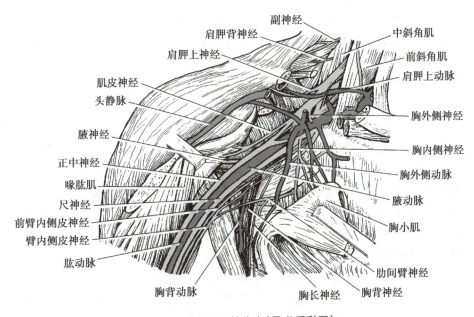

图 8-9　臂丛及其分支（见书后彩图）

Note

3. 肩胛上神经（suprascapular nerve）（C₅、C₆）　起自臂丛的上干，向后走行经肩胛上切迹进入冈上窝，继而伴肩胛上动脉一起绕肩胛冈外侧缘转入冈下窝，分布于冈上肌、冈下肌和肩关节。肩胛上切迹处该神经最易损伤，损伤后表现出冈上肌和冈下肌无力，肩关节疼痛等症状（图8-9）。

锁骨下分支　锁骨下分支在锁骨下方发自臂丛的内侧束、外侧束和后束。多为行程较长的分支，分布范围广泛，包括肩部、胸腰部、臂部、前臂部和手部的肌、关节及相应区域的皮肤。

1. 肩胛下神经（subscapular nerve）（C₅~C₇）　自臂丛的后束发出，常分为上支和下支，支配肩胛下肌和大圆肌的运动。

2. 胸内侧神经（medial pectoral nerve）（C₈、T₁）　自臂丛内侧束发出，穿过腋动脉和腋静脉之间弯曲前行，后与胸外侧神经的一支汇合，从深面进入并支配胸小肌，尚有部分纤维穿出该肌或绕其下缘分布于胸大肌。

3. 胸外侧神经（lateral pectoral nerve）（C₅~C₇）　自臂丛外侧束发出，跨过腋动、静脉的前方，穿过锁胸筋膜后行于胸大肌深面，并分布至该肌。此神经在行程中，尚发出一支与胸内侧神经的分支汇合，分布于胸小肌。

4. 胸背神经（thoracodorsal nerve）（C₆~C₈）　自臂丛后束发出，沿肩胛骨外侧缘伴肩胛下血管下行，分支分布于背阔肌。乳腺癌根治术过程中清除淋巴结时，应注意勿伤及此神经。

5. 腋神经（axillary nerve）（C₅、C₆）　自臂丛后束发出，伴旋肱后血管向后外方向走行，穿经腋窝后壁的四边孔后，绕肱骨外科颈至三角肌深面，发支支配三角肌和小圆肌。余下部分纤维自三角肌后缘穿出后延为皮神经，分布于肩部和臂外侧区上部的皮肤，称为臂外侧上皮神经。肱骨外科颈骨折、肩关节脱位和使用腋杖不当所致的重压，都有可能造成腋神经的损伤，导致三角肌瘫痪。此时表现为臂不能外展，臂部旋外力减弱，肩部和臂外上部皮肤感觉障碍。由于神经损伤致三角肌萎缩，患者肩部亦失去圆隆的外形。

6. 肌皮神经（musculocutaneous nerve）（C₅~C₇）　自臂丛外侧束发出后，向外侧斜穿喙肱肌，在肱二头肌与肱肌之间下行，发出的肌支分布于这3块肌。此外另有纤维在肘关节稍下方，从肱二头肌下端外侧穿出深筋膜，分布于前臂外侧份的皮肤，称为前臂外侧皮神经。肱骨骨折和肩关节损伤时可伴发肌皮神经的损伤，此时表现为屈肘无力以及前臂外侧部皮肤感觉的减弱。

7. 正中神经（median nerve）（C₆~T₁）　由分别发自臂丛内侧束和外侧束的内侧根和外侧根汇合而成。两根夹持腋动脉向外下方呈锐角合为正中神经主干，先于肱动脉的外侧前行，继而在臂部沿肱二头肌内侧沟下行。逐渐从外侧跨过肱动脉至其内侧，伴随同名血管一起降至肘窝。从肘窝继续向下穿旋前圆肌和指浅屈肌腱弓后在前臂正中下行到达腕部，然后行于桡侧腕屈肌腱与掌长肌腱之间，并进入屈肌支持带深面的腕管，最后在掌腱膜深面分布至手掌（图8-10）。

正中神经在臂部一般不发出分支，在肘部及前臂发出许多肌支，其中沿前臂骨间膜前面下行的骨间前神经较粗大，行程较长。正中神经在前臂的分布范围较广，支配除肱桡肌、尺侧腕屈肌和指深屈肌尺侧半以外的所有前臂屈肌和旋前肌。在手部屈肌支持带的下方正中神经发出一粗短的返支，行于桡动脉掌浅支外侧进入鱼际，支配除拇收肌以外的鱼际肌群。在手掌区，正中神经发出数条指掌侧总神经，每条指掌侧总神经下行至掌骨头附近又分为两支指掌侧固有神经，后者沿手指的相对缘行至指尖。正中神经在手部的分布可概括为：运动纤维支配第1、2蚓状肌和鱼际肌（拇收肌除外）；感觉纤维则分布于鱼际及掌心表面的皮肤、桡侧三个半手指掌面皮肤及其中节和远节指背皮肤（图8-11、图8-12、图8-13）。

正中神经整个行程中以腕部位置最为表浅，极易在前臂和腕部外伤时被损伤，出现该神经分布区的功能障碍。旋前肌综合征为正中神经在穿过旋前圆肌和指浅屈肌起点腱弓处受压损

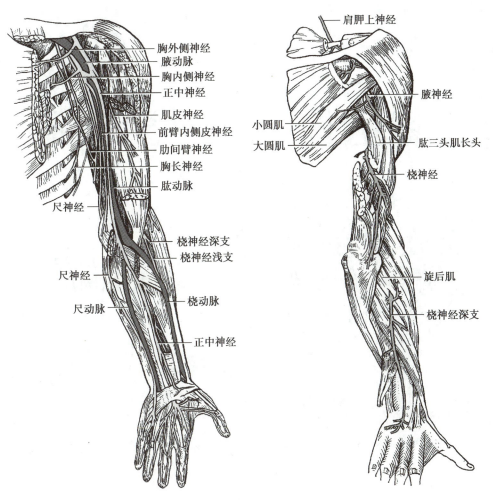

图 8-10　上肢的神经（左侧前面）、上肢的神经（右侧后面）（见书后彩图）

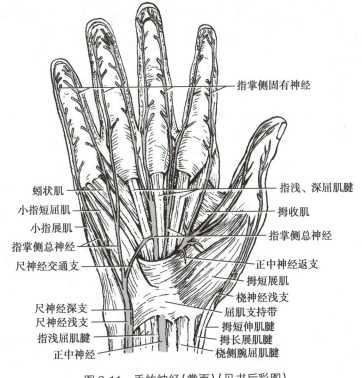

图 8-11　手的神经（掌面）（见书后彩图）

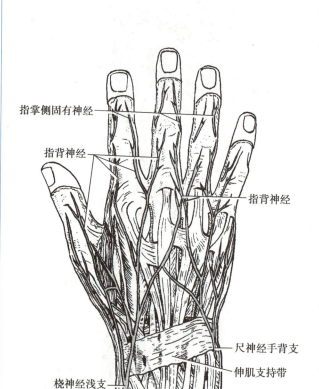

指掌侧固有神经

指背神经

指背神经

尺神经手背支

伸肌支持带

桡神经浅支

图 8-12　手的神经(背面)(见书后彩图)

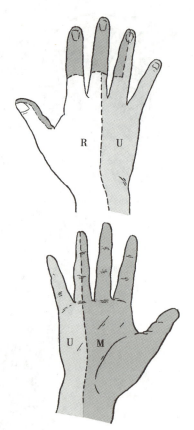

图 8-13　手部皮肤的神经分布(见书后彩图)
M. 正中神经；R. 桡神经；U. 尺神经

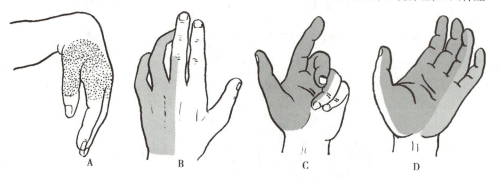

图 8-14　桡、尺和正中神经损伤时的手形及皮肤感觉丧失区(见书后彩图)
A.垂腕(桡神经损伤)；B.爪形手(尺神经损伤)；C.正中神经损伤手形；D.猿掌(正中神经与尺神经损伤)

伤后出现的症状，表现为该神经所支配的肌收缩无力和手掌感觉障碍。在腕管内，正中神经也易因周围结构的炎症、肿胀和关节的病变而受压损伤，出现腕管综合征，表现为鱼际肌萎缩，手掌变平呈"猿掌"，同时桡侧三个半手指掌面皮肤及其中节和远节指背皮肤出现感觉异常、麻木、疼痛等感觉障碍(图 8-14)。

8. 尺神经(ulnar nerve)(C_8、T_1)　发自臂丛内侧束，经腋动、静脉之间穿出腋窝，先在肱二头肌内侧沟于肱动脉内侧下行至臂中份，继而穿内侧肌间隔至臂后区内侧继续下行进入肱骨内上髁后方的尺神经沟。在此尺神经由后向前穿过尺侧腕屈肌的起点，行至前臂前内侧份。到达前臂后，伴随尺动脉，于尺侧腕屈肌与指深屈肌之间下行。至桡腕关节上方尺神经发出手背支，主干在豌豆骨桡侧，屈肌支持带浅面分为浅支和深支，这些分支在掌腱膜深面、腕管浅面进入手掌(图 8-10)。

尺神经在臂部不发出任何分支，在前臂上部发肌支支配尺侧腕屈肌和指深屈肌尺侧半。从桡腕关节上方发出的手背支，在腕部伸肌支持带浅面转至手背部，发分支分布于手背尺侧半和

Note

小指、环指尺侧半及环指近节桡侧半、中指近节尺侧半背面皮肤。浅支分布于小鱼际表面的皮肤、小指掌面皮肤和环指尺侧半掌面皮肤。深支分布于小鱼际肌、拇收肌、骨间掌侧肌、骨间背侧肌及第3、4蚓状肌（图8-11、图8-12、图8-13）。

尺神经在肘部肱骨内上髁后方、尺侧腕屈肌起点处和豌豆骨外侧容易受到损伤。尺神经在上两个部位受到损伤时，运动障碍主要表现为屈腕力减弱，环指和小指远节指关节不能屈曲，小鱼际肌和骨间肌萎缩，拇指不能内收，各指不能相互靠拢。同时，各掌指关节过伸，掌骨间呈现深凹，表现为"爪形手"（图8-14）。感觉障碍则表现为手掌和手背内侧缘皮肤感觉丧失。若在豌豆骨处受损，皮肤感觉不受影响，主要表现为骨间肌的运动障碍。

9. **桡神经**（radial nerve）（$C_5 \sim T_1$）　发自臂丛后束。该神经发出后始位于腋动脉的后方，与肱深动脉伴行，先经肱三头肌长头和内侧头之间下行，继而沿桡神经沟绕肱骨中段后面行向外下，至肱骨外上髁稍上方穿过外侧肌间隔达肱肌与肱桡肌之间，后继续于肱桡肌与桡侧腕长伸肌之间下行。桡神经在肱骨外上髁前方分为浅支和深支两终末支。**桡神经浅支**（superficial branch）为皮支，自肱骨外上髁前外侧向下沿桡动脉外侧下行，在前臂中、下1/3交界处转向背侧，继续下行至手背部，分为4、5支指背神经，分布于手背桡侧半皮肤和桡侧三个半手指近节背面的皮肤（图8-12）。**桡神经深支**（deep branch）较浅支粗大，主要为肌支。该支在桡骨颈外侧穿过旋后肌至前臂后面，沿前臂骨间膜后面，在前臂浅、深伸肌群之间下行达腕关节背面，沿途发支分布于前臂伸肌群、桡尺远侧关节、腕关节和掌骨间关节（图8-10）。

桡神经在臂部亦发出较多分支，其中肌支主要分布于肱三头肌、肘肌、肱桡肌和桡侧腕长伸肌。关节支分布于肘关节。皮支共有3支：臂后皮神经在腋窝发出后分布于臂后区的皮肤；臂外侧下皮神经在三角肌止点远侧浅出，分布于臂下外侧部的皮肤；前臂后皮神经自臂中份外侧浅出下行至前臂后面，直达腕部，沿途分支分布于前臂后面皮肤（图8-10）。

桡神经在肱骨中段和桡骨颈处骨折时最易发生损伤。在臂中段的后方，桡神经紧贴肱骨的桡神经沟走行，因此肱骨中段或中、下1/3交界处骨折容易合并桡神经的损伤，导致前臂伸肌群的瘫痪，表现为抬前臂时呈"垂腕"状（图8-14），同时第1、2掌骨间背面皮肤感觉障碍明显。桡骨颈骨折时，可损伤桡神经深支，出现伸腕无力，不能伸指等症状。

10. **臂内侧皮神经**（medial brachial cutaneous nerve）（C_8、T_1）　自臂丛内侧束发出，在腋静脉内侧下行，继而沿肱动脉和贵要静脉内侧下行至臂中份附近浅出，分布于臂内侧和臂前面的皮肤。该神经支在腋窝内常与肋间臂神经之间有交通。

11. **前臂内侧皮神经**（medial antebrachial cutaneous nerve）（C_8、T_1）　自臂丛内侧束发出，行于腋动、静脉之间，继而沿肱动脉内侧下行，至臂中份浅出后与贵要静脉伴行，终末可远至腕部。此神经在前臂分为前、后两支，分布于前臂内侧份的前面和后面的皮肤。

三、胸神经前支

胸神经前支共有12对，第1~11对均位于相应的肋间隙中，称为**肋间神经**（intercostal nerves），第12对胸神经前支位于第12肋的下方，故名**肋下神经**（subcostal nerve）。肋间神经在肋间内、外肌之间，肋间血管的下方，在肋骨下缘的肋沟内前行至腋前线附近离开肋沟，续行于肋间隙的中间。第1胸神经前支除有分支行于第1肋间隙外，尚分出较大的分支加入臂丛。第2~6肋间神经除主干行于相应肋间隙外，在肋角前方尚分出一侧支向下，前行于下位肋骨的上缘。上6对肋间神经的肌支分布于肋间肌、上后锯肌和胸横肌。其皮支有两类：外侧皮支分布于胸外侧壁和肩胛区的皮肤；前皮支分布于胸前壁的皮肤及内侧份胸膜壁层（图8-15）。

第4~6肋间神经的外侧皮支和第2~4肋间神经的前皮支均向内、外方向发支分布于乳房。第2肋间神经的外侧皮支横行通过腋窝到达臂内侧部与臂内侧皮神经交通，分布于臂上部内侧份皮肤，又称为**肋间臂神经**（intercostobrachial nerve）。第7~11肋间神经及肋下神经在相应肋间

Note

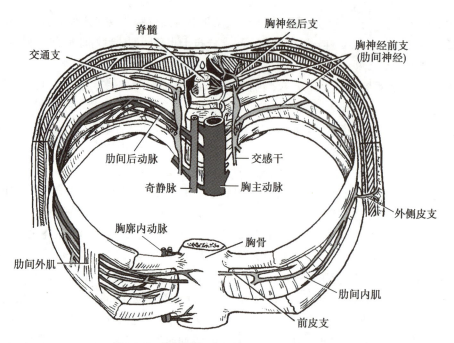

脊髓　胸神经后支　胸神经前支（肋间神经）
交通支
肋间后动脉　交感干
奇静脉　胸主动脉
外侧皮支
胸廓内动脉　胸骨
肋间外肌
肋间内肌
前皮支

图8-15　肋间神经走行及分支（见书后彩图）

隙内向前下方走行,出肋间隙进入腹壁后,续行于腹横肌和腹内斜肌之间,最后在腹直肌外侧缘穿腹直肌鞘,分布于腹直肌。下5对肋间神经发出的肌支分布于肋间肌和腹前外侧壁肌群；肋间神经发出外侧皮支由上至下分别从深面穿肋间肌和腹外斜肌浅出,其浅出点连接起来几成一上、下走行的斜线。肋间神经的前皮支则在白线附近浅出。外侧皮支和前皮支主要分布于胸部和腹部的皮肤,同时也有分支分布至胸膜和腹膜的壁层。

　　胸神经前支在胸、腹壁皮肤的分布具有非常明显的节段性特点,依据胸神经从小到大的序数,由上向下按顺序依次排列(图8-16)。每一对胸神经前支的皮支在躯干的分布区也是相对恒定的：如 T_2 分布区相当于胸骨角平面, T_4 相当于两乳头连线的平面, T_6 相当于剑突平面, T_8 相当于两侧肋弓中点连线的平面, T_{10} 相当于脐平面, T_{12} 的分布区则相当于脐与耻骨联合连线中点的平面。临床工作中,可以根据躯体皮肤感觉障碍的发生区域来分析和推断具体的受损胸神经,同时也可以推知躯干皮肤感觉障碍的分布区。

肋间神经
T_2
T_4
T_6
乳头
T_8
T_{10}
脐
肋下神经
髂腹下神经
髂腹股沟神经
T_{12}

图8-16　躯干皮神经的节段性分布（见书后彩图）

四、腰丛

(一)腰丛的组成和位置

腰丛（lumber plexus）　位于腰大肌深面、腰椎横突的前方。由第12胸神经前支的一部分、第1~3腰神经前支及第4腰神经前支的一部分组成(图8-17)。该丛发出的分支除就近支配位于附近的髂腰肌和腰方肌外,尚发出许多分支分布于腹股沟区、大腿前部和大腿内侧部(图8-18)。

Note

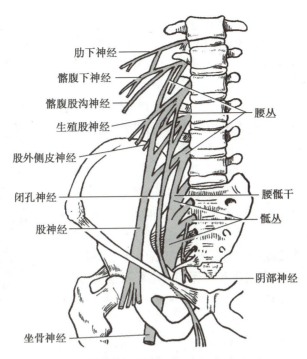

图 8-17　腰、骶丛的组成模式图（见书后彩图）

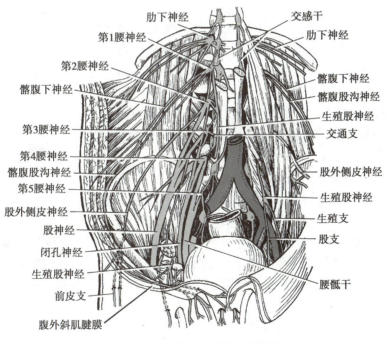

图 8-18　腰丛的分支（见书后彩图）

（二）腰丛的分支

1. **髂腹下神经**（iliohypogastric nerve）（T_{12}、L_1）　自腰大肌外侧缘穿出，经肾的后面和腰方肌前面行向外下方走行。沿途发支分布于腹壁诸肌，同时亦有皮支分布于臀外侧区、腹股沟区及下腹部的皮肤（图 8-18）。

2. **髂腹股沟神经**（ilioinguinal nerve）（L_1）　在髂腹下神经下方从腰大肌外侧缘穿出，行于腹横肌与腹内斜肌之间。该支较髂腹下神经细小，其肌支沿途分布于附近的腹壁肌，皮支则分布于腹股沟部、阴囊或大阴唇的皮肤（图 8-18）。

Note

3. 股外侧皮神经（lateral femoral cutaneous nerve）（L₂、L₃）　从腰大肌外侧缘穿出后，向前外侧走行，横过髂肌表面至髂前上棘稍内侧，继而在腹股沟韧带深面越过该韧带，离开髂窝进入股部。在髂前上棘下方约 5~6cm 处，该神经支穿出深筋膜分布于大腿前外侧部的皮肤（图 8-18）。

4. 股神经（femoral nerve）（L₂~L₄）　自腰大肌外侧缘发出后，在腰大肌与髂肌之间下行到达腹股沟区，随后在腹股沟韧带中点稍外侧从深面穿经该韧带，于股动脉的外侧进入大腿的股三角区，在此发出数条分支，其中肌支分布于髂肌、耻骨肌、股四头肌和缝匠肌。皮支中有行程较短的股中间皮神经和股内侧皮神经，分布于大腿和膝关节前面的皮肤区；皮支中最长的是**隐神经**（saphenous nerve），该分支伴随股动脉下行进入收肌管，在管的下部穿前壁出收肌管，在膝关节内侧继续下行，于缝匠肌下端的后方浅出至皮下，与大隐静脉伴行沿小腿内侧面下行至足内侧缘，沿途发支分布于髌下、小腿内侧面及足内侧缘的皮肤（图 8-19）。除以上分支外，股神经尚有分支至膝关节和股动脉。

股神经受损后主要表现有：屈髋无力，坐位时不能伸膝，行走困难，膝腱反射消失，皮支损伤有分布区剧烈神经痛及痛觉过敏，大腿前内侧面和小腿内侧面皮肤感觉障碍。可伴有水肿、青紫等营养性改变。

5. 闭孔神经（obturator nerve）（L₂~L₄）　发自腰丛，从腰大肌内侧缘穿出，紧贴盆壁内面前行，与闭孔血管伴行穿闭膜管出盆腔，至股内侧区分为前、后两支，分别在短收肌的前、后方浅出至大腿内侧区（图 8-17）。其肌支主要支配闭孔外肌、长收肌、短收肌、大收肌和股薄肌，偶见发支至耻骨肌；皮支主要分布于大腿内侧份皮肤（图 8-19）。除这些分支外，闭孔神经也有细小分支分布于髋关节和膝关节。

闭孔神经在股内侧区中间处由深至浅先入长收肌，然后进入股薄肌。当手术中选用股薄肌替代肛门外括约肌时，应注意保留此分支。

6. 生殖股神经（genitofemoral nerve）（L₁、L₂）　自腰大肌前面穿出并下行，斜越输尿管的后方行至腹股沟区，在腹股沟韧带上方分为生殖支和股支。生殖支于腹股沟管深环处进入该管，随管内结构分布于提睾肌和阴囊（随子宫圆韧带分布于大阴唇）。股支则穿过股鞘和阔筋膜分布于股三角区的皮肤。

在腹股沟疝修补术和盲肠后位阑尾手术时，应注意勿伤及此神经。

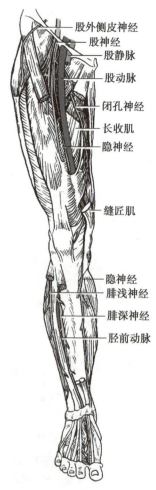

图 8-19　下肢的神经（前面）
（见书后彩图）

标注：股外侧皮神经、股神经、股静脉、股动脉、闭孔神经、长收肌、隐神经、缝匠肌、隐神经、腓浅神经、腓深神经、胫前动脉

五、骶丛

（一）骶丛的组成和位置

骶丛（sacral plexus）　由来自腰丛的腰骶干和所有骶、尾神经前支组成。腰骶干由第 4 腰神经前支的部分纤维和第 5 腰神经前支的所有纤维在腰丛下方合成，随后下行越过盆腔上口进入小骨盆，加入骶丛。骶丛是全身最大的脊神经丛（图 8-17）。

骶丛位于盆腔内，恰在骶骨和梨状肌的前面，髂血管的后方，左侧骶丛前方有乙状结肠，右侧骶丛前方有回肠襻。由于骶丛与盆腔脏器，如直肠和子宫等位置十分邻近，这些器官的恶性肿瘤可浸润、扩散至该神经丛，导致疼痛以及多个神经根受累的体征。

Note

(二)骶丛的分支

骶丛发出的分支可分为两大类,一类是短距离走行的分支,直接分布于邻近的盆壁肌,如梨状肌、闭孔内肌和股方肌等;另一类为走行距离较长的分支,分布于臀部、会阴、股后部、小腿和足部的肌群及皮肤。后一类分支包括:

1. **臀上神经**(superior gluteal nerve)(L_4、L_5、S_1)　自骶丛发出,伴臀上血管经梨状肌上孔出盆腔至臀部,行于臀中、小肌之间。在两肌之间其主干分为上、下两支,分布于臀中肌、臀小肌和阔筋膜张肌。

2. **臀下神经**(inferior gluteal nerve)(L_5、S_1、S_2)　自骶丛发出,伴随臀下血管经梨状肌下孔出盆腔至臀部,行于臀大肌深面,发支支配臀大肌。

3. **股后皮神经**(posterior femoral cutaneous nerve)(S_1~S_3)　自骶丛发出,与臀下神经相伴穿经梨状肌下孔出盆腔至臀部,在臀大肌深面下行,达其下缘后浅出至股后区皮肤。沿途发分支分布于臀区、股后区和腘窝的皮肤。

4. **阴部神经**(pudendal nerve)(S_2~S_4)　由骶丛发出,沿途发支肛神经(直肠下神经)、会阴神经和阴茎(阴蒂)背神经等。肛神经分布于肛门外括约肌和肛门部皮肤;会阴神经与阴部血管伴行分布于会阴诸肌以及阴囊或大阴唇的皮肤;阴茎背神经或阴蒂背神经行于阴茎或阴蒂的背侧,分布于阴茎或阴蒂的海绵体及皮肤(图8-20)。

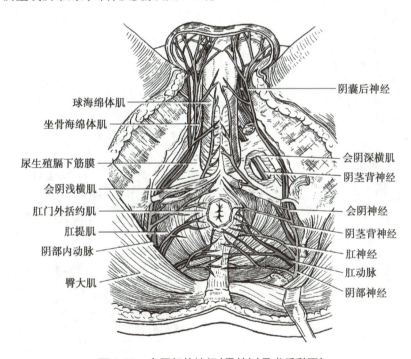

图8-20　会阴部的神经(男性)(见书后彩图)

5. **坐骨神经**(sciatic nerve)(L_4、L_5、S_1~S_3)　为全身直径最粗大,行程最长的神经。坐骨神经从骶丛发出后,经梨状肌下孔出盆腔至臀大肌深面,在坐骨结节与大转子的中间下行入股后区,继而行于股二头肌长头的深面,一般在腘窝上方分为胫神经和腓总神经两大终支(图8-21)。坐骨神经在股后区发肌支支配股二头肌、半腱肌和半膜肌,同时也有分支至髋关节。

坐骨神经的变异较常见,主要表现在坐骨神经出盆腔时与梨状肌的不同关系以及坐骨神经分为两大终支时的不同部位两个方面。根据国人的统计资料,坐骨神经以单干形式从梨状肌下孔出盆腔者占66.3%,为最常见的形式,而以其他形式出盆腔者则占33.7%。包括:以单干穿梨状肌出盆腔者;神经干分为两支,一支穿梨状肌,另一支穿梨状肌下孔出盆腔者;神经干分为两支,一支穿梨状肌上孔,另一支穿梨状肌下孔出盆腔者。在以上变异中,坐骨神经长年受梨状肌收缩的压迫,神经干的血液供应因此受到影响,以单干穿梨状肌出盆腔者所受影响最大,最后出现功能障碍,临床称为"梨状肌综合征"。多数情况下,坐骨神经在腘窝上方分为胫神经和腓总神经两大分支,但是有相当比例的坐骨神经分为两大终支的部位有变化。坐骨神经在出盆腔时即分为两大终支的情形较多见,更有甚者,在盆腔内即分为两终支。

(1)**胫神经**(tibial nerve)(L_4、L_5、S_1~S_3):为坐骨神经本干的延续,在股后区下份沿中线下行进入腘窝,与腘血管相伴下行至小腿后区、比目鱼肌深面,继而伴胫后血管行至内踝后方,最后在屈肌支持带深面的踝管内分为**足底内侧神经**(medial plantar nerve)和**足底外侧神经**(lateral plantar nerve)两终支进入足底区(图 8-22)。足底内侧神经在跗展肌深面、趾短屈肌内侧前行,分支分布于足底内侧肌群,足底内侧半皮肤及内侧三个半足趾跖面皮肤。足底外侧神经在跗展肌和趾短屈肌深面行至足底外侧,发支分布于足底中间群和外侧群肌,以及足底外侧半皮肤和外侧一个半趾跖面皮肤(图 8-22)。

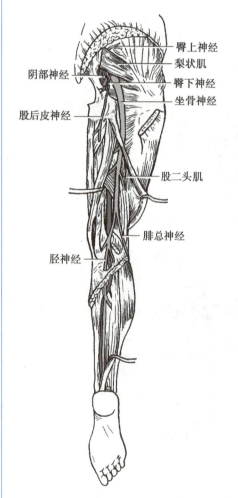

图 8-21 下肢的神经(后面)(见书后彩图)

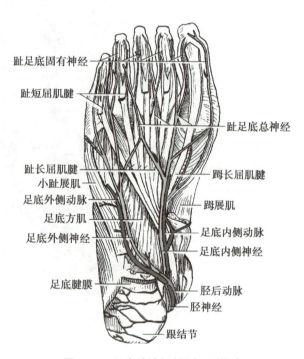

图 8-22 足底的神经(见书后彩图)

胫神经在腘窝和小腿后区尚发出许多分支:其中肌支分布于小腿后群诸肌;皮支主要为腓肠内侧皮神经,伴小隐静脉下行,沿途分支分布于相应区域的皮肤,并在小腿下部与来自腓总神经的腓肠外侧皮神经吻合为腓肠神经。腓肠神经经外踝后方至足的外侧缘前行,分布于足背及小趾外侧缘皮肤;关节支则分布于膝关节和踝关节。

胫神经损伤后由于小腿后群肌收缩无力,主要表现为足不能跖屈,不能以足尖站立,内翻力减弱。同时出现小腿后面、足底、足外侧缘皮肤感觉障碍。由于小腿后群肌功能障碍,收缩无力,结果导致小腿前外侧群肌的过度牵拉,使足呈背屈和外翻位,出现所谓"钩状足"

Note

畸形(图 8-23)。

（2）**腓总神经**(common peroneal nerve)(L_4、L_5、S_1、S_2)：在腘窝近侧端由坐骨神经发出后，沿股二头肌肌腱内侧向外下走行，至小腿上段外侧绕腓骨颈向前穿过腓骨长肌，分为腓浅神经和腓深神经两大终末支(图 8-19、图 8-21)。**腓浅神经**(superficial peroneal nerve)分出后先在腓骨长肌深面下行，继而于腓骨长、短肌与趾长伸肌之间走行，沿途发支分布于腓骨长肌和腓骨短肌。

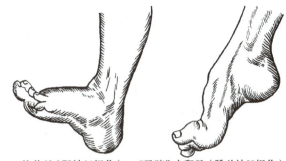

钩状足（胫神经损伤）　　"马蹄"内翻足（腓总神经损伤）

图 8-23　神经损伤后足的畸形

终支在小腿中、下 1/3 交界处浅出为皮支，分布于小腿外侧、足背和第 2~5 趾背的皮肤。**腓深神经**(deep peroneal nerve)分出后在腓骨与腓骨长肌之间斜向前行，在胫骨前肌和趾长伸肌之间与胫前血管伴行，继而在胫骨前肌与拇长伸肌之间下行，最后经踝关节前方达足背。沿途发支分布于小腿前群肌、足背肌及第 1、2 趾相对缘的皮肤。

腓总神经的分布范围主要包括小腿前、外侧群肌和足背肌以及小腿外侧、足背和趾背的皮肤。除此之外，腓总神经尚有分支至膝关节前外侧部和胫腓关节。腓总神经发出的腓肠外侧皮神经分布于小腿外侧面皮肤，并与来自胫神经的腓肠内侧皮神经吻合。

腓总神经绕行腓骨颈处的位置最为表浅，易受损伤。受伤后由于小腿前、外侧群肌功能丧失，表现为足不能背屈，足趾不能伸，足下垂、内翻，呈"马蹄内翻足"畸形(图 8-23)，行走时呈"跨阈步态"。同时小腿前、外侧面及足背区出现明显的感觉障碍。

尾丛(coccygeal plexus)第 4 和第 5 骶神经前支以及尾神经分支组成的小神经丛称为尾丛。位于尾骨的盆面，其分支分布于尾骨肌、部分肛提肌以及骶尾关节。由此丛发出的肛尾神经穿过骶结节韧带后分布于尾骨背面的小片皮肤区。

六、皮神经分布的节段性和重叠性特点

在胚胎发育的早期阶段，每个脊髓节段所属的脊神经都分布到特定的体节，包括肌节和皮节。随着发育过程的不断进行，相应的肌节和皮节以及由此分化和演变的肌群和皮肤发生了形态改变和位置的迁移。但是与它们对应的脊神经以及所属的脊髓节段不变。因此，每对脊神经的分布范围都是恒定的，存在特定的规律。了解和掌握这些规律，尤其是脊神经皮支的节段性分布规律，具有相当的临床价值。

四肢在胚胎发育过程中肌节和皮节的位置变化很大，其典型的节段性分布现象消失，形成了特有的分布规律。在分布到四肢的神经顺序中最上一支脊神经和最下一支脊神经前支的纤维分布于近侧端靠近躯干处，而中间部分的诸支脊神经的纤维则分布于肢体的远侧部分。如分布于上肢的臂丛中第 5 颈神经和第 1 胸神经分布至上肢的近侧部分，而第 6~8 颈神经则分布于上肢的远侧段和手部。这种分布规律对临床上判断损伤的节段定位具有重要的应用价值。

相邻两条脊神经皮支的分布区域存在一定程度的相互重叠。当一条皮神经受损时，一般不会出现该皮神经分布区的感觉丧失，而仅仅表现为感觉迟钝。如果两条以上相邻的皮神经受到损伤时，才会出现损伤神经分布区的感觉完全消失的体征。

了解脊神经在皮肤分布的节段性和重叠性的现象，对临床某些神经系统疾病的定位诊断有重要的参考意义。

（王　峰）

Note

第三节　临床联系

一、概述

(一) 脊神经损伤分类

1. 脊神经损伤的病理类型　脊神经由大量的神经纤维组成,神经纤维是神经元胞体的突起,由轴索、髓鞘和施万 (Schwann) 鞘组成 (图 8-24)。脊神经不同的病理变化可导致不同的临床表现,常见的病理变化可分为以下四种:

(1) **沃勒变性**(Wallerian degeneration):是指任何外伤使轴突断裂后,远端神经纤维发生的一切变化。神经纤维断裂后,由于不再有轴浆运输提供维持和更新轴突所必需的成分,其断端远侧的轴突自近向远发生变化和解体。解体的轴突和髓鞘由施万细胞和巨噬细胞吞噬。断端近侧的轴突和髓鞘可有同样的变化,但一般只到最近的一两个郎飞结而不再继续。再生阶段,施万细胞先增殖,形成神经膜管,成为断端近侧轴突再生支芽伸向远端的桥梁。接近细胞体的轴突断伤则可使细胞体坏死。

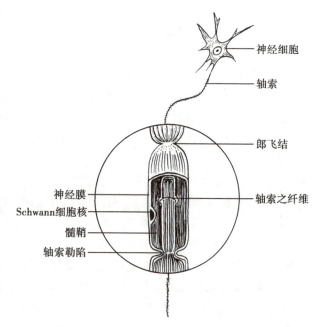

图 8-24　神经纤维的结构

(2) **轴突变性**(axonal degeneration):是常见的一种周围神经病理改变,多由中毒、代谢营养障碍以及免疫介导性炎症等引起。基本病理生理变化为轴突的变性、破坏和脱失,病变通常从轴突的远端向近端发展,故有"**逆死性神经病**(dying-back neuropathy)"之称。其轴突病变本身与沃勒变性基本相似,只是轴突的变性、解体以及继发性脱髓鞘均从远端开始。

(3) **神经元变性**(neuronal degeneration):是指神经元胞体变性坏死继发的轴突及髓鞘破坏,其纤维的病变类似于轴突变性,不同的是神经元一旦坏死,其轴突的全长在短期内即变性和解体,称**神经元病**(neuronopathy)。可见于后根神经节感觉神经元病变,如有机汞中毒、大剂量维生素 B_6 中毒或癌性感觉神经病等;也可见于运动神经元病损,如急性脊髓灰质炎和运动神经元病等。

(4) **节段性脱髓鞘**(segmental demyelination):指髓鞘破坏而轴突相对保存的病变称为脱髓鞘,可见于炎症、中毒、遗传性或后天性代谢障碍。病理上表现为神经纤维有长短不等的节段性脱髓鞘破坏,施万细胞增殖。在脱髓鞘性神经病时,病变可不规则地分布在周围神经的远端及近端,但长的纤维比短的更易于受损而发生传导阻滞,因此临床上运动和感觉障碍以四肢远端为重。

细胞体与轴突、轴突与施万细胞之间有着密切关系,四种病理变化相互关联。神经元病导致轴突变性,接近细胞体的沃勒变性可以使细胞坏死。轴突变性总是迅速继发脱髓鞘,轻度节段性脱髓鞘不一定继发轴突变性,但严重的脱髓鞘则可发生轴突变性。

2. 脊神经损伤程度分类　脊神经可因切割、牵拉、挤压等而损伤,使其功能丧失,按其损伤程度,可分为三类:

（1）**神经失用**（neurapraxia）：即神经传导功能障碍。神经暂时失去传导功能，神经纤维不发生退行性变。临床表现运动障碍明显而无肌萎缩，痛觉迟钝而不消失。数日或数周内功能可自行恢复，不留后遗症，如术中止血带麻痹。

（2）**神经轴索中断**（axonotmesis）：神经受钝性损伤或持续性压迫，轴索断裂致远端的轴索和髓鞘发生变性，神经内膜管完整，轴索可沿施万鞘管长入末梢。临床表现为该神经分布区运动、感觉功能丧失，肌萎缩和神经营养性改变，但多能自行恢复。严重的病例，神经内瘢痕形成，需行神经松解术。

（3）**神经断裂**（neurotmesis）：神经完全断裂，神经功能完全丧失，需经手术修复，方能恢复功能。

（二）脊神经损伤后的表现

1. 损伤神经的变性和再生　神经断裂后，其近、远端神经纤维将发生沃勒变性。远端轴索及髓鞘伤后数小时即发生结构改变，2~3 天逐渐分解成小段或碎片，5~6 天后，吞噬细胞增生，吞噬清除碎裂溶解的轴索与髓鞘。与此同时，施万细胞增生，约在伤后 3 天达到高峰，持续 2~3 周，使施万鞘形成中空的管道，近端再生的神经纤维可长入其中。近端亦发生类似变化，但仅限于 1~2 个郎飞结。神经断伤，其胞体亦发生改变，称为轴索反应，即胞体肿大，胞浆尼氏体溶解或消失。损伤部位距胞体愈近反应愈明显，甚至可致细胞死亡。伤后 1 周，近端轴索长出许多再生的支芽，如神经两断端连接，再生的支芽中如有一根长入远端的施万鞘的空管内，并继续以 1~2mm/d 的速度向远端生长，直至终末器官，恢复其功能，其余的支芽则萎缩消失。而且施万细胞逐渐围绕轴索形成再生的髓鞘。如神经两端不连接，近端再生的神经元纤维组织迂曲呈球形膨大，称为假性神经瘤。远端施万细胞和成纤维细胞增生，形成神经胶质瘤。

2. 运动功能障碍　神经损伤，其所支配的肌肉呈弛缓性瘫痪，主动运动、肌张力和反射均消失。关节活动可被其他肌肉所替代时，应逐一检查每块肌肉的肌力，加以判断。由于关节活动的肌力平衡失调，出现一些特殊的畸形，如桡神经肘上损伤的垂腕畸形、尺神经腕上损伤的爪形手等。随时间延长，肌逐渐发生萎缩，肌萎缩的程度、范围与神经损伤的程度、部位有关。

3. 感觉功能障碍　皮肤感觉包括痛觉、温度觉、触觉等，检查痛觉用针刺，检查温度觉用冷或热刺激，检查触觉用棉花。神经断伤，其所支配的皮肤感觉均消失。由于感觉神经相互交叉、重叠支配，实际感觉完全消失的范围很小，称之为该神经的绝对支配区，如正中神经的绝对支配区为示指和中指远节，尺神经为小指。如神经为部分损伤，则感觉障碍表现为减退、过敏或异常感觉。感觉功能检查对神经功能恢复的判断亦有重要意义，特别是两点辨别觉，即闭目状态下，区别两点同时刺激的能力，其标准是两点间的距离，距离越小越敏感，如手指近节为 4~7mm，末节为 3~5mm。可用分规的双脚同时刺激或特制的两点试验器来检查。

还有一种实体感觉，即闭目时可分辨物体的质地和形状，如金属、玻璃、棉布、丝绸、纸张等，可以代替视觉。一般神经损伤修复后，实体感觉难以恢复。

4. 神经营养性改变　即自主神经功能障碍的表现，神经损伤立即出现血管扩张、汗腺停止分泌，表现为皮肤潮红、皮温增高、干燥无汗等。晚期因血管收缩而表现为皮肤苍白、皮温降低、自觉寒冷，皮纹变浅，触之光滑；指甲增厚，出现纵嵴，生长缓慢，弯曲等。

汗腺功能检查对神经损伤的诊断和神经功能恢复的判断均有重要意义。手指触摸局部皮肤的干、湿和显微镜放大观察指端出汗情况虽可帮助作出判断，但化学方法的检查则更为客观。

5. 叩击试验（Tinel 征）　Tinel 征既可帮助判断神经损伤的部位，也可检查神经修复后，再生神经纤维的生长情况。即按压或叩击神经干，局部出现针刺性疼痛，并有麻痛感向该神经支配区放射为阳性，表示为神经损伤部位；或从神经修复处向远端沿神经干叩击，Tinel 征阳性则是神经恢复的表现。

6. 神经电生理检查　肌电检查和体感诱发电位对于判断神经损伤的部位、程度，帮助观察损伤神经再生及恢复情况有重要价值。

（三）脊神经损伤的治疗

治疗原则　尽可能早地恢复神经的连续性。

（1）闭合性损伤：大部分闭合性神经损伤属于神经传导功能障碍和神经轴索断裂，多能自行恢复。因此，需观察一定时间，如仍无神经功能恢复表现，或已恢复部分神经功能，但停留在一定水平后不再有进展，或主要功能无恢复者，则应行手术探查。观察时间一般不超过 3 个月，最好每月作一次电生理检测，如连续两次无进步则不必再等待。观察期间应进行必要的药物和物理治疗及适当的功能锻炼，防止肌萎缩、关节僵硬和肢体畸形。

（2）开放性损伤：切割伤，创口整齐且较清洁，神经断端良好而无神经缺损，闭合伤口后估计不会发生感染，有一定技术和设备条件，均应一期进行神经缝合。辗压伤和撕脱伤致神经缺损而不能缝合，断端不整齐且难以估计损伤的范围，应将两神经断端与周围组织固定，以防神经回缩，留待二期行神经修复。火器伤、受高速震荡，神经损伤范围和程度不易确定，不宜行一期处理。

一期修复，在伤后 6~8 小时内即行手术；延期修复为伤后 2~4 周内进行手术，适合未进行一期修复神经，创口无感染者；二期修复在伤后 2~4 个月进行。开放性损伤，神经连续性存在，神经大部分功能或重要功能丧失，伤后 2~3 个月无明显再生征象者，应立即手术探查。

二、常见的脊神经损伤

（一）上肢的神经损伤

1. 臂丛损伤（injury of brachial plexus）　臂丛神经损伤多由牵拉所致，如汽车、摩托车事故或从高处跌下，肩部和头部着地，重物压伤颈肩部以及胎儿难产等，暴力使头部与肩部向相反方向分离，常引起臂丛上干损伤，重者可累及中干。如患肢被皮带或传送带卷入，肢体向上被牵拉，造成臂丛下干损伤，水平方向牵拉则可造成全臂丛损伤，甚至神经根从脊髓发出处撕脱。

臂丛神经损伤主要分为上臂丛、下臂丛和全臂丛神经损伤。上臂丛包括 C_5~C_7，由于 C_7 单独支配的肌肉功能障碍不明显，主要临床表现与上干神经损伤相似，即腋神经支配的三角肌麻痹致肩外展障碍和肌皮神经支配的肱二头肌麻痹所致屈肘功能障碍。下臂丛的 C_8、T_1 或下干神经损伤，主要临床表现为尺神经、部分正中神经和桡神经麻痹，即手指不能伸、屈，并有手内部肌麻痹表现，而肩、肘、腕关节活动基本正常。全臂丛损伤表现为整个上肢肌呈弛缓性麻痹，全部关节主动活动功能丧失。臂丛神经如为根性撕脱伤，则其特征性的表现为 C_5~C_7 神经支配的肩胛提肌、菱形肌麻痹及前锯肌麻痹；C_8、T_1 神经损伤出现 Horner 征，即患侧眼裂变窄，眼球轻度下陷，瞳孔缩小，面颈部不出汗。

臂丛神经损伤的治疗原则为：开放性损伤、手术伤及药物性损伤，应早期探查。闭合性牵拉伤，应确定损伤部位、范围和程度，定期观察恢复情况，3 个月无明显功能恢复者应行手术探查，根据情况行神经松解、缝合或移植术。根性撕脱伤，则应早期探查，采用膈神经、副神经、颈丛神经、肋间神经和健侧 C_7 神经移位，以恢复患肢和手部部分重要功能。臂丛神经部分损伤，神经修复后功能无恢复者，可采用剩余有功能的肌肉行肌腱移位术或关节融合术重建部分重要功能。

2. 正中神经损伤（injury of median nerve）　正中神经于腕部和肘部位置表浅，易受损伤，特别是腕部切割伤较多见。正中神经在肘上无分支，其损伤可分为高位损伤（肘上）和低位损伤（腕部）。腕部损伤时所支配的鱼际肌和蚓状肌麻痹及所支配的手部感觉障碍，临床表现主要是拇指对掌功能障碍和手的桡侧半感觉障碍，特别是示、中指远节感觉消失。而肘上损伤则所支配的前臂肌亦麻痹，除上述表现外，另有拇指和示、中指屈曲功能障碍。

正中神经挤压所致闭合性损伤，应予短期观察，如无恢复表现则应手术探查。如为开放性

损伤应争取行一期修复,错过一期修复机会者,伤口愈合后亦应尽早手术修复。神经修复后感觉功能一般都能恢复,拇指和示、中指屈曲及拇指对掌功能不能恢复者可行肌腱移位修复。

　　3. 尺神经损伤(injury of ulnar nerve)　尺神经易在腕部和肘部损伤,腕部损伤主要表现为骨间肌,3、4蚓状肌和拇收肌麻痹所致环、小指爪形手畸形及手指内收、外展障碍和 Froment 征,即示指与拇指对指时表现示指近侧指间关节屈曲、远侧指间关节过伸,而拇指的掌指关节过伸、指间关节屈曲。手部尺侧半和尺侧一个半手指感觉障碍,特别是小指感觉消失。肘上损伤除以上表现外另有环、小指末节屈曲功能障碍,一般仅表现为屈曲无力。

　　尺神经损伤修复后手内肌功能恢复较差,特别是高位损伤。除应尽早修复神经外,腕部尺神经运动与感觉神经已分成束,可采用神经束缝合,以提高手术效果。晚期功能重建主要是矫正爪形手畸形。

　　4. 桡神经损伤(injury of radial nerve)　桡神经在肱骨中、下 1/3 交界处紧贴肱骨,该处骨折所致的桡神经损伤最为常见,主要表现为伸腕、伸拇、伸指、前臂旋后功能障碍,手背桡侧和桡侧三个半手指背面皮肤感觉障碍,以手背虎口处皮肤麻木为主。典型的畸形是垂腕。如为桡骨小头脱位或前臂背侧近端所致骨间背侧神经损伤,则桡侧腕长伸肌功能完好,伸腕功能基本正常,而仅有伸拇、伸指障碍,而无手部感觉障碍。

　　肱骨骨折所致桡神经损伤多为牵拉伤,大部分可自行恢复,在骨折复位固定后,应观察 2~3 个月,如肱桡肌功能恢复则继续观察,否则可能是神经断伤或嵌入骨折断端之间,应即手术探查。如为开放性损伤应在骨折复位时同时探查神经并行修复。晚期功能不恢复者,可行肌腱移位重建伸腕、伸拇、伸指功能,效果良好。

　　(二)下肢的神经损伤

　　1. 股神经损伤(injury of femoral nerve)　股神经来自腰丛,沿髂肌表面下行,穿腹股沟韧带并于其下 3~4cm 处,股动脉的外侧分成前、后两股,支配缝匠肌、股四头肌,皮支至股前部,在膝部移行为隐神经支配小腿内侧皮肤。股神经损伤较少见,且多为手术伤,伤后主要临床表现为股四头肌麻痹所致膝关节伸直障碍及股前、小腿内侧感觉障碍。如为手术伤应尽早予以修复。

　　2. 坐骨神经损伤(injury of sciatic nerve)　坐骨神经分为胫神经和腓总神经组成,分别起自 L_4、L_5 和 S_1~S_3 前、后股,包围在一个结缔组织鞘中。穿梨状肌下缘至臀部,于臀大肌深面沿大转子与坐骨结节中点下行,股后部在股二头肌与半膜肌之间行走,至腘窝尖端分为胫神经和腓总神经,沿途分支支配股后部的股二头肌、半腱肌和半膜肌。损伤后表现依损伤平面而定。髋关节后脱位、臀部刀伤、臀肌挛缩手术伤以及臀部肌注药物均可致其高位损伤,引起股后部肌肉及小腿和足部所有肌肉全部瘫痪,导致膝关节不能屈、踝关节与足趾运动功能完全丧失,呈足下垂。小腿后外侧和足部感觉丧失,足部出现神经营养性改变。由于股四头肌健全,膝关节呈伸直状态,行走时呈跨越步态。如在股后中、下部损伤,则腘绳肌正常,膝关节屈曲功能保存。高位损伤预后较差,应尽早手术探查,根据情况行神经松解或修复手术。

　　3. 胫神经损伤(injury of tibial nerve)　胫神经于腘窝中间最浅,伴行腘动、静脉经比目鱼肌腱弓深面至小腿,小腿上 2/3 处行走于小腿三头肌和胫骨后肌之间,于内踝后方穿屈肌支持带进入足底,支配小腿后侧屈肌群和足底感觉。股骨髁上骨折及膝关节脱位易损伤胫神经,引起小腿后侧屈肌群及足底内在肌麻痹,出现足跖屈、内收、内翻,足趾跖屈、外展和内收障碍,小腿后侧、足背外侧、跟外侧和足底感觉障碍。此类损伤多为挫伤,应观察 2~3 个月,无恢复表现则应手术探查。

　　4. 腓总神经损伤(common peroneal nerve injury)　腓总神经于腘窝沿股二头肌内缘斜向外下,经腓骨长肌两头之间绕腓骨颈,即分为腓浅、深神经。前者于腓骨长、短肌间下行,小腿下 1/3 穿出深筋膜至足背内侧和中间。后者于趾长伸肌和胫骨前肌间,贴骨间膜下降,与胫前动、静脉伴行,于踇、趾长伸肌之间至足背。支配小腿前外侧伸肌群及小腿前外侧和足背皮肤。腓

Note

总神经易在腘部及腓骨小头处损伤,导致小腿前外侧伸肌麻痹,出现足背屈、外翻功能障碍,呈内翻下垂畸形;伸蹬、伸趾功能丧失,呈屈曲状态;小腿前外侧和足背前、内侧感觉障碍。该处损伤位置表浅,神经均可触及,应尽早手术探查。功能不恢复者,晚期行肌腱移位或踝关节融合矫正足下垂畸形。

三、脊神经卡压综合征

脊神经在其走行中,因其解剖特点,需要跨越或穿过腱膜、筋膜,经过一些骨-纤维隧道,局部空间有一定的限制。当这些隧道因各种原因产生狭窄,或组织增生、肥厚、粘连等均致神经被卡压,长此下去便可产生神经传导障碍,严重者可致神经永久性损害。这种现象称之为神经卡压综合征。

(一) 腕管综合征

腕管综合征(carpal tunnel syndrome)是正中神经在腕管内受压而表现的一组症状和体征。是周围神经卡压综合征中最常见的一种。

应用解剖:腕管是一个由腕骨和腕横韧带组成的骨-纤维管道,腕骨构成底和两侧壁,其上为腕横韧带。腕管内有拇长屈肌腱,2~4指的指浅、指深屈肌腱和正中神经通过,正中神经最表浅,位于腕横韧带和其他肌腱之间(图8-25)。当腕关节屈曲时,正中神经受压,同时用力握拳,则受压更剧。正中神经出腕管后分支支配除拇内收肌以外的大鱼际肌,1、2蚓状肌及桡侧半手掌、指的皮肤感觉。

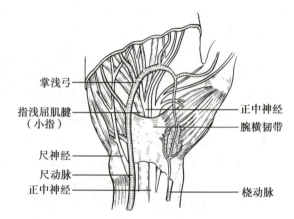

掌浅弓
指浅屈肌腱
（小指）
尺神经
尺动脉
正中神经
正中神经
腕横韧带
桡动脉

图 8-25　腕横韧带处的解剖关系

病因:①腕管管腔本身变小:腕横韧带可因内分泌病变(肢端肥大症、黏液性水肿)或外伤后瘢痕形成而增厚;腕部骨折、脱位(桡骨下端骨折、腕骨骨折和月骨周围脱位等)使腕管狭窄。②外源性压迫:皮肤严重瘢痕或良性肿瘤,很少见。③管腔内容物增多、体积增大:腕管内腱鞘囊肿、神经鞘膜瘤、外伤后血肿机化等都将过多占据管腔内容积而使腕管内各种结构相互挤压、摩擦,正中神经即表现出功能障碍。④职业因素:长期过度使用腕部,如木工、厨师等。

临床表现:①中年女性多见,如为男性者,则常有职业病史。②病人感到桡侧三个手指端麻木或疼痛,持物无力,以中指为甚。夜间或清晨症状重,适当抖动手腕症状可以减轻。③拇、示、中指有感觉过敏或迟钝。大鱼际萎缩,拇指对掌无力。腕部正中神经 Tinel 征阳性,屈腕试验(Phalen 征)阳性。④电生理检查:大鱼际肌肌电图及腕-指的正中神经传导速度测定有神经损害征。

治疗:①早期,腕关节制动于中立位,非肿瘤和化脓炎症者,可在腕管内注射泼尼松,通常能收到好的疗效。②对腕管内腱鞘囊肿、病程较长的慢性滑膜炎、良性肿瘤及异位的肌腹应手术切除。

(二) 肘管综合征

肘管综合征(elbow tunnel syndrome)是指尺神经在肘部尺神经沟内因慢性损伤而产生的症状和体征。

应用解剖:尺神经沟为肱骨内髁和内上髁之间的背侧骨性凹面,被尺侧副韧带、尺侧腕屈肌筋膜和弓状韧带所覆盖,之间的通道称为肘管。尺神经在肘管内走行,当肘关节屈、伸时,尺神经在肘管内被反复牵张或松弛。

Note

病因:①肘外翻:是最常见的原因。幼时肘关节骨折而导致肘外翻畸形,此时尺神经呈弓弦状被推向内侧使张力增高,肘关节屈曲时张力更高,如此在肘关节内反复摩擦即可产生尺神经慢性创伤性炎症和变性。②尺神经半脱位:因先天性尺神经沟较浅或肘管顶部的筋膜、韧带结构松弛,屈肘时尺神经滑出尺神经沟外,这种反复滑移使尺神经受到损伤。③肱骨内上髁骨折:如骨折块向下移位,可压迫尺神经。④创伤性骨化:肘关节创伤后在尺神经沟附近发生骨化性肌炎,可导致尺神经受压。

临床表现:①手背尺侧、小鱼际、小指及环指尺侧半皮肤首先发生感觉异常,通常为麻木或刺痛。②小指对掌无力及手指收、展不灵活。③检查可见手部小鱼际、骨间肌萎缩,及环、小指呈爪状畸形。夹纸试验阳性及尺神经沟处 Tinel 征阳性,Froment 征阳性。④电生理检查可发现尺神经沟下尺神经传导速度减慢,小鱼际和骨间肌肌电图异常。

治疗:手术探查尺神经,如术中发现该段神经较硬或有狭窄,应行神经外膜、或束间松解,并将尺神经前置。

(三) 旋后肌综合征

旋后肌综合征(supinator syndrome)是由于桡神经深支(骨间背神经)在旋后肌腱弓附近被卡压,使前臂伸肌功能障碍为主要表现的一种综合征。

应用解剖:旋后肌起于尺骨上端后方桡侧,向外、下、前斜行止于桡骨上端桡侧。分为深、浅两层。桡神经深支经旋后肌两层之间通过。旋后肌的近侧缘是较为坚硬的腱性结构,称为旋后肌腱弓,神经易在此处受压(图 8-26)。

病因:手工业工人、键盘操作者及某些运动员因前臂伸肌过度使用所致慢性创伤性炎症;类风湿性关节炎所致非感染性炎症均可使旋后肌腱弓处增生、粘连和瘢痕形成。此外,旋后肌处良性占位性病变以及桡神经在旋后肌内行径异常,均可使神经受到过大压力而发生功能障碍。

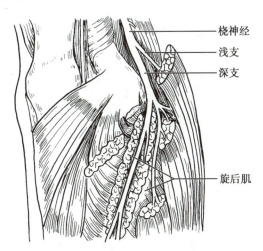

图 8-26　桡神经深支与旋后肌关系

临床表现:桡神经深支支配的肌肉麻痹多不完全,包括拇指外展、伸直障碍,2~5 指掌指关节不能主动伸直,而前臂旋后障碍可能较轻。腕关节可以主动伸直,但偏向桡侧。没有虎口区感觉异常。电生理检查可见前臂桡神经运动传导速度减慢而感觉传导速度正常。

治疗:一旦诊断确立,即应行神经探查术,切开旋后肌腱弓减压,切除致压物,需要时作神经束间松解。

(四) 梨状肌综合征

梨状肌综合征(pyriformis muscle syndrome)是坐骨神经在臀部受到卡压的一种综合征,在下肢神经慢性损伤中最为多见。

应用解剖:梨状肌是髋关节外旋肌中最上一个。坐骨神经约 85% 经梨状肌下缘出骨盆,向下行于上孖肌、闭孔内肌、下孖肌、股方肌和臀大肌之间,然后至大腿后方支配大腿后侧及膝以下的运动和感觉。

病因:臀部外伤出血、粘连、瘢痕形成;注射药物使梨状肌变性、纤维挛缩;髋臼骨折。少数病人因坐骨神经出骨盆时变异,当髋外旋时肌肉强力收缩可使坐骨神经受到过大压力,长此以往产生神经慢性损伤。

临床表现:梨状肌综合征主要为坐骨神经痛,疼痛从臀部经大腿后方向小腿和足部放射。疼痛较剧烈、行走困难。检查时病人有疼痛性跛行,轻度小腿肌肉萎缩,小腿以下皮肤感觉异常。

有时臀部可扪及索状(纤维瘢痕)或块状物(骨痂)。"4"字试验时予以外力拮抗可加重或诱发坐骨神经痛,臀部压痛处 Tinel 征可阳性。有髋臼骨折病史者 X 线片上可显示移位之骨块或骨痂。

治疗:早期梨状肌综合征可经非手术治疗而得到缓解,如病因不能解决,已形成较重瘢痕粘连或有骨痂压迫、神经行径变异则需手术治疗。手术效果与病程长短关系很大。

(乔洪旺)

本章小结

脊神经干在出椎间孔后立即分为前支、后支、脊膜支和交通支。前支分别交织成丛,即颈丛、臂丛、腰丛和骶丛,由各丛再发出分支分布于躯干前外侧和四肢的肌肉和皮肤,司肌肉运动和皮肤感觉;后支分成肌支和皮支,肌支分布于项、背和腰骶部深层肌,司肌肉运动,皮支分布于枕、项、背、腰、骶及臀部皮肤,司皮肤感觉;脊膜支分布于脊髓被膜、血管壁、骨膜、韧带和椎间盘等处,司一般感觉和内脏运动;交通支为连于脊神经与交感干之间的细支。

脊神经在皮肤的分布有明显的节段性,尤其是颈神经和胸神经的分布。四肢的皮神经分布也有一定的规律性。在分布到四肢的神经顺序中,最上、最下者分布于近侧部近躯干处,而中间的神经则分布于肢体的远侧部。这种分布规律对临床上判断损伤的节段定位具有重要的应用价值。

临床上常见脊神经损伤有正中神经损伤、尺神经损伤、桡神经损伤、坐骨神经损伤、胫神经损伤和腓总神经损伤等;常见的脊神经卡压综合征有腕管综合征、肘管综合征、旋后肌综合征和梨状肌综合征等;常见的脊神经疾病有枕神经痛、臂丛神经痛、肋间神经痛、坐骨神经痛、股外侧皮神经病、多发性神经病和吉兰-巴雷综合征等

思考题

1. 试述脊神经的组成及纤维成分。
2. 简述正中神经易损伤的部位,损伤后的手型。
3. 简述坐骨神经的起始、走行、分支分布及损伤后的表现。
4. 吉兰-巴雷综合征的临床表现及诊断要点有哪些?

第九章　脑干及脑神经

脑干(brain stem)属于中枢神经系统的一部分,是大部分上、下行神经传导通路必经的结构。和第Ⅲ-Ⅻ对脑神经相关的脑神经核位于其内,脑干网状结构包含了重要的生命中枢,如心血管运动中枢和呼吸中枢。因此临床上各种原因(如出血或疝等)导致脑干受压,将会危及生命。

脑神经(cranial nerves)是构成周围神经系统的一部分,共12对,其中第Ⅲ-Ⅻ对脑神经与脑干内脑神经核相联系并附着于脑干表面。脑神经纤维成分较脊神经复杂,包括七种纤维成分。脑神经中除迷走神经外主要分布于头面、颈部。12对脑神经均由颅底的孔裂出入颅,所以当颅底骨折时,容易导致脑神经损伤。当然其他类型的颅脑损伤或脑部疾病(如脑肿瘤、感染等)都可累及脑神经。

第一节　脑干的外形

脑干位于大脑和脊髓之间,呈不规则的柱形。脑干自下而上由**延髓**(medulla oblongata)、**脑桥**(pons)和**中脑**(midbrain)三部分组成。延髓接续于脊髓,中脑头端与间脑相接。位于延髓、脑桥和小脑之间的室腔称第四脑室。脑干表面附有第Ⅲ-Ⅻ对脑神经根(图9-1)

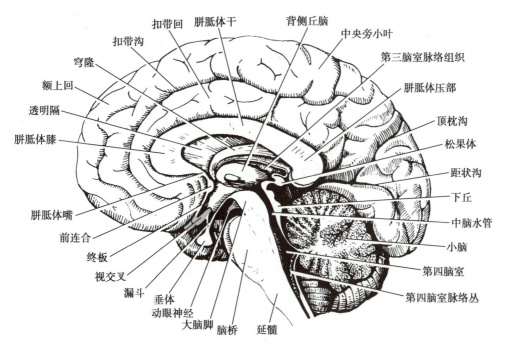

图 9-1　脑的正中矢状切面(见书后彩图)

一、脑干的腹侧面

(一) 延髓

延髓(图 9-2):形似倒置的圆锥体,下端约平枕骨大孔处与脊髓相续,上端借横行的**延髓脑桥沟**(bulbopontine sulcus)与脑桥为界。延髓下部的外形与脊髓相似,脊髓表面的各条纵行沟、裂向上延续到延髓腹侧面的正中有前正中裂,其两侧的纵行隆起为**锥体**(pyramid),其深面为大脑皮质发出的下行锥体束(主要为皮质脊髓束)纤维构成。在锥体的下端,大部分皮质脊髓束纤维左右交叉,形成发辫状的**锥体交叉**(decussation of pyramid),部分填充了前正中裂。锥体上部背外侧的卵圆形隆起称**橄榄**(olive),内含下橄榄核。锥体和橄榄之间的前外侧沟中有舌下神经根丝出脑。在橄榄背外侧的后外侧沟内,自上而下依次有舌咽神经、迷走神经和副神经的根丝附着。

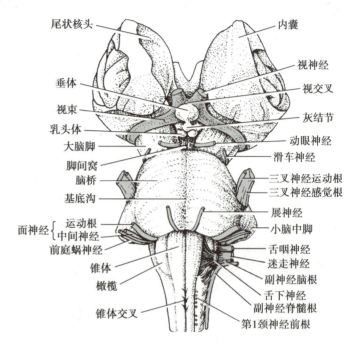

图 9-2　脑干外形(腹侧面)(见书后彩图)

图中标注(左侧,自上而下):尾状核头、垂体、视束、乳头体、大脑脚、脚间窝、脑桥、基底沟、面神经{运动根、中间神经}、前庭蜗神经、锥体、橄榄、锥体交叉

图中标注(右侧,自上而下):内囊、视神经、视交叉、灰结节、动眼神经、滑车神经、三叉神经运动根、三叉神经感觉根、展神经、小脑中脚、舌咽神经、迷走神经、副神经脑根、舌下神经、副神经脊髓根、第1颈神经前根

(二) 脑桥

脑桥(图 9-2):腹侧面宽阔隆起,称**脑桥基底部**(basilar part of pons),主要由大量的横行纤维和部分纵行纤维构成,其正中线上的纵行浅沟称**基底沟**(basilar sulcus),容纳基底动脉。基底部向后外逐渐变窄形成**小脑中脚**(middle cerebellar peduncle),又称**脑桥臂**(brachium pontis),两者交界处有三叉神经根(包括粗大的感觉根和位于其前内侧细小的运动根)附着。脑桥基底部的上缘与中脑的大脑脚相接,下缘以延髓脑桥沟与延髓为界,沟内自中线向外侧依次有展神经、面神经和前庭蜗神经根附着。

在延髓脑桥沟的外侧部,延髓、脑桥和小脑的结合处,临床上称为**脑桥小脑三角**(pontocerebellar trigone),前庭蜗神经根恰连于此处。前庭蜗神经纤维瘤时,病人除了有听力障碍和小脑损伤的症状外,肿瘤还可压迫位于附近的面神经、三叉神经、舌咽神经和迷走神经,产生相应的临床症状。

(三) 中脑

中脑(图 9-2):上界为间脑的视束,下界为脑桥上缘。两侧各有一粗大的纵行柱状隆起,称**大脑脚**(cerebral peduncle),其浅部主要由大脑皮质发出的下行纤维构成。两侧大脑脚之间的凹陷为**脚间窝**(interpeduncular fossa),窝底称**后穿质**(posterior perforated substance),有许多血管出入的小孔。动眼神经根附着于脚间窝的下部,大脑脚的内侧。

二、脑干的背侧面

(一) 延髓

延髓背侧面可分为上、下两部(图 9-3),上部由于中央管开放形成菱形窝(第四脑室底)的下半部;下部形似脊髓,在后正中沟的两侧各有两个膨大,内侧者为**薄束结节**(gracile tubercle),外

Note

上者为**楔束结节**(cuneate tubercle)，二者与脊髓的薄束、楔束相延续，其深面分别含有薄束核和楔束核，薄束和楔束分别终止于此两核。楔束结节外上方的隆起为**小脑下脚**(inferior cerebellar peduncle)，又称**绳状体**(restiform body)，其内的纤维向后连于小脑。

（二）脑桥

脑桥背侧面(图 9-3)形成**菱形窝**(rhomboid fossa)的上半部，窝的外上界为左右**小脑上脚**(superior cerebellar peduncle)，又称**结合臂**(brachium conjunctivum)。两脚间夹有薄层白质板，称**上髓帆**(superior medullary velum)，参与构成第四脑室顶。脑桥与中脑的移行部变窄称菱脑峡。

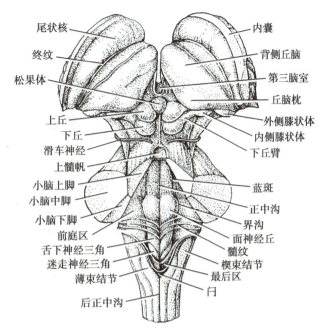

图 9-3　脑干外形（背侧面）

图中标注：
尾状核　终纹　松果体　上丘　下丘　滑车神经　上髓帆　小脑上脚　小脑中脚　小脑下脚　前庭区　舌下神经三角　迷走神经三角　薄束结节　后正中沟

内囊　背侧丘脑　第三脑室　丘脑枕　外侧膝状体　内侧膝状体　下丘臂　蓝斑　正中沟　界沟　面神经丘　髓纹　楔束结节　最后区　闩

（三）中脑

中脑背侧面(图 9-3)为四叠体，由上、下两对圆形的隆起构成，分别称**上丘**(superior colliculus)和**下丘**(inferior colliculus)，其深面分别含有上丘核和下丘核，是视觉和听觉反射中枢。在上、下丘的外侧，各自向外上方伸出一条长的隆起，称上丘臂(brachium of superior colliculus)和下丘臂(brachium of inferior colliculus)，分别连于间脑的外侧膝状体和内侧膝状体。在下丘的下方与上髓帆之间有滑车神经根出脑，它是唯一自脑干背侧面出脑的脑神经。

（四）菱形窝

菱形窝(图 9-3)是延髓上部和脑桥的背侧面，呈菱形，由延髓上部和脑桥内的中央管于后壁中线处向后敞开而形成。因形成第四脑室的底部，又称**第四脑室底**(floor of fourth ventricle)。此窝的外上界为小脑上脚，外下界自内下向外上依次为薄束结节、楔束结节和小脑下脚。外上界与外下界的汇合处为菱形窝的外侧角，外侧角与其背侧的小脑之间为**第四脑室外侧隐窝**(lateral recess of fourth ventricle)，此隐窝绕小脑下脚转向腹侧。此窝的正中线上有纵贯全长的**正中沟**(median sulcus)，将此窝分为左右对称的两半。自正中沟中部向外至外侧角的数条浅表的横行纤维束，称**髓纹**(striae medullares)，为脑桥和延髓在脑干背面的分界线，将菱形窝分为上、下两部分。

在正中沟的外侧，各有一大致与之平行的纵行**界沟**(sulcus limitans)，将左右两半的菱形窝又分为内、外侧区。外侧区呈三角区，称**前庭区**(vestibular area)，深方有前庭神经核。前庭区的外侧角有一小隆起称**听结节**(acoustic tubercle)，内藏蜗背侧核。正中沟和界沟之间的内侧区称为**内侧隆起**(medial eminence)，其紧靠髓纹上方的部位，有一较明显的圆形隆凸为**面神经丘**(facial colliculus)，内隐面神经膝和展神经核；髓纹下方的延髓部可见两个小的三角形区域，内上者为**舌下神经三角**(hypoglossal triangle)，内藏舌下神经核，外下者为**迷走神经三角**(vagal triangle)，内含迷走神经背核。迷走神经三角的外下缘有一斜行的窄嵴称**分隔索**(funiculus separans)，其与薄束结节之间有一窄带，称**最后区**(area postrema)，属室周器官之一，富含血管和神经胶质等，并与分隔索一起，被含有伸长细胞的室管膜覆盖。在新鲜标本上，界沟上端的外侧可见一呈蓝灰色的小区域，称**蓝斑**(locus ceruleus)，内含蓝斑核，为含黑色素的去甲肾上腺素能神经元聚集的部位。在菱形窝下角处，两侧外下界之间的圆弧形移行部称**闩**(obex)，与第四脑室脉络组织相连(图 9-3、图 9-4、图 9-5)。

Note

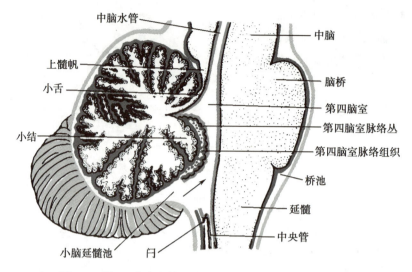

图 9-4 脑干、小脑和第四脑室正中矢状切面(见书后彩图)

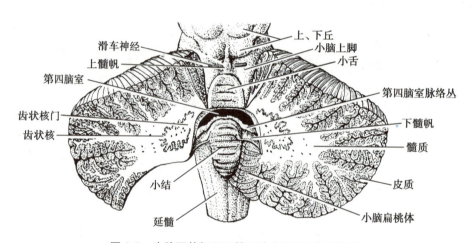

图 9-5 小脑冠状切面示第四脑室顶(见书后彩图)

第二节 脑 神 经

脑神经属于周围神经,由于其与脑相连,故称为脑神经。脑与外周组织器官中的感受器和效应器借脑神经彼此相联系。脑神经共 12 对,按其自上而下与脑相连的顺序,分别用罗马数字表示(图 9-6,表 9-1、表 9-2)。

表 9-1 脑神经的名称、性质、连脑部位及出入颅腔的部位

顺序及名称	性质	连脑部位	进出颅腔的部位
Ⅰ 嗅神经	感觉性	端脑	筛孔
Ⅱ 视神经	感觉性	间脑	视神经管
Ⅲ 动眼神经	运动性	中脑	眶上裂
Ⅳ 滑车神经	运动性	中脑	眶上裂
Ⅴ 三叉神经	混合性	脑桥	第 1 支眼神经经眶上裂 第 2 支上颌神经经圆孔 第 3 支下颌神经经卵圆孔
Ⅵ 展神经	运动性	脑桥	眶上裂

Note

续表

顺序及名称	性质	连脑部位	进出颅腔的部位
Ⅶ 面神经	混合性	脑桥	内耳门→茎乳孔
Ⅷ 前庭蜗神经	感觉性	脑桥	内耳门
Ⅸ 舌咽神经	混合性	延髓	颈静脉孔
Ⅹ 迷走神经	混合性	延髓	颈静脉孔
Ⅺ 副神经	运动性	延髓	颈静脉孔
Ⅻ 舌下神经	运动性	延髓	舌下神经管

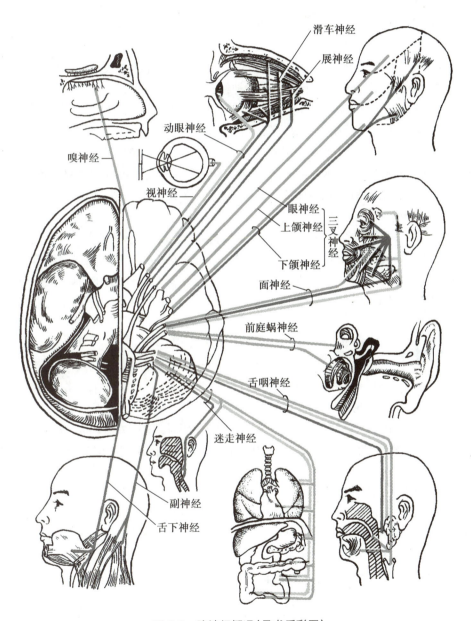

图 9-6　脑神经概况（见书后彩图）

　　脑神经的纤维成分较脊神经复杂，含有 7 种纤维成分，它们主要依据胚胎发生、神经纤维支配及功能等方面的特点而划分。

　　1. **一般躯体感觉纤维**　分布于皮肤、肌、肌腱和眶内、口腔、鼻腔大部分黏膜。
　　2. **特殊躯体感觉纤维**　分布于外胚层衍化来的特殊感觉器官即视器和前庭蜗器。

3. **一般内脏感觉纤维**　分布于头、颈、胸腔和腹腔的脏器。

4. **特殊内脏感觉纤维**　分布于味蕾和嗅器。虽然这些感受器是由外胚层衍化而来，但与进食等内脏活动相关，故将与其联系的神经纤维称为特殊内脏感觉纤维。

5. **一般躯体运动纤维**　分布于中胚层肌节衍化来的眼球外肌和舌肌。

6. **一般内脏运动纤维**　分布于平滑肌、心肌和腺体。

7. **特殊内脏运动纤维**　分布于咀嚼肌、面肌和咽喉肌等。这些横纹肌是由与消化管前端有密切关系的腮弓衍化而来，因此将分布于这些肌肉的神经纤维称为特殊内脏运动纤维。

脑神经虽然总体上有 7 种纤维成分，但就每一对脑神经而言，所包含的纤维成分种类多少不同，根据其包含的纤维成分及其性质分为三类：①**感觉性神经**，如Ⅰ、Ⅱ和Ⅷ对脑神经；②**运动性神经**，如Ⅲ、Ⅳ、Ⅵ、Ⅺ和Ⅻ对脑神经；③**混合性神经**，包括Ⅴ、Ⅶ、Ⅸ、Ⅹ对脑神经，这四对脑神经既含感觉纤维，又含运动纤维。

内脏运动纤维根据其形态和功能等方面的特点，又分为交感和副交感两部分。脊神经所含的内脏运动纤维多属于交感神经，仅第 2~4 骶神经所含的内脏运动纤维属于副交感神经。而脑神经中的一般内脏运动纤维均属于副交感神经，仅存在于Ⅲ、Ⅶ、Ⅸ和Ⅹ对脑神经中。

Ⅲ、Ⅶ、Ⅸ和Ⅹ对脑神经中的一般内脏运动纤维（副交感神经纤维）从脑干的相应神经核团发出后，先终止于相应的副交感神经节，在节内交换神经元后，由节内的神经元再发出纤维至该神经所支配的平滑肌、心肌和腺体。因此，凡含一般内脏运动纤维的脑神经都有属于自己的副交感神经节。这些副交感神经节有的较大，肉眼可见，位于所支配器官的近旁；有的则很小，弥散分布于所支配的器官壁内。

脑神经中的一般躯体感觉纤维以及一般和特殊内脏感觉纤维多为假单极神经元的突起，这些假单极神经元的胞体在脑外聚集成脑神经节，计有**Ⅴ三叉神经节**、**Ⅶ膝状神经节**、**Ⅸ和Ⅹ的上、下神经节**，其性质与脊神经节相同。由双极神经元胞体聚集而成的**Ⅷ前庭神经节**和**蜗神经节**，均位于耳内，节内神经元的突起组成了脑神经的特殊躯体感觉纤维，其功能分别与传导平衡觉和听觉信息有关。

一、嗅神经

嗅神经（olfactory nerve）由特殊内脏感觉纤维组成，属于感觉性脑神经（图 9-6）。位于上鼻甲及其相对的鼻中隔黏膜内的嗅细胞的中枢突构成嗅神经纤维。这些纤维聚集成 20 多条嗅丝，穿过筛孔入颅前窝，连于嗅球，传导嗅觉。颅前窝骨折累及筛板时，可撕脱嗅丝和脑膜，造成嗅觉障碍或丧失，同时脑脊液也可流入鼻腔。鼻炎时，当炎症蔓延至鼻腔上部黏膜，可造成一时性嗅觉迟钝。

二、视神经

视神经（optic nerve）由特殊躯体感觉纤维组成，传导视觉冲动。视网膜节细胞的轴突在视神经盘处聚集，穿过巩膜筛板后续为视神经。视神经在眶内长 2.5~3cm，行向后内，穿经视神经管入颅中窝。颅内段长 1~1.2cm，向后内走行至垂体前方形成视交叉。在视交叉处，来自双侧眼球鼻侧半视网膜的纤维交叉，来自双侧眼球颞侧半视网膜的纤维不交叉。

视网膜的发育：眼球的主要部分和视神经是由胚胎早期间脑向外突出形成的视泡发育而来，其中视网膜由视泡发育的视杯内、外两层共同分化而成。因此，视神经外面包有由三层脑膜延续而来的三层被膜，脑的蛛网膜下隙也随之延伸至视神经周围和视神经盘处，所以当颅内压增高时，表现为视神经盘水肿。同时，脑膜或视神经被膜的疾患也常沿此途径互相累及（图 9-7）。

三、动眼神经

动眼神经（oculomotor nerve）为运动性神经，含有一般躯体运动和一般内脏运动两种纤维。一般躯体运动纤维来自中脑上丘平面的**动眼神经核**，一般内脏运动纤维来自中脑的**动眼神经副核**。动眼神经自中脑腹侧脚间窝出脑，紧贴小脑幕切迹边缘和蝶鞍后床突侧面前行，穿经海绵窦外侧壁上部前行，经眶上裂入眼眶后，立即分成上、下两支。上支较细小，分布于上睑提肌和上直肌；下支粗大，分布于下直肌、内直肌

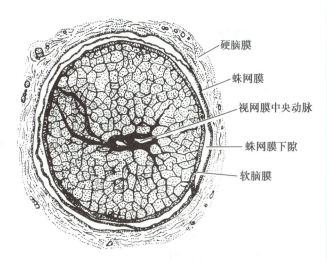

图 9-7　视神经横切面

和下斜肌。动眼神经中的一般内脏运动纤维（副交感神经纤维）由下斜肌支单独以小支分出，称**睫状神经节短根**，前行至视神经后段外侧的**睫状神经节**交换神经元，其节后纤维进入眼球，支配睫状肌和瞳孔括约肌，参与视物的调节反射和瞳孔对光反射（图 9-8、图 9-9）。

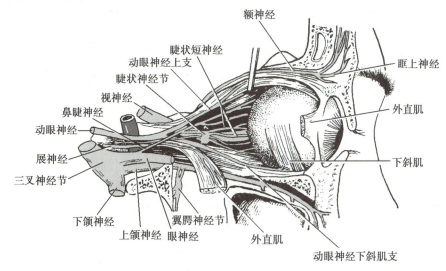

图 9-8　眶内的神经（右外侧面观）（见书后彩图）

睫状神经节 ciliary ganglion 为扁平椭圆形的副交感神经节，位于视神经与外直肌之间，约 2mm×2mm×1mm 大小。脑神经的副交感神经节一般都有些细小的神经支与其相连，习惯将这些神经支称为神经节的根。睫状神经节有感觉、交感、副交感 3 种根：①**副交感根**，即睫状神经节短根，来自动眼神经中的一般内脏运动纤维经此根进入睫状神经节，在此节交换神经元，节内神经元发出节后纤维加入睫状短神经进入眼球；②**交感根**，来自颈内动脉表面的交感神经丛，穿过睫状神经节直接加入睫状短神经，进入眼球后支配瞳孔开大肌和眼球内血管；③**感觉根**，来自三叉神经第 1 支眼神经的鼻睫神经支，穿过鼻睫神经节随睫状短神经入眼球，传导眼球的一般感觉。睫状短神经一般 6~10 支，自睫状神经节发出，在眼球后极于视神经周围进入眼球。由于随动脉来的交感神经纤维和鼻睫神经的感觉神经纤维都穿过此节而达眼球，因此阻滞麻醉此节及其附近的神经根，就可有效地阻断结膜、角膜和眼球中膜各部的感觉传入；同时可使眼内血管收缩、降低眼内压，所以眼科常作此神经节麻醉以达上述目的，称**球后麻醉**（图 9-8、图 9-9）。

动眼神经损伤后，可致上睑提肌、上直肌、内直肌、下直肌和下斜肌瘫痪；出现上睑下垂、瞳孔斜向外下方及瞳孔扩大，对光反射消失等症状。

Note

四、滑车神经

滑车神经(trochlear nerve)为运动性脑神经,仅含一般躯体运动纤维,来自中脑下丘平面的**滑车神经核**,向后交叉至对侧,从中脑背侧下丘下方出脑,根丝极细。该神经离脑后,绕大脑脚外侧前行,也穿经海绵窦外侧壁向前,经眶上裂入眶。在眶内跨过上直肌和上睑提肌,向前内侧行,进入并支配上斜肌的运动。滑车神经是唯一一对从脑干背面出脑的脑神经(图9-9)。

五、三叉神经

三叉神经(trigeminal nerve)(图9-9、图9-10、图9-11)为最粗大的混合性脑神经,含一般躯体感觉和特殊内脏运动两种纤维。其特殊内脏运动纤维来自脑桥中段的**三叉神经运动核**,纤维组成三叉神经运动根,位于感觉根内侧,和感觉纤维一起从脑桥基底部与小脑中脚交界处出、入脑。运动

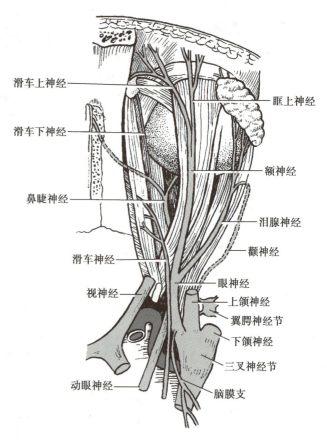

图9-9　眶内的神经(右上面观)(见书后彩图)

根出脑后穿经三叉神经节进入三叉神经的下颌神经中,经卵圆孔出颅,随下颌神经分支分布于咀嚼肌等。运动根内尚含有从外周至三叉神经中脑核的纤维,主要传导咀嚼肌的本体感觉。三叉神经以一般躯体感觉神经纤维为主,这些纤维的细胞体位于**三叉神经节**(trigeminal ganglion)(半月节)内。该神经节位于颅中窝颞骨岩部前面近尖端的三叉神经压迹处,被硬脑膜形成的美

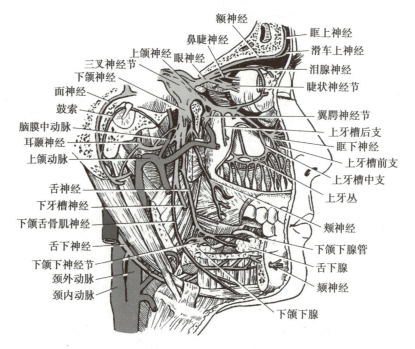

图9-10　三叉神经(见书后彩图)

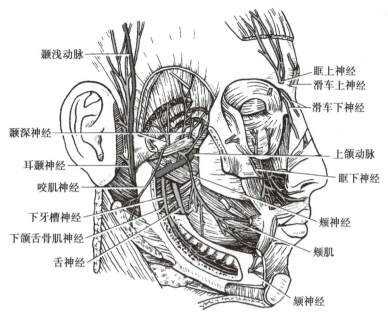

颞浅动脉
眶上神经
滑车上神经
滑车下神经
颞深神经
耳颞神经
咬肌神经
上颌动脉
眶下神经
下牙槽神经
颊神经
颊肌
下颌舌骨肌神经
舌神经
颏神经

图 9-11　下颌神经(见书后彩图)

克尔腔包裹。三叉神经节由感觉性假单极神经元胞体组成,其中枢突集中构成粗大的三叉神经感觉根,由脑桥基底部与桥臂交界处入脑,止于三叉神经诸感觉核,其中传导痛温觉的纤维主要终止于**三叉神经脊束核**;传导触觉的纤维主要终止于**三叉神经脑桥核**;其周围突形成三叉神经三大分支,即第 1 支**眼神经**、第 2 支**上颌神经**、第 3 支**下颌神经**,分支分布于头面部皮肤,眼及眶内、口腔、鼻腔、鼻旁窦的黏膜,牙齿和脑膜等,传导痛、温、触等多种感觉(图 9-10、图 9-11)。

(一)眼神经

眼神经(ophthalmic nerve)仅含一般躯体感觉纤维,自三叉神经节发出后,穿行海绵窦外侧壁,伴行于动眼神经、滑车神经的下方,继而经眶上裂入眶,分支分布于眶壁、眼球、泪器、结膜、硬脑膜、部分鼻和鼻旁窦黏膜、额顶部及上睑和鼻背部的皮肤。眼神经分支如下:

1. 额神经(frontal nerve)　是眼神经最上面的粗大分支,在眶上壁骨膜与上睑提肌之间前行,途中有 2~3 分支,其中**眶上神经** supraorbital nerve 较大,伴眶上血管向前经眶上孔(切迹)出眶,分布于额和上睑部皮肤。另一支向前内行经滑车上方出眶,称**滑车上神经**(supratrochlear nerve),分布于鼻背及内眦附近皮肤(图 9-9、图 9-10、图 9-11)。

2. 泪腺神经(lacrimal nerve)　细小,沿眶外侧壁、外直肌上方行向前外至泪腺,除分支分布于泪腺外,还分出细支穿外眦到达面部,分布于上睑和外眦部的皮肤,传导泪腺及附近区域的感觉。泪腺神经与上颌神经的颧神经有交通支,从而将颧神经中来自面神经的副交感纤维导入泪腺,控制泪腺分泌(图 9-9、图 9-10)。

3. 鼻睫神经(nasociliary nerve)　从眼神经发出后,在上直肌和视神经之间向前内行达眶内侧壁,沿途发出较多分支。**滑车下神经**(infratrochlear nerve)为鼻睫神经的较大分支,行于上斜肌下方,在滑车下方出眶,分布于鼻背、眼睑的皮肤及泪囊;**筛前、筛后神经**分布于筛窦、鼻腔黏膜及颅前窝硬脑膜;睫状长神经在眼球后方穿入眼球,分布于角膜、虹膜和睫状体等处。此外,鼻睫神经尚有小支连于睫状神经节,构成该神经节的感觉根(图 9-8、图 9-9、图 9-10)。

此外,眼神经在海绵窦外侧壁行程中尚发出小脑幕神经,司小脑幕感觉。

(二)上颌神经

上颌神经(maxillary nerve)与眼神经一样,仅含一般躯体感觉纤维,自三叉神经节发出后,即进入海绵窦外侧壁,沿其下部向前,经圆孔出颅,进入翼腭窝上部,主干继续前行经眶下裂入眶,延续为眶下神经。上颌神经主要分布于上颌牙和牙龈、口腔顶及鼻腔和上颌窦黏膜、部分硬脑

膜及睑裂与口裂之间的皮肤(图9-10、图9-11、图9-12),接受其感觉。主要分支如下:

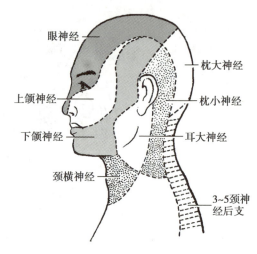

图 9-12　头面部皮肤分布示意图(见书后彩图)

1. **眶下神经(infraorbital nerve)**　为上颌神经主干的终末支,经眶下裂入眶后,紧贴眶下壁向前,经眶下沟、眶下管出眶下孔后分为数支,分布于下睑、鼻翼、上唇的皮肤和黏膜。临床行上颌部手术时,常经眶下孔进行麻醉。

2. **上牙槽神经(superior alveolar nerves)**　有上牙槽后、中、前3条支,其中**上牙槽后神经**自翼腭窝内的上颌神经本干发出,向外进入颞下窝,穿上颌骨体后面的上颌结节进入上颌窦;**上牙槽中、前神经**分别在眶下沟和眶下管内自眶下神经分出,向下穿上颌骨进入上颌窦。上牙槽神经的3条分支在上颌骨骨质内相互吻合形成上牙槽神经丛,由丛发支分布于上颌牙、牙龈及上颌窦黏膜。

3. **颧神经(zygomatic nerve)**　较细小,在翼腭窝处分出,经眶下裂入眶后分为**颧面神经**和**颧颞神经**两终支,穿经眶外侧壁分布于颧、颞部皮肤。颧神经还借交通支将来源于面神经的副交感神经节后纤维导入泪腺神经内,控制泪腺分泌。

4. **翼腭神经(pterygopalatine nerve)**　也称**神经节支**,为2~3条细小神经,始于上颌神经行至翼腭窝处,向下连于**翼腭神经节**(副交感神经节),穿过神经节后分布于腭、鼻腔的黏膜及腭扁桃体,传导这些区域的感觉。

此外,上颌神经出颅前还发出硬脑膜神经,分布于颅中窝前部的硬脑膜。

(三)下颌神经

下颌神经(mandibular nerve)是三叉神经三大分支中最粗大的一支,既含一般躯体感觉纤维又含特殊内脏运动纤维,为混合性神经。自卵圆孔出颅后,在翼外肌深面分为前、后两干,前干细小,除发出肌支分布于咀嚼肌、鼓膜张肌和腭帆张肌外,还发出一感觉支**颊神经**;后干粗大,除感觉支分布于硬脑膜、下颌牙及牙龈、舌前2/3及口腔底的黏膜、耳颞区和口裂以下的皮肤外,还发出肌支支配下颌舌骨肌和二腹肌前腹(图9-11、图9-12)。下颌神经主要分支如下:

1. **耳颞神经(auriculotemporal nerve)**　以两神经根起于下颌神经后干,两根间夹持脑膜中动脉,向后合成一支,经下颌颈内侧转向上行,与颞浅血管伴行穿过腮腺,经耳屏前向上分布于颞区皮肤。耳颞神经亦有分支至腮腺实质的深部,传导感觉冲动,并将来源于舌咽神经的副交感纤维导入腺体,控制腮腺分泌。

2. **颊神经(buccal nerve)**　自下颌神经前干发出后,沿颊肌外面向前下行,分布于颊部皮肤及口腔侧壁黏膜。

3. **舌神经(lingual nerve)**　从下颌神经后干发出后,紧贴下颌支内侧下降,沿舌骨舌肌外侧弓形向前,越过下颌下腺上内方,向前内行到达口腔黏膜深面,分布于口腔底及舌前2/3黏膜,传导一般感觉。舌神经在其行程中,有面神经的鼓索支加入同行。鼓索包含两种纤维:一般内脏运动纤维(副交感纤维)和特殊内脏感觉纤维(传导味觉的纤维)。其中副交感纤维在舌神经中行至下颌下腺上方时,离开舌神经向下进入下颌下神经节,交换神经元后,节后纤维分布于下颌下腺和舌下腺。传导味觉的纤维则随舌神经分布于舌前2/3区域的味蕾,传递该部的味觉信息。

4. **下牙槽神经(inferior alveolar nerve)**　为混合性神经,是下颌神经后干中较粗大的一支,在舌神经后方,沿翼内肌外侧下行,经下颌孔入下颌管,在管内分支形成下牙槽神经丛,由丛分支分布于下颌牙及牙龈,其终支自下颌骨颏孔穿出,称**颏神经**,分布于颏部及下唇的皮肤和黏膜。下牙槽神经中的特殊内脏运动纤维常独立成干,组成**下颌舌骨肌神经**,在下颌支内侧行向

前下至口腔底部,支配下颌舌骨肌及二腹肌前腹。

5. 咀嚼肌神经(nerve of muscles of mastication)　属特殊内脏运动性神经,源自下颌神经前干起始部,分支有咬肌神经、颞深神经、翼内肌神经、翼外肌神经,分别支配同名咀嚼肌。

三叉神经的三大分支在头、面部皮肤具有明显区域性分布规律,以眼裂和口裂为界,眼裂以上为眼神经分布区,眼裂与口裂之间为上颌神经分布区,口裂以下是下颌神经分布区(图 9-12)。一侧三叉神经损伤时,出现同侧头、面部皮肤及眼、口腔和鼻腔黏膜一般感觉丧失;角膜反射消失;一侧咀嚼肌瘫痪,张口时下颌偏向患侧。

六、展神经

展神经(abducent nerve)为一般躯体运动纤维组成的运动性脑神经,来自脑桥被盖部的**展神经核**,纤维向腹侧自延髓脑桥沟中线外侧出脑,前行至颞骨岩部尖端,向前穿入海绵窦。在窦内沿颈内动脉外下方前行,经眶上裂穿总腱环入眶,从外直肌后部的内侧面入该肌。展神经损伤可引起外直肌瘫痪,产生内斜视(图 9-8、图 9-13)。

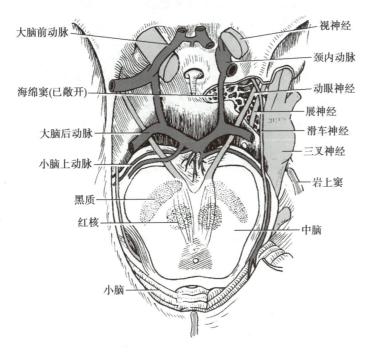

图 9-13　眼外肌的神经与海绵窦的关系(见书后彩图)

七、面神经

面神经(facial nerve)为混合性脑神经,含有 4 种纤维成分:①特殊内脏运动纤维是面神经中含量最多的纤维种类,起于脑桥被盖部的**面神经核**,主要支配表情肌的运动;②一般内脏运动纤维起于脑桥的**上泌涎核**,属副交感神经节前纤维,在**翼腭神经节**和**下颌下神经节**换元后,其节后纤维分布于泪腺、下颌下腺、舌下腺及鼻腔和腭部的黏膜腺,控制其分泌;③特殊内脏感觉纤维,即味觉纤维,其胞体位于颞骨岩部面神经管转折处的**膝神经节**(geniculate ganglion),周围突分布于舌前 2/3 黏膜的味蕾,中枢突终止于脑干内的**孤束核上部**;④一般躯体感觉纤维,其胞体亦位于膝神经节内,传导耳部小片皮肤的浅感觉和表情肌的本体感觉至脑干的**三叉神经感觉核**。

面神经由两个根组成,较大的运动根在脑桥小脑三角处,从延髓脑桥沟外侧部出脑;较小的混合根,也称**中间神经**(intermediate nerve),自运动根的外侧出脑。两根进入内耳门后合成一干,与前庭蜗神经伴行,穿内耳道底进入与鼓室相邻的面神经管,先水平走行,继而垂直下行,后经

Note

茎乳孔出颅,进入颞下窝,然后向前穿过腮腺浅、深部之间到达面部,分布于面部表情肌。面神经干在面神经管转折处,有膨大的膝神经节,为感觉神经元胞体所在的结构(图9-14、图9-15)。

面神经在行走途中发出较多分支,分支的发出部位主要集中在面神经管内和面神经管外,分别称为面神经管内的分支和颅外的分支(图9-14、图9-15)。

(一)面神经的颅外分支

面神经主干经茎乳孔出颅后即发出数小支,支配附近的枕额肌的枕腹、耳周围肌、二腹肌后

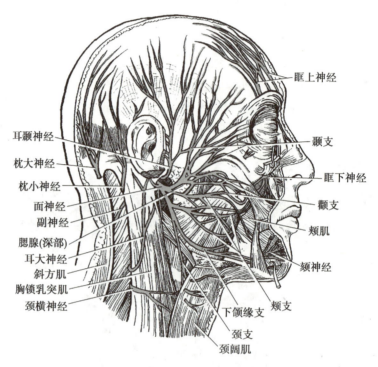

图9-14 面神经在面部分支(见书后彩图)

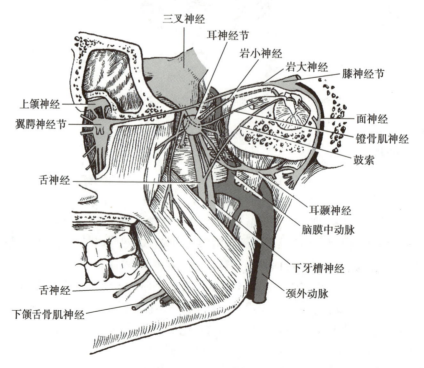

图9-15 鼓索、翼腭神经节与耳神经节(见书后彩图)

腹和茎突舌骨肌。面神经主干前行进入腮腺实质,在腮腺浅、深两部之间分支形成**腮腺内丛**,由丛发出分支呈辐射状从腮腺的上缘和前缘穿出,分布于面部诸表情肌(图9-14)。具体分支如下:

1. **颞支**(temporal branches)　从腮腺上缘发出,常为2~3支,支配枕额肌的额腹和眼轮匝肌等。

2. **颧支**(zygomatic branches)　从腮腺前缘的上部发出,常为3~4支,支配眼轮匝肌及颧肌。

3. **颊支**(buccal branches)　在腮腺前缘腮腺导管的上、下方发出,3~4支,向前分布于颊肌、口轮匝肌及其他口周围肌。

4. **下颌缘支**(marginal mandibular branch)　从腮腺前缘的下部发出,沿下颌骨下缘前行,分布于下唇诸肌。

5. **颈支**(cervical branch)　在腮腺前缘的下部近下颌角处发出,下行于颈阔肌深面,支配该肌。

(二)面神经管内的分支

面神经在面神经管内,起initial向前外侧走行较短距离,此后急转向后,掠过鼓室内侧壁前庭窗后上方到达鼓室后壁,此段称为面神经的**水平部**。在此段的转折处有膝神经节存在,**岩大神经**即由此发出。在鼓室后壁处,面神经又转折向下,最后经茎乳孔出颅至面部。此段几乎呈垂直位下降,故称为面神经的**垂直部**。镫骨肌神经在垂直部的上段发出,鼓索则在垂直部的中、下段交界处,距茎乳孔上方约6mm处发出。

1. **镫骨肌神经**(stapedial nerve)　支配鼓室内的镫骨肌。

2. **岩大神经**(greater petrosal nerve)　也称**岩浅大神经**。含一般内脏运动神经,于膝神经节处分出,经颞骨岩部前面的岩大神经裂孔穿出并前行,后经破裂孔出颅中窝至颅底,在此,与来自颈内动脉交感神经丛的**岩深神经**合成**翼管神经**,继而前行穿翼管至翼腭窝,进入翼腭神经节,在节内交换神经元,其节后纤维随神经节的一些分支及三叉神经的分支到达泪腺、腭部及鼻腔黏膜的腺体,支配其分泌。其中分布至泪腺的节后纤维,先经三叉神经的上颌神经的分支颧神经,再经颧神经与眼神经的泪腺神经之间的交通支进入泪腺(图9-15)。

3. **鼓索**(chorda tympani)　在面神经出茎乳孔前约6mm处发出,进入鼓室,沿鼓膜内侧前行,横过锤骨柄的上端达鼓室前壁,最后穿岩鼓裂出鼓室至颞下窝,向前下并入三叉神经的舌神经中,并随其分支分布。鼓索含两种纤维:特殊内脏感觉纤维即味觉纤维,随舌神经分布于舌前2/3的味蕾,传导味觉;一般内脏运动纤维即副交感神经纤维,进入舌神经下方的下颌下神经节,换元后节后纤维分布于下颌下腺和舌下腺,控制腺体的分泌(图9-15)。

翼腭神经节(pterygopalatine ganglion)　也称**蝶腭神经节**,位于翼腭窝上部,上颌神经主干的下方,为一不规则扁平小结,有3个神经根:①**副交感根**,来自**岩大神经**的副交感神经节前纤维,在节内交换神经元;②**交感根**,来自颈内动脉交感丛发出的**岩深神经**;③**感觉根**,来自上颌神经向下的几条短的**翼腭神经**。翼腭神经节发出分支分布于泪腺、腭和鼻的黏膜,传导黏膜的一般感觉和控制腺体的分泌(图9-15)。

下颌下神经节(submandibular ganglion)　位于舌神经与下颌下腺之间,也有3个根:①**副交感根**,来自面神经的**鼓索**,伴舌神经到达此节,在节内交换神经元;②**交感根**,来自面动脉交感丛的分支;③**感觉根**,来自舌神经的感觉纤维。自节发出分支分布于下颌下腺和舌下腺,传导一般感觉和控制腺体分泌。

如上所述,面神经内起于上泌涎核的副交感节前纤维,通过岩大神经和鼓索分别分布到头、面部的相关腺体。这些节前纤维到达所支配的腺体之前,都需在相应的副交感神经节内交换神经元。与面神经副交感节前纤维有关的副交感神经节为翼腭神经节和下颌下神经节。

八、前庭蜗神经

前庭蜗神经(vestibulocochlear nerve),又称**位听神经**,为特殊躯体感觉性脑神经,由传导平衡觉的前庭神经和传导听觉的蜗神经两部分组成(图9-6)。

1. 前庭神经（vestibular nerve）　传导平衡觉,其感觉神经元为双极神经元,胞体在内耳道底聚集成**前庭神经节**(vestibular ganglion)。双极神经元的周围突穿内耳道底分布于内耳球囊斑、椭圆囊斑和壶腹嵴中的毛细胞;中枢突组成前庭神经,经内耳道、内耳门入颅腔,在脑桥小脑角处,经延髓脑桥沟外侧部入脑干,终止于前庭神经核群和小脑的绒球小结叶等部。

2. 蜗神经（cochlear nerve）　传导听觉,其感觉神经元亦为双极神经元,胞体在耳蜗的蜗轴内聚集成**蜗神经节**(cochlear ganglion)(**螺旋神经节**),双极神经元的周围突分布于内耳螺旋器的毛细胞;中枢突集成蜗神经,在内耳道、内耳门与前庭神经伴行入颅腔,于脑桥小脑角处,经延髓脑桥沟外侧部入脑干,终止于蜗神经的蜗腹侧核和蜗背侧核。

当颞骨岩部骨折波及内耳道时,将出现前庭蜗神经合并面神经受损。前庭蜗神经损伤后表现为伤侧耳聋和平衡功能障碍;若只是轻微损伤,因前庭神经核群与网状结构和植物性神经结构有着密切的联系,前庭神经受刺激后可出现眩晕和眼球震颤等症状,常伴有恶心、呕吐发生。

> **前庭蜗神经中的传出纤维:**有实验证明,听觉的感受装置、螺旋器的毛细胞还接受来自上橄榄核及其附近的传出纤维的控制;球囊斑、椭圆囊斑和壶腹嵴尚接受前庭神经核群的传出纤维的调控。这些纤维可能对听觉和平衡觉的传入信息起负反馈调节作用。

九、舌咽神经

舌咽神经(glossopharyngeal nerve)为混合性脑神经,是 12 对脑神经中含纤维成分最多的一对脑神经。含有 5 种纤维成分:①**一般内脏运动纤维**(副交感神经纤维),发自**下泌涎核**,在**耳神经节**内交换神经元后,节后纤维支配腮腺分泌;②**特殊内脏运动纤维**,起于**疑核**,支配茎突咽肌;③**一般内脏感觉纤维**,其神经元胞体位于颈静脉孔处的舌咽神经的**下神经节**内,其周围突分布于舌后 1/3 部、咽、咽鼓管和鼓室等处黏膜,以及颈动脉窦和颈动脉小球;中枢突终于**孤束核下部**,传导一般内脏感觉;④**特殊内脏感觉纤维**,其神经元胞体亦位于舌咽神经的**下神经节**内,其周围突分布于舌后 1/3 部的味蕾;中枢突终止于**孤束核上部**;⑤**一般躯体感觉纤维**,很少,其神经元胞体位于舌咽神经的**上神经节**内,周围突分布于耳后皮肤;中枢突入脑干后止于**三叉神经脊束核**。

舌咽神经的根丝连于延髓后外侧沟(橄榄后沟)上部,纤维向前外与迷走神经、副神经同穿颈静脉孔前部出、入颅,在孔内神经干上有膨大的**上神经节**(superior ganglion),出孔时形成稍大的**下神经节**(inferior ganglion)。舌咽神经出颅后先在颈内动、静脉间下降,继而越过颈内动脉外侧弓形向前,经舌骨舌肌内侧达舌根(图 9-16)。其主要分支如下:

1. 舌支（lingual branches）　为舌咽神经的终支,在三叉神经舌神经的上方,经舌骨舌肌深面分布于舌后 1/3 部的黏膜和味蕾,传导一般内脏感觉和味觉。

2. 咽支（pharyngeal branches）　为 3~4 条细支,短距离走行后即分布于咽壁。在咽后、侧壁内,舌咽神经咽支与迷走神经和交感神经的咽支交织成丛,由丛发出分支分布于咽肌及咽黏膜,传导咽部黏膜的感觉信息和参与咽部的反射活动。

3. 鼓室神经（tympanic nerve）　发自舌咽神经的下神经节,经颅底外面颈静脉孔前方的鼓室小管下口进入鼓室。在鼓室内侧壁黏膜内,该神经纤维与交感神经纤维共同形成**鼓室丛**,由丛发出数小支分布于鼓室、乳突小房和咽鼓管黏膜,传导一般内脏感觉。鼓室神经的终支为**岩小神经**(lesser petrosal nerve),内含来自下泌涎核的副交感神经节前纤维,经鼓室小管上口于颞骨岩部前面出鼓室,向前内行经卵圆孔出颅中窝,到达**耳神经节**交换神经元,其节后纤维随三叉神经的下颌神经的耳颞神经,分布于腮腺,支配其分泌。

4. 颈动脉窦支（carotid sinus branch）　1~2 支,在颈静脉孔下方发出,沿颈内动脉下行,分

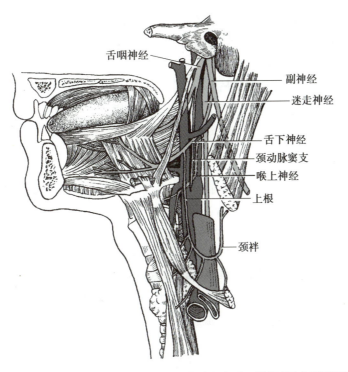

图 9-16 舌咽神经、迷走神经和舌下神经(见书后彩图)

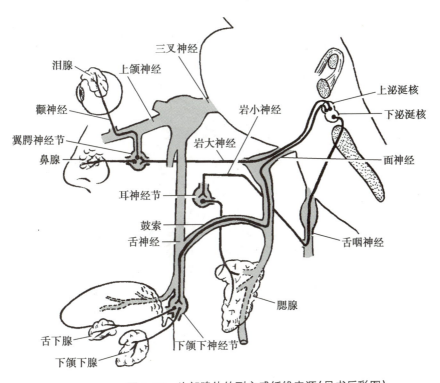

图 9-17 头部腺体的副交感纤维来源(见书后彩图)

布于**颈动脉窦**和**颈动脉小球**,将动脉压力的变化和血液中二氧化碳浓度变化的刺激传入中枢,反射性的调节血压和呼吸(图 9-16)。

舌咽神经发出的**扁桃体支**与上颌神经的分支在扁桃体周围形成**扁桃体丛**,分支分布于腭扁桃体、软腭和咽喉部的黏膜。此外,舌咽神经尚发出**茎突咽肌支**支配同名肌。

隶属于舌咽神经的副交感神经节为**耳神经节**(otic ganglion),位于卵圆孔下方,贴附于下颌神经干的内侧,有 4 个根:①**副交感根**,来自岩小神经的副交感神经节前纤维,在节内交换神经元后,节后纤维随耳颞神经至腮腺,支配腺体分泌;②**交感根**,来自脑膜中动脉的交感神经丛分支;③**运动根**,来自下颌神经,分布于鼓膜张肌和腭帆张肌;④**感觉根**,来自耳颞神经,分布于腮腺,传导腮腺一般感觉(图9-17)。

一侧舌咽神经损伤表现为同侧舌后1/3部味觉消失,舌根及咽峡区痛温觉消失,同侧咽肌收缩无力。舌咽神经损伤时多不出现咽反射和吞咽反射障碍,提示可能还有其他神经传导咽部感觉信息。

十、迷走神经

迷走神经(vagus nerve)为混合性脑神经,是行程最长、分布最广的脑神经。含有4种纤维成分:①**一般内脏运动纤维**,属于副交感节前纤维,来自延髓的**迷走神经背核**,随迷走神经分支分布,在器官旁或器官壁内的副交感神经节交换神经元,节后纤维支配颈部、胸腔所有内脏器官和腹腔大部分内脏器官的平滑肌、心肌的活动和腺体的分泌;②**特殊内脏运动纤维**,起于延髓的**疑核**,支配咽喉部肌;③**一般内脏感觉纤维**,其神经元胞体位于颈静脉孔下方的迷走神经**下神经节**inferior ganglion(**结状神经节**)内,中枢突终于**孤束核**,周围突随迷走神经的一般内脏运动纤维分支分布于颈部和胸、腹腔的脏器,传导一般内脏感觉;④**一般躯体感觉纤维**,其神经元胞体位于迷走神经的**上神经节**(superior ganglion)内,中枢突入脑干后止于**三叉神经脊束核**,周围突随迷走神经分支分布于硬脑膜、耳廓后面及外耳道皮肤,传导一般感觉(图9-18)。

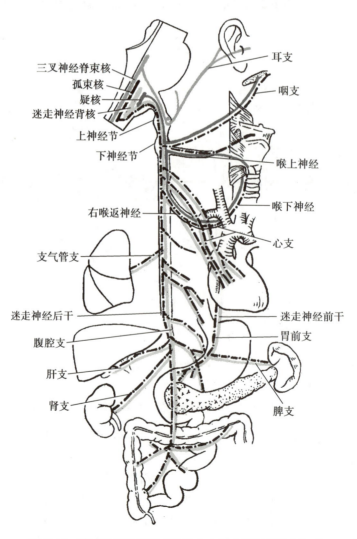

图9-18　迷走神经的纤维成分及分布示意图(见书后彩图)

迷走神经以多条神经根丝连于延髓橄榄后沟的中部,在舌咽神经稍后方经颈静脉孔出、入颅。在此孔内,迷走神经干上有两处膨大,分别为迷走神经上、下神经节。出颅后,迷走神经在颈部的颈动脉鞘内下行,于颈内静脉与颈内动脉或颈总动脉之间的后方至颈根部,经胸廓上口入胸腔。左、右迷走神经在胸腔内的行程略有不同。**左迷走神经**在左颈总动脉与左锁骨下动脉之间下行,越过主动脉弓的左前方,经左肺根的后方下行至食管前面分成许多细支,参与构成**左肺丛**和**食管前丛**。在食管下段,分散的神经丛又逐渐集中延续为**迷走神经前干**,进而随食管穿膈的食管裂孔进入腹腔,分布于胃前壁、肝和胆囊等。**右迷走神经**经右锁骨下动、静脉之间,沿气管右侧下行,于右肺根后方达食管后面,分支参与形成**右肺丛**和**食管后丛**,分散的神经丛在食管下段后面集中构成**迷走神经后干**,继续下行穿膈的食管裂孔进入腹腔,分布于胃后壁,其终支腹腔支与交感神经等共同构成**腹腔丛**,分支分布于腹腔内诸多脏器。迷走神经沿途发出许多分支,其中较重要的分支如图9-18、图9-19所示。

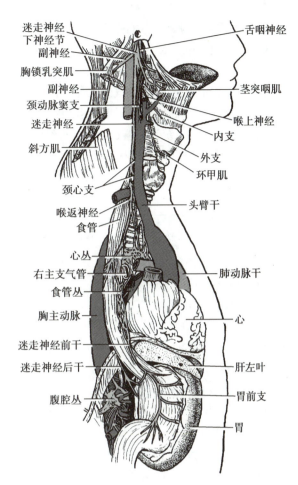

图 9-19　舌咽神经、迷走神经和副神经(见书后彩图)

(一) 颈部的分支

1. **喉上神经(superior laryngeal nerve)** 从迷走神经的下神经节处发出,在颈内动脉内侧下行,在舌骨大角平面分成内、外支。外支细小,为含特殊内脏运动纤维的运动支,伴甲状腺上动脉下行,支配环甲肌;内支为感觉支,伴喉上动脉穿甲状舌骨膜入喉腔,分布于舌根、咽、会厌及声门裂以上的喉黏膜,传导一般内脏感觉及味觉。

2. **颈心支(cervical cardiac branches)** 有**颈上心支**和**颈下心支**。在喉和气管两侧下行入胸腔,与颈交感神经节发出的颈心神经交织构成**心丛**。心丛分支至心脏,调节心脏活动。颈上心支有一小分支称**主动脉神经**或**减压神经**,分布于主动脉弓的壁内,感受血压变化和血液化学成分改变的信息。

3. **耳支(auricular branch)** 自迷走神经上神经节发出,含一般躯体感觉纤维,向后走行分布于耳廓后面及外耳道的皮肤。

4. **咽支(pharyngeal branches)** 起于下神经节,含一般内脏感觉和特殊内脏运动纤维,与舌咽神经和颈部交感神经的咽支共同构成**咽丛**,分布于咽缩肌、软腭的肌肉及咽部黏膜。

5. **脑膜(meningeal branches)** 发自迷走神经上神经节,分布于颅后窝的硬脑膜,传导一般躯体感觉冲动。

(二) 胸部的分支

1. **喉返神经(recurrent laryngeal nerve)** 左、右喉返神经的起始和行程有所不同。**右喉返神经**在右迷走神经干经过右锁骨下动脉前方处发出,然后向下后方勾绕此动脉上行,返回颈部。**左喉返神经**起始点稍低,在左迷走神经干跨越主动脉弓左前方时发出,勾绕主动脉弓下后方上

Note

行,返回颈部。在颈部,左、右喉返神经均走行于气管与食管之间的沟内,至甲状腺侧叶深面、环甲关节后方进入喉内,终支称**喉下神经**(inferior laryngeal nerve),分数支分布于喉。其中特殊内脏运动纤维支配除环甲肌以外的所有喉肌,一般内脏感觉纤维分布于声门裂以下的喉黏膜。喉返神经在行程中还发出**心支**、**气管支**和**食管支**,分别参加心丛、肺丛和食管丛的构成。

喉返神经是支配大多数喉肌的运动神经,在其入喉前与从外向内横行的甲状腺下动脉及其分支相互交叉。国人统计资料显示喉返神经穿过动脉分支之间者占多数,经过动脉后方者次之,经过动脉前方者较少。在甲状腺外科手术中,钳夹或结扎甲状腺下动脉时,应避免损伤喉返神经。若一侧喉返神经受损可导致声音嘶哑;若两侧喉返神经同时受损,可引起失音、呼吸困难,甚至窒息。

2. 支气管支和食管支(bronchial and esophageal branches)　是左、右迷走神经在胸部发出的若干小支,与交感神经的分支共同构成肺丛和食管丛,自丛发出细支分布于气管、支气管、肺和食管等。主要含一般内脏感觉纤维和一般内脏运动纤维,传导相应脏器和胸膜的感觉和支配器官平滑肌的活动及腺体的分泌。

(三) 腹部的分支

迷走神经进入腹腔后,只含有一般内脏运动纤维(副交感神经纤维)和一般内脏感觉纤维两种成分。迷走神经前干在胃贲门前方附近分为胃前支和肝支;迷走神经后干在胃贲门后方附近分为胃后支和腹腔支。

1. 胃前支(anterior gastric branches)　在胃贲门附近自迷走神经前干发出后,沿胃小弯向右行,沿途发出贲门支和3~4条胃前壁支分布于胃前壁,其终支以"鸦爪"形分支分布于幽门部前壁(图9-20)。

2. 肝支(hepatic branches)　由迷走神经前干在贲门附近分出,向右行进入小网膜两层之间,与交感神经分支一起构成肝丛。肝丛发出细支随肝固有动脉分支分布于肝、胆囊等部位(图9-18、图9-20)。

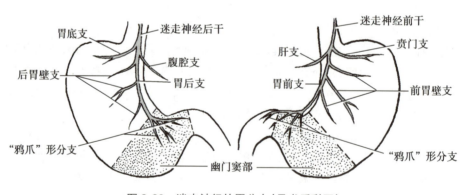

图9-20　迷走神经的胃分布(见书后彩图)

3. 胃后支(posterior gastric branches)　由迷走神经后干在贲门附近发出,沿胃小弯的后面行向幽门,沿途发出胃底支和3~4条胃后壁支分布于胃后壁。终支也以"鸦爪"形分支分布于幽门部后壁。

4. 腹腔支(celiac branches)　为迷走神经后干的终支,向右行至腹腔干附近,与交感神经一起构成腹腔丛。腹腔丛发出的分支随腹腔干、肠系膜上动脉及肾动脉等血管分支分布于肝、胆、胰、脾、肾以及结肠左曲以上的肠管(图9-18、图9-20)。

迷走神经行程长,分支多,分布广泛,是副交感神经系统中最重要的组成部分。迷走神经主干损伤后,内脏功能活动将受到影响,表现为脉速、心悸、恶心、呕吐、呼吸深慢甚至窒息。由于咽、喉部黏膜感觉障碍和喉肌瘫痪,患者可出现声音嘶哑、发音和吞咽困难等症状。由于一侧腭

Note

肌瘫痪松弛,腭垂可偏向一侧。

十一、副神经

副神经(accessory nerve)是由特殊内脏运动纤维构成的运动性脑神经,由**脑根**和**脊髓根**两部分组成。**脑根**来自延髓的疑核下部,自橄榄后沟下部,迷走神经根丝下方出脑,与副神经的脊髓根同行,一起经颈静脉孔出颅,此后加入迷走神经内,随其分支支配咽喉部肌。目前认为组成副神经颅外段的神经纤维主要源于脊髓根。**脊髓根**来自脊髓颈段的副神经核,从脊神经前、后根之间出脊髓,在椎管内上行,经枕骨大孔入颅腔,再与脑根一起经颈静脉孔出颅,此后又与脑根分开,越过颈内静脉浅层行向外下方,在经胸锁乳突肌深面外下行的途中分出一支入该肌后,终支在胸锁乳突肌后缘上、中 1/3 交界处继续向外下后斜行,于斜方肌前缘中、下 1/3 交界处进入斜方肌深面,分为数支支配斜方肌(图 9-21)。

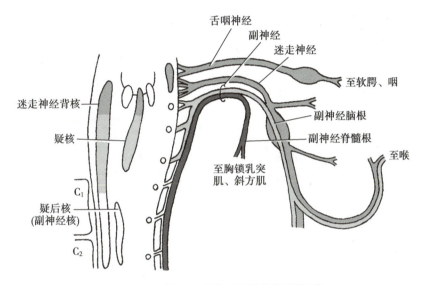

图 9-21　副神经两根示意图(见书后彩图)

副神经脊髓根损伤时,由于胸锁乳突肌瘫痪致头不能向患侧侧屈,面部不能转向对侧。由于斜方肌瘫痪,患侧肩胛骨下垂。

十二、舌下神经

舌下神经(hypoglosal nerve)为运动性脑神经,由一般躯体运动纤维组成。该神经自延髓的舌下神经核发出,以若干根丝从延髓前外侧沟出脑,向外侧经舌下神经管出颅,继而在颈内动、静脉之间弓形向前下走行,跨越颈内、外动脉达舌骨舌肌浅面,在舌神经和下颌下腺管下方穿颏舌肌入舌内,支配全部舌内肌和大部分舌外肌(图 9-16)。

一侧舌下神经完全损伤时,患侧半舌肌瘫痪,伸舌时舌尖偏向患侧;舌肌瘫痪时间过长时,则造成舌肌萎缩(表 9-2)。

表 9-2　脑神经简表

顺序其名称	成分	起核	终核	分布	损伤症状
Ⅰ嗅神经	特殊内脏感觉		嗅球	鼻腔嗅黏膜	嗅觉障碍
Ⅱ视神经	特殊躯体感觉		外侧膝状体	眼球视网膜	视觉障碍
Ⅲ动眼神经	一般躯体运动	动眼神经核		上、下、内直肌,下斜肌、上睑提肌	眼外斜视、上睑下垂

Note

续表

顺序其名称	成分	起核	终核	分布	损伤症状
	一般内脏运动（副交感）	动眼神经副核（E-W核）		瞳孔括约肌,睫状肌	瞳孔对光反射消失晶状体调节障碍
Ⅳ滑车神经	一般躯体运动	滑车神经核		上斜肌	眼不能外下斜视
Ⅴ三叉神经	一般躯体感觉		三叉神经脊束核、三叉神经脑桥核、三叉神经中脑核	头面部皮肤,口腔、鼻腔黏膜、牙及牙龈、眼球、硬脑膜	头面部感觉障碍
	特殊内脏运动	三叉神经运动核		咀嚼肌、二腹肌前腹、下颌舌骨肌、鼓膜张肌和腭帆张肌	咀嚼肌瘫痪
Ⅵ展神经	一般躯体运动	展神经核		外直肌	眼内斜视
Ⅶ面神经	一般躯体感觉		三叉神经脊束核	耳部皮肤	感觉障碍
	特殊内脏运动	面神经核		面肌、颈阔肌、茎突舌骨肌、二腹肌后腹、镫骨肌	额纹消失、眼不能闭合、口角歪向健侧、鼻唇沟变浅
	一般内脏运动	上泌涎核		泪腺、下颌下腺、舌下腺及鼻腔和腭部腺体	分泌障碍
	特殊内脏感觉		孤束核上部	舌前2/3味蕾	舌前2/3味觉障碍
Ⅷ前庭蜗神经	特殊躯体感觉		前庭神经核群	半规管壶腹嵴、球囊斑和椭圆囊斑	眩晕、眼球震颤等
	特殊躯体感觉		蜗神经核	耳蜗螺旋器	听力障碍
Ⅸ舌咽神经	特殊内脏运动	疑核		茎突咽肌	
	一般内脏运动（副交感）	下泌涎核		腮腺	分泌障碍
	一般内脏感觉		孤束核	咽、鼓室、咽鼓管、软腭、舌后1/3的黏膜、颈动脉窦、颈动脉小体	咽与舌后1/3感觉障碍、咽反射消失
	特殊内脏感觉		孤束核上部	舌后1/3味蕾	舌后1/3味觉丧失
	一般躯体感觉		三叉神经脊束核	耳后皮肤	分布区感觉障碍
Ⅹ迷走神经	一般内脏运动（副交感）	迷走神经背核		颈、胸、腹内脏平滑肌、心肌,腺体	心动过速、内脏活动障碍
	特殊内脏运动	疑核		咽喉肌	发声困难、声音嘶哑、吞咽障碍
	一般内脏感觉		孤束核	颈、胸、腹腔脏器,咽喉黏膜	分布区感觉障碍
	一般躯体感觉		三叉神经脊束核	硬脑膜、耳廓及外耳道皮肤	分布区感觉障碍

续表

顺序其名称	成分	起核	终核	分布	损伤症状
XI副神经	特殊内脏运动	疑核(脑部) 副神经核(脊髓部)		咽喉肌 胸锁乳突肌、斜方肌	咽喉肌功能障碍 一侧胸锁乳突肌瘫痪,头无力转向对侧;斜方肌瘫痪,肩下垂、提肩无力
XII舌下神经	一般躯体运动	舌下神经核		舌内肌和部分舌外肌	舌肌瘫痪、萎缩、伸舌时舌尖偏向患侧

(钱亦华)

第三节　临床联系

1. 嗅神经　嗅神经损害多见于鼻腔病变,如上呼吸道感染、鼻炎等鼻黏膜病变等,常引起双侧嗅觉障碍,化疗药物、抗抑郁药、抗生素、降压药和麻醉药等药物也可导致双侧嗅觉障碍。单侧嗅觉减退或缺失常见于前颅窝底骨折、额叶底面肿瘤等病变导致的嗅丝或嗅束损害。幻嗅常见于颞叶肿瘤和癫痫等中枢神经系统病变。

2. 视神经　视觉传导路中的每根神经纤维均与视网膜的每一点具有精确的对应关系,任何一处的损害均可造成视力障碍或视野缺损。一侧视力障碍见于同侧视盘或视神经病变,双侧视力障碍见于两侧视神经或视交叉处的完全性损害,多见于血管栓塞、炎症、外伤、中毒及脱髓鞘疾病等。病变位于视神经、视交叉、视束者,由于瞳孔对光反射弧的传入通路受损,常伴有同侧瞳孔散大、直接和间接对光反应均迟钝或消失。病变位于视放射、枕叶视觉中枢者,因瞳孔对光反射弧的传入通路未受影响,表现为视力丧失而瞳孔大小正常、对光反应灵敏,称为"**皮质盲**(cortical blindness)",但视反射消失。颅内压增高可视盘水肿,需与视神经乳头炎鉴别,后者多有严重的视力障碍及眼球疼痛。长期的视神经和视盘病变可导致视盘萎缩。原发性视神经萎缩多见于视神经本身病变,如球后视神经炎、视神经受肿物直接压迫、外伤、中毒、脱髓鞘疾病等;继发性视神经萎缩多见于长期视盘水肿或视神经炎晚期。

3. 动眼、滑车、外展神经　眼球运动由动眼、滑车和外展神经支配,瞳孔的收缩由动眼神经中的副交感神经支配。动眼、滑车或外展神经受损可导致复视、眼球运动受限、眼球震颤和瞳孔异常。**眼球震颤**(nystagmus)是一种眼球快速而有节律的往返不自主运动,可分为水平性、垂直性、旋转性和混合性眼震。双侧瞳孔散大多见于双眼失明、药物中毒(如阿托品)和癫痫发作;一侧瞳孔散大多见于颞叶钩回疝等所致的动眼神经麻痹,伴同侧直接对光反射迟钝或消失,间接对光反射正常;双侧瞳孔缩小常见于中毒(如镇静催眠药、有机磷中毒等)、脑桥出血等病人;一侧瞳孔缩小,伴有同侧眼裂变小和额面部少汗或无汗者(有时尚有结合膜充血),称**霍纳综合征**(Horner syndrome),由同侧脑干网状结构中的间脑脊髓束、颈8至胸1脊髓侧角以及颈交感神经干通路上的交感神经麻痹所致,多见于脑干、颈胸段脊髓、颈部及肺尖等处的病变。

动眼神经麻痹导致同侧上睑下垂,眼球处于外下斜位,不能向上、下、内转动,瞳孔散大,直接对光反射消失,间接对光反射正常。动眼神经核性损害常表现为双侧单个眼肌麻痹,而前端的 Edinger-wesphal 核常不累及,故瞳孔大多正常。常见于脑干肿瘤及脱髓鞘病变等。动眼神经核下性损害表现为眼睑下垂,眼球外下斜位,眼球向上、向下、向内运动受限,瞳孔散大,对光反应消失。因走行各段邻近结构不同其临床表现也不同:①中脑病变:髓内段动眼神经纤维受损,常累及同侧尚未交叉的锥体束,出现病灶侧动眼神经麻痹伴对侧中枢性面、舌瘫及肢体上运动神经元瘫痪(**Weber 综合征**)。常见于中脑梗死、肿瘤及脱髓鞘病变等。②颅底病变:仅表现为一侧动眼神经麻痹,多见于大脑后动脉瘤、小脑幕切迹疝等。③海绵窦病变:早期可仅有动眼神经麻痹,但此处病变常累及滑车神经和外展神经,故多为全眼麻痹。此外,因同侧三叉神经Ⅰ、Ⅱ支也同时受损,常伴有同侧面部口裂以上感觉减退或三叉神经痛发作,角膜反射减弱或消失,如眼球静脉回流受阻,则伴眼球突出、结合膜充血、水肿等,称为"**海绵窦综合征**"(cavernous sinus syndrome),见于海绵窦血栓形成、海绵窦动静脉瘘等。④眶上裂病变:第Ⅲ、Ⅳ、Ⅵ脑神经及第Ⅴ脑神经的眼支、眼上静脉、脑膜中动脉的眶支和交感神经等穿过眶上裂,炎症、肿瘤或外伤等病变累及眶上裂便可损伤上述结构可导致**眶上裂综合征**(superior orbital fissure syndrome)。临床表现为眼外肌和眼内肌部分或完全麻痹,上睑部分或完全下垂,角膜感觉消失,上睑及前额皮肤感觉减退或消失。眼底检查视神经乳头可以正常或充血,视网膜静脉充血,伴有眼眶区域疼痛,眼球转动时感觉球后疼痛,眼球突出。但无眼球静脉回流受阻症状,因动眼神经入眶上裂分为上、下两支,故有时仅表现为部分眼肌麻痹。见于该处肿瘤、外伤等。⑤眶内病变:同眶上裂病变外,因同时累及视神经,而出现视力减退和视盘水肿。常见于眶内肿瘤、炎症等。动眼神经核上性损害表现为双眼协同运动障碍,如双眼侧视麻痹或同向偏斜,或双眼上视或(和)下视障碍,由脑干或皮质眼球协同运动中枢受损所致。多见于脑干肿瘤、炎症、脱髓鞘病变以及大脑半球血管病变、肿瘤等。

　　滑车神经麻痹导致病人眼球向外下活动受限。临床上多与动眼和外展神经同时受损。外展神经麻痹后眼球处于内收位,外展受限或不能。常见于脑桥病变、后颅凹占位性病变、颅内压增高等。外展神经核性损害表现为病灶同侧眼球外展障碍、内斜视和周围性面瘫,因病变常累及同侧未交叉的锥体束,还可出现对侧肢体上运动神经元性瘫痪(Millard-Gubler 综合征)。多见于脑干梗死和肿瘤。外展神经核下性损害多由颅底病变所致,外展神经在颅底行程较长,容易受损,可为单侧或双侧损害,临床表现为一侧或双侧眼球外展受限或不能。多见于颅底炎症、斜坡肿瘤、颅底转移癌、颅内压增高等。

　　动眼、滑车和外展神经受损可导致全眼肌麻痹,临床表现为眼睑下垂、瞳孔散大、直接对光反射消失、间接对光反射正常,眼球固定于正中位置。多见于同侧眶上裂、海绵窦及颅底处的感染、外伤、肿瘤等病变。

4. 三叉神经　三叉神经受损可导致面部感觉异常、角膜反射障碍或咀嚼肌运动障碍。①面部感觉异常:三叉神经中枢性损害表现为以鼻部为中心由内向外呈"洋葱皮"样的痛觉障碍,触觉保留,常见于三叉神经脊束核的破坏性病变,如小脑后下动脉血栓形成、延髓空洞症等。三叉神经半月节以上损伤可出现患侧头面部皮肤及舌、口、鼻腔黏膜感觉缺失、角膜反射消失。三叉神经半月节以下受损可出现三叉神经各单支损伤表现,眼神经受损时,出现患侧睑裂以上皮肤感觉障碍,角膜反射消失。上颌神经损伤时可导致患侧下睑及上唇皮肤、上颌牙齿、牙龈及硬腭黏膜的感觉障碍。下颌神经受损时可导致患侧下颌牙齿、牙龈及舌前 2/3 和下颌皮肤感觉障碍。三叉神经刺激性病变可导致三叉神经痛,疼痛部位不超出三叉神经分布范围,常局限于一侧,以第二、三支最常受累。疼痛呈发作性电击样、刀割样、撕裂样剧痛,突发突止。疼痛发作常由说话、咀嚼、刷牙、洗脸等动作诱发,触摸鼻旁、口周、牙龈、眉弓内端等区域可引起疼痛发作,这些敏感区称为"扳机点"或"触发点"。②**角膜反射**(corneal reflex):一侧三叉神经麻痹可引起同侧眼直接角膜反射减退或消失、间接角膜反射均存在。常见于脑桥病变。③咀嚼肌运动障碍:一侧三叉神经麻痹可导致同侧咬肌和颞肌收缩无力,同侧翼肌麻痹,张口时下颌偏向患侧。

5. 面神经　支配额肌和眼轮匝肌的面神经背侧核受双侧大脑皮质支配,而支配口轮匝肌的面神经腹侧核仅受对侧大脑皮质支配。因此,临床上周围性面瘫和中枢性面瘫有明显不同(图9-22)。①**周围性面瘫**:为面神经核或面神经受损害所致。临床表现为病变同侧上、下部面肌均瘫痪,额纹消失、闭眼不能或无力、鼻唇沟变浅、口角歪向健侧。面神经在出脑干、穿行面神经管

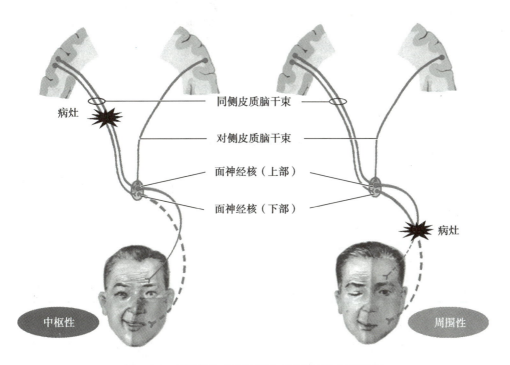

图 9-22　周围性和中枢性面瘫示意图（见书后彩图）

并经茎乳孔出颅过程中先后横过膝状神经节、分出镫骨神经和鼓索神经(图 9-23)，不同节段损害的临床表现各不相同，除周围性面瘫的临床表现以外，还有不同的伴随症状。脑桥内的面神经核发出纤维环绕外展神经核出脑干。当桥脑病变累及面神经时，外展神经及位于脑桥腹侧的锥体束均难于幸免，可出现病灶同侧周围性面瘫、外展神经麻痹，及病灶对侧肢体的上运动神经元性瘫痪(Millard-Gubler 综合征)，常见于脑干肿瘤、脱髓鞘疾病和脑桥梗死；小脑脑桥角病变除累及面神经外，邻近的三叉神经、位听神经及小脑均可能受累，除可导致周围性面瘫外，还可出现面部麻木、疼痛、咀嚼肌无力及萎缩，耳鸣、耳聋、眩晕以及共济失调等临床表现，称为"小脑脑桥角综合征"，多见于该部位肿瘤(尤以听神经瘤、胆脂瘤多见)、蛛网膜炎等；膝状神经节面神经损害常伴有耳后部剧烈疼痛、鼓膜和外耳道疱疹、舌前 2/3 味觉障碍及泪腺、唾液腺分泌障碍，称**亨特综合征**(Hunt syndrome)，见于膝状神经节带状疱疹感染；面神经管内损害伴舌前 2/3 味觉障碍及唾液腺分泌障碍，为面神经管内鼓索神经分支以上受累；如还伴有听觉过敏，则病变在镫骨神经以上；茎乳孔以外病变只表现为周围性面瘫，常见于腮腺肿瘤等(表 9-3)。②**中枢性面瘫**:

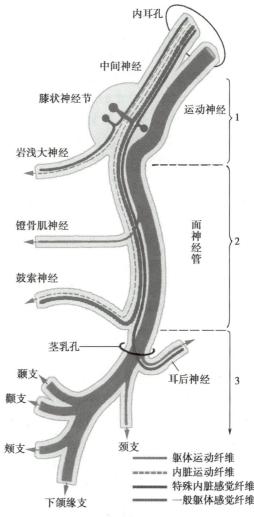

图 9-23　面神经各节段示意图（见书后彩图）

病灶对侧眼裂以下的表情肌瘫痪,眼裂以上的表情肌功能正常。表现为鼻唇沟变浅、口角歪向健侧,而额纹对称、闭目正常。多由对侧中央前回或皮质脑干束受损所致,常见于基底神经节区的病变。常因皮质脊髓束同时受损而伴有病灶对侧上运动神经元性舌瘫和肢体偏瘫。中央前回下部、面神经核等处的刺激性病变还可导致面肌抽搐,表现为眼睑和口角的间断性强直性抽动。

表 9-3　面神经各节段损害的临床表现

病变节段	周围性面瘫	舌前 2/3 味觉障碍	唾液分泌障碍	听觉过敏	泪液分泌障碍	Hunt 综合征
膝状神经节	+	+	+	+	+	+
镫骨肌支以上	+	+	+	+		
鼓索支以上	+	+	+			
茎乳孔以下	+					

6. 位听神经　位听神经由蜗神经和前庭神经组成。内耳或蜗神经病变可引起神经性(感音性)耳聋和耳鸣。前庭神经病变则导致眩晕、呕吐、眼球震颤和平衡障碍。常见于药物中毒、梅尼埃病、肿瘤、后循环卒中、多发性硬化、中枢神经系统感染和老年退行性病变等疾病。

7. 舌咽、迷走神经　舌咽和迷走神经的解剖和功能关系密切,常同时受累而产生延髓麻痹(paralysis bulbar)(延髓在神经发生学上称为球,故又称球麻痹)。两者的运动纤维均起源于延髓疑核,受双侧大脑皮层支配,因此,临床上一侧中枢性病变常不出现症状,周围性病变或双侧中枢性病变才会出现症状。前者导致真性延髓(球)麻痹,后者导致假性延髓(球)麻痹。①**真性延髓(球)麻痹**:主要导致构音障碍和吞咽困难,前者表现为声音嘶哑、鼻音、发音含混,甚至完全失音。后者表现为吞咽困难、饮水呛咳,甚至完全不能吞咽。单侧麻痹时悬雍垂偏向健侧,患侧腭弓低垂、软腭不能上提,咽反射迟钝或消失,常见于小脑后下动脉血栓形成、中枢神经系统感染等。双侧麻痹时悬雍垂居中,双侧腭弓低垂、软腭不能上提,咽反射迟钝或消失,常见于吉兰 - 巴雷综合征、运动神经元病、延髓空洞症等。②**假性延髓(球)麻痹**:同样出现构音障碍和吞咽困难,但咽反射存在或活跃,并伴有吸吮反射和掌颌反射等原始反射,多伴有双侧中枢性舌瘫和四肢瘫痪,下颌反射增强,无肌肉萎缩,并可出现强哭、强笑。常见于脑桥以上部位脑梗死、中毒和炎症。

8. 副神经　副神经分为延髓和脊髓两部分。延髓部分的纤维起源于疑核,并入迷走神经,负责发音动作,病变时可引起上述构音障碍。脊髓部分的纤维起源于上段颈髓前角细胞,经枕骨大孔入颅与延髓部分会合后从颈静脉孔出颅,支配同侧胸锁乳突肌和斜方肌负责转颈和耸肩动作。副神经在颈部横过颈后三角处因位置表浅,特别容易受伤,最常见的是手术副损伤,其中以颈后三角区淋巴结活检或摘除术所致损伤最为多见,发生率为 3%~6%,部分发生于颈部肿瘤切除手术及颈动脉手术中的副损伤。一侧副神经损害时可见同侧胸锁乳突肌和斜方肌萎缩,嘱病人分别向两侧转颈、耸肩并施加阻力时可见同侧胸锁乳突肌和斜方肌收缩无力。因对侧胸锁乳突肌占优势,故平静时下颏转向患侧,而在用力时向对侧转头无力,患侧肩下垂,不能耸肩,肩胛骨位置偏斜,并可见所支配的肌肉萎缩。肩胛骨移位可使臂丛神经受到慢性牵拉,导致患侧上肢上举和外展受限制。晚期由于瘢痕刺激可出现痉挛性挛缩(斜颈)畸形。双侧副神经损害时,患者头颈后仰及前屈无力。多见于炎症、颅底骨折、脊髓空洞症及颈部肿瘤等病变。

9. 舌下神经　舌下神经起源于延髓舌下神经核,受对侧大脑皮质支配,因此,一侧中枢性病变或周围性病变均可导致**舌肌瘫痪**,但中枢性舌瘫和周围性舌瘫的临床表现不同。①**周围性舌瘫**:为舌下神经核或舌下神经损害所致。伸舌偏向患侧,患侧可见舌肌萎缩、舌肌纤颤。双侧病

Note

变时舌不能伸出且后坠,可影响发音、呼吸和进食。常见于延髓病变。②**中枢性舌瘫**:为支配舌下神经核的对侧中央前回及皮质 - 脑干束受损所致。伸舌偏向健侧,无舌肌萎缩、舌肌纤颤,多伴有该侧的中枢性面瘫和肢体瘫痪。常见于脑血管疾病。后组脑神经(舌咽神经、迷走神经、副神经、舌下神经)皆发自延髓,相互关系甚为密切,统称延髓神经,临床上舌下神经常与其他后组脑神经同时损伤,以延髓(球)麻痹的形式出现,是舌下神经损伤最常见、最主要的临床表现形式。

(吕田明　钱亦华)

本章小结

脑干包括延髓、脑桥和中脑。脑干外形主要结构见表9-4。

表 9-4　脑干外形(腹侧面和背侧观)

	腹侧面观	背侧面观	相连脑神经
延髓	前正中裂,锥体交叉,锥体,橄榄,前外侧沟,后外侧沟	构成菱形窝的下半部,后正中沟,薄束结节,楔束结节,小脑下脚(绳状体)	Ⅸ、Ⅹ、Ⅺ(后外侧沟)　Ⅻ(前外侧沟)
脑桥	基底部,基底沟,小脑中脚(脑桥臂)	构成菱形窝的上半部,小脑上脚(结合臂),上髓帆	Ⅴ(桥臂)　Ⅵ、Ⅶ、Ⅷ(延髓脑桥沟)
中脑	大脑脚,脚间窝,后穿质	上丘,上丘臂,下丘,下丘臂	Ⅲ(脚间窝),Ⅳ(下丘下方)

脑神经有 12 对,共有 7 种纤维成分,按每对脑神经包含的纤维成分及其性质将这 12 对脑神经划分为三大类:①感觉性神经(Ⅰ、Ⅱ和Ⅷ);②运动性神经(Ⅲ、Ⅳ、Ⅵ、Ⅺ和Ⅻ);③混合性神经(Ⅴ、Ⅶ、Ⅸ和Ⅹ)。这些脑神经都经过颅底相应的孔或裂出入,除迷走神经外主要分布于头面、颈部的皮肤、黏膜、肌肉、腺体、血管、视器、位听器;迷走神经分布范围广,包括头面、颈、胸、腹相应的脏器、黏膜、肌肉、腺体、血管。

思考题

1. 试述脑干腹侧面结构。
2. 试述脑干背侧面结构。
3. 简述脑神经包含的纤维成分。
4. 简述支配舌的神经及其功能。
5. 试述脑神经中一般内脏运动纤维成分各自的功能。

参 考 文 献

1. 柏树令,应大君.系统解剖学.第8版.北京:人民卫生出版社,2013
2. 柏树令.系统解剖学.第2版.北京:人民卫生出版社,2010
3. 陈孝平、汪建平.外科学.第8版.北京:人民卫生出版社,2013
4. 吕厚山主译.成人关节重建与置换骨科核心知识.北京:人民卫生出版社,2009
5. 郭世绂.骨科临床解剖学.济南:山东科学技术出版社,2001
6. 王慰年.人工膝关节理论基础与临床应用.上海:复旦大学出版社,2004
7. 吴江.神经病学.第2版.北京:人民卫生出版社,2010
8. 贾建平,陈生弟.神经病学.北京:人民卫生出版社,2013
9. 刘晓加,吕田明.临床神经内科急诊学.北京:科学技术文献出版社,2009
10. Jones HR. Netter's neurology. 2nd ed. Philadelphia, PA: Elsevier/Saunders, 2011
11. 李江,庄逢源,宋立国.膝关节韧带生物力学研究进展.医用生物力学,2005,20(1):59-64

中英文名词对照索引

207

G

J

K

Y

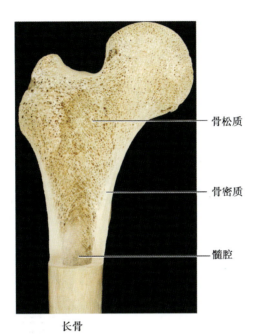

骨松质

骨密质

髓腔

长骨

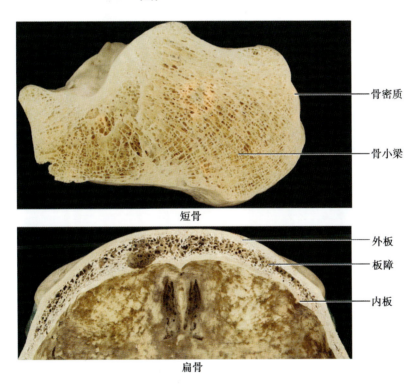

骨密质

骨小梁

短骨

外板

板障

内板

扁骨

彩图 1-1　骨的内部构造

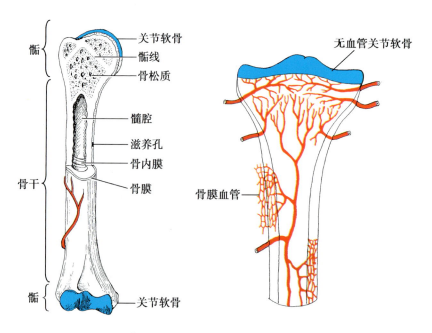

彩图 1-2　长骨的构造及血液供应

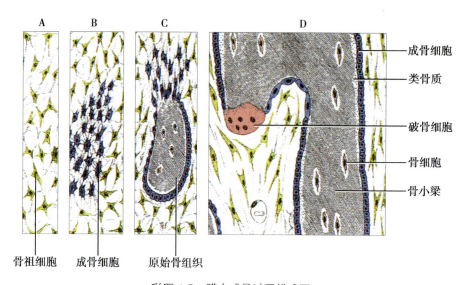

彩图 1-5　膜内成骨过程模式图

A. 未分化间充质细胞阶段,含骨祖细胞;B. 骨祖细胞分化为成骨细胞;C. 成骨细胞开始成骨,形成原始骨组织;D. 原始骨组织进一步生长和改建,形成骨小梁

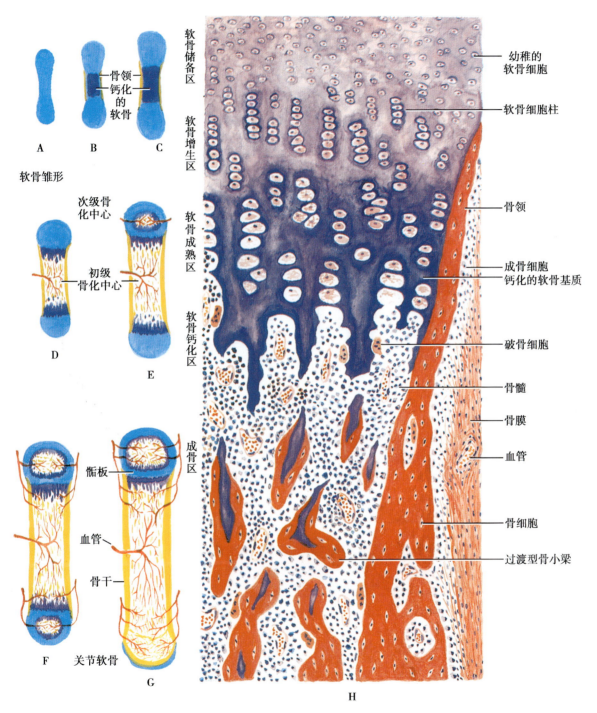

软骨储备区
软骨增生区
软骨成熟区
软骨钙化区
成骨区

软骨雏形

A　B　C

次级骨化中心

初级骨化中心

D　E

骺板

血管

骨干

F　关节软骨　G

幼稚的软骨细胞

软骨细胞柱

骨领

成骨细胞
钙化的软骨基质

破骨细胞

骨髓

骨膜

血管

骨细胞

过渡型骨小梁

H

彩图 1-6　长骨发生与生长过程模式图
A 至 G. 软骨内成骨及长骨生长；H. 骺板成骨

彩图 3-27　漏斗胸患者术前图像

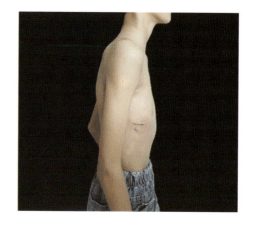

彩图 3-28　漏斗胸患者术后图像

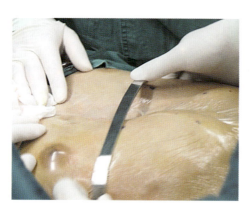

彩图 3-29　漏斗胸患者手术纠正图像

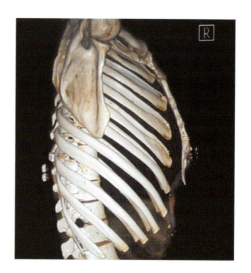

彩图 3-30　鸡胸患者 CT 三维重建
图像(侧面)

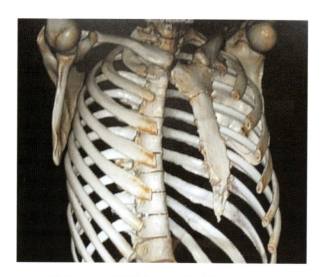

彩图 3-31　鸡胸患者 CT 三维重建图像(前面)

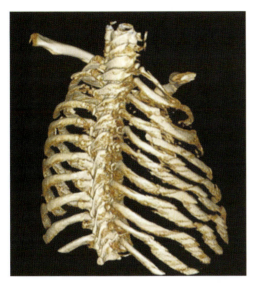

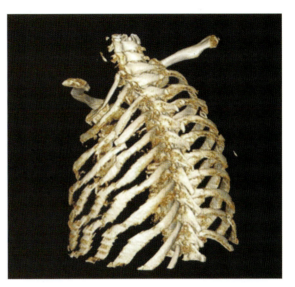

彩图 3-32　连枷胸患者 CT 三维重建图像（右侧）

彩图 3-33　连枷胸患者 CT 三维重建图像（左侧）

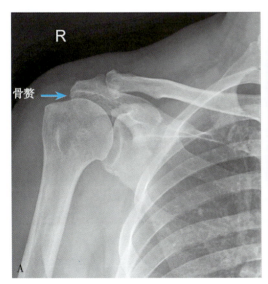

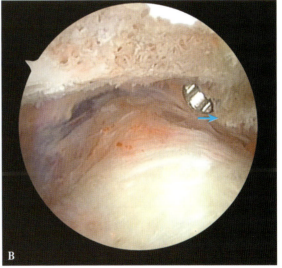

彩图 4-23　肩峰骨赘

A.肩关节正位 X 片显示:肩峰呈钩状,骨赘形成(箭头所示);B.关节镜下显示:肩峰处所形成的骨赘(箭头所示)

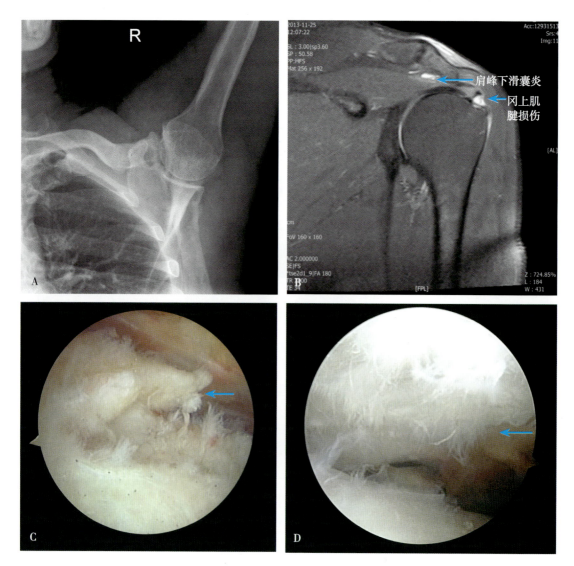

彩图 4-24　肩峰下撞击综合征

A. 肩关节处于外展、前屈、内旋时肩峰下间隙容积明显减小；B. 冠状位 MRI 显示：冈上肌腱断裂，伴肩峰下滑囊炎性表现。（箭头所示）；C. 关节镜下显示：冈上肌腱纤维撕裂。（箭头所示）；D. 关节镜下显示：肩峰下滑囊囊壁毛糙，纤维组织退变。（箭头所示）

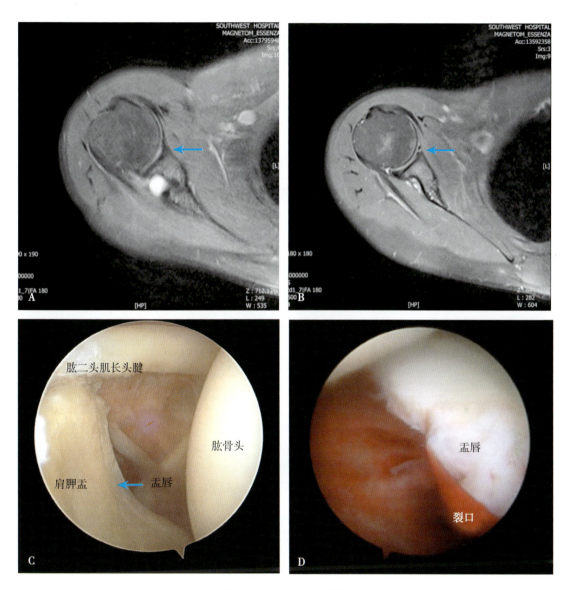

彩图 4-25 bankart 损伤

A. MRI（横断位）显示：正常肩关节前下盂唇结构完整，呈均一黑色三角形影像，与肩胛盂紧密附着。（箭头所示）；B. MRI（横断位）显示：右肩关节前下盂唇断裂，黑色三角形影像出现中断，断裂部位呈现白色高信号。（箭头所示）；C. 关节镜下显示：正常肩关节前下盂唇结构完整，紧密附着于肩胛盂。（箭头所示）；D. 关节镜下显示：右肩关节前下盂唇（白色组织）全层撕裂，自盂缘附着点向前移位形成纵行裂口，红色部分为裂口前方关节囊组织

彩图 5-28　股骨
近端的前、后弓

彩图 5-29　股骨假体柄（直柄）

彩图 5-30　股骨假体柄（解剖柄）

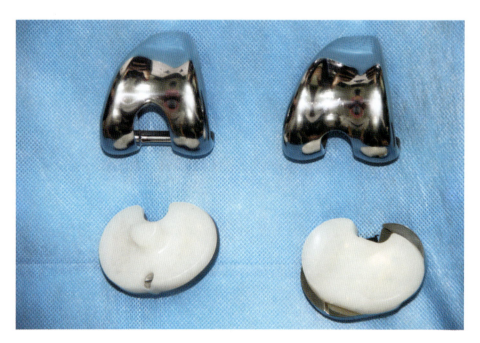

彩图 5-39　膝关节旋转平台与固定平台假体（左侧为固定平台，右侧为旋转平台）

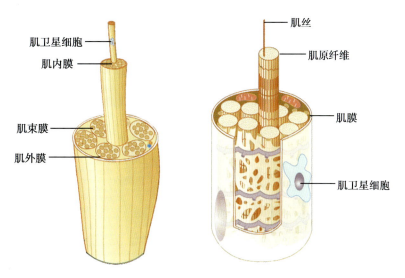

彩图 6-5　骨骼肌结构模式图

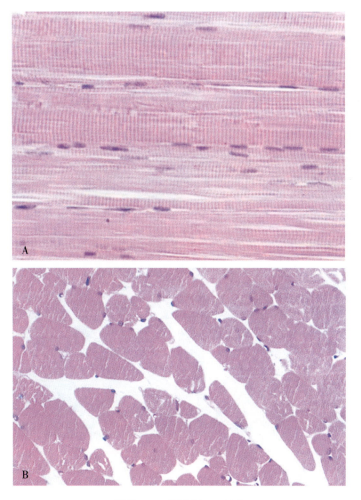

彩图 6-6　骨骼肌 HE 染色

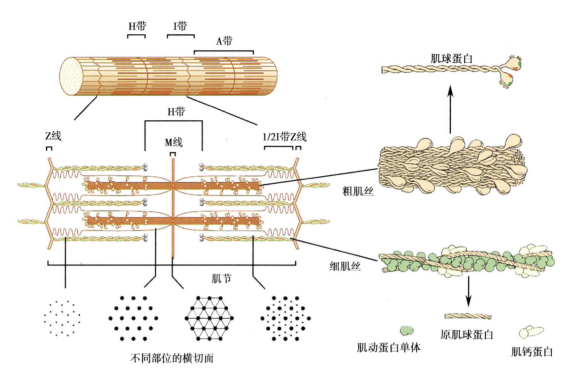

彩图 6-8　肌原纤维的超微结构和分子结构模式图

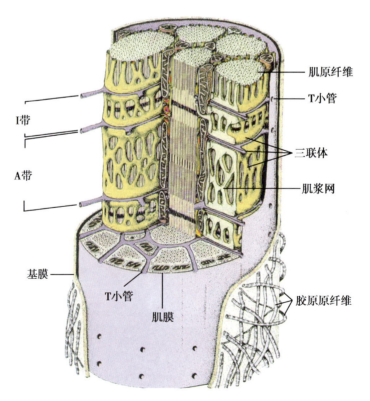

彩图 6-9　骨骼肌纤维超微结构立体模式图

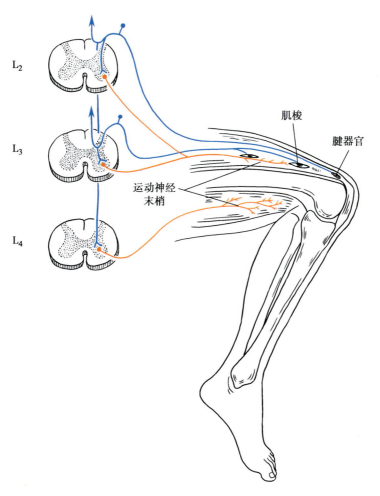

彩图 6-12　牵张反射模式图

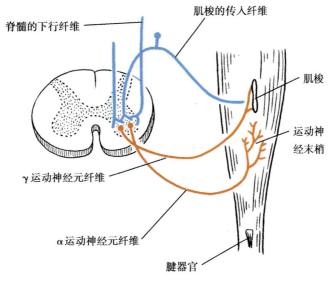

彩图 6-13　γ- 环路模式图

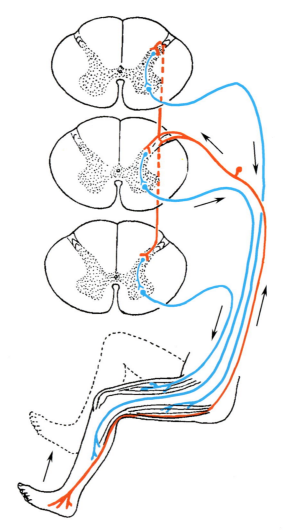

彩图 6-14　屈肌反射模式图

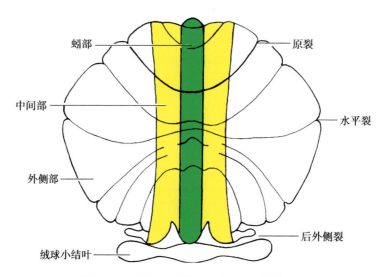

彩图 6-16　小脑皮质平面示意图(示小脑分区)

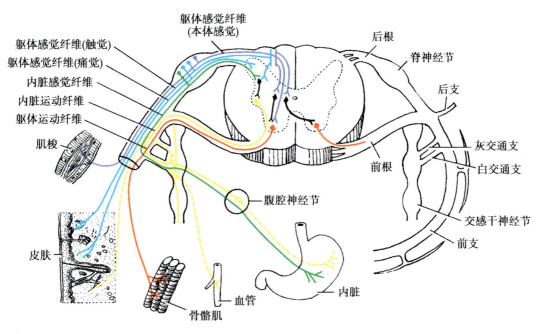

彩图 8-4　脊神经的组成、分支和分布示意图

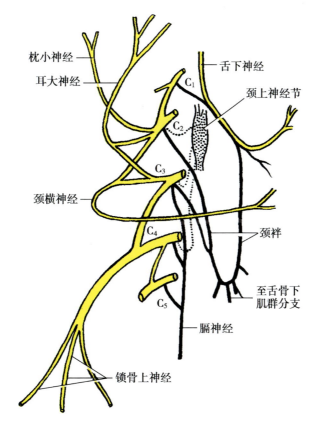

彩图 8-5　颈丛的组成及颈襻示意图

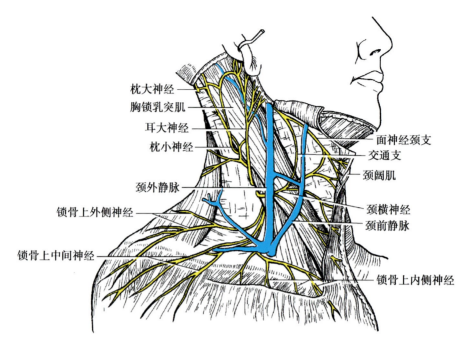

枕大神经
胸锁乳突肌
耳大神经
枕小神经
颈外静脉
锁骨上外侧神经
锁骨上中间神经

面神经颈支
交通支
颈阔肌
颈横神经
颈前静脉
锁骨上内侧神经

彩图 8-6　颈丛皮支的分布

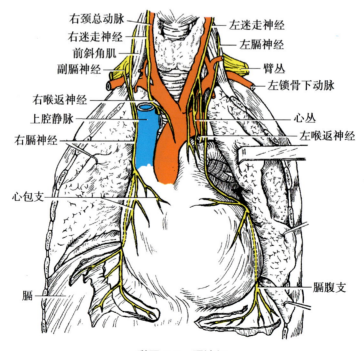

右颈总动脉
右迷走神经
前斜角肌
副膈神经
右喉返神经
上腔静脉
右膈神经
心包支
膈

左迷走神经
左膈神经
臂丛
左锁骨下动脉
心丛
左喉返神经
膈腹支

彩图 8-7　膈神经

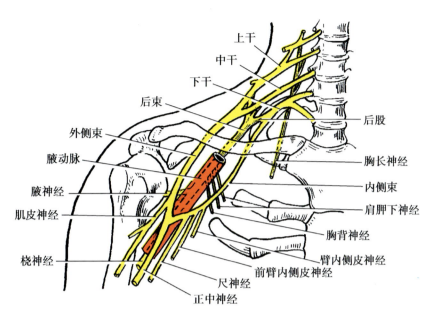

彩图 8-8　臂丛组成模式图

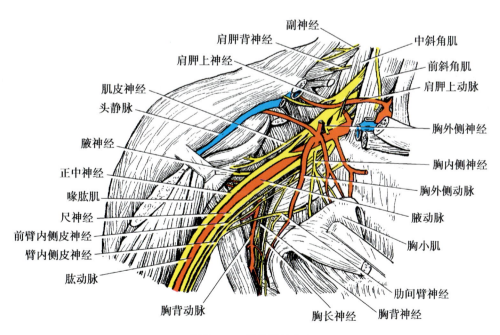

彩图 8-9　臂丛及其分支

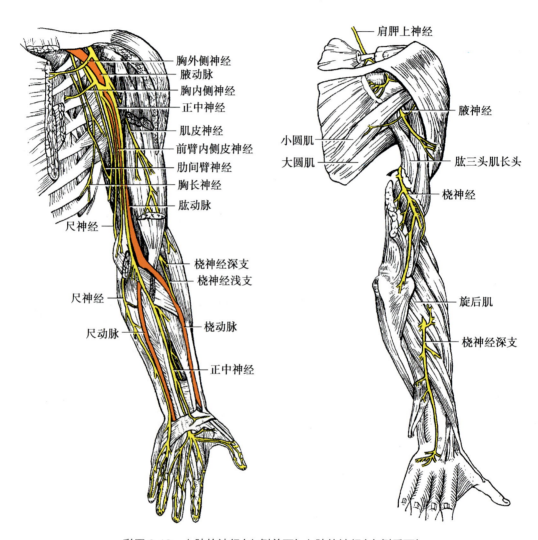

胸外侧神经
腋动脉
胸内侧神经
正中神经
肌皮神经
前臂内侧皮神经
肋间臂神经
胸长神经
肱动脉
尺神经
桡神经深支
桡神经浅支
尺神经
桡动脉
尺动脉
正中神经

肩胛上神经
腋神经
小圆肌
大圆肌
肱三头肌长头
桡神经
旋后肌
桡神经深支

彩图 8-10　上肢的神经(左侧前面)、上肢的神经(右侧后面)

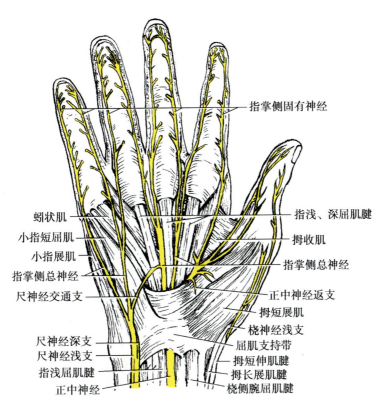

指掌侧固有神经

蚓状肌
小指短屈肌
小指展肌
指掌侧总神经
尺神经交通支

尺神经深支
尺神经浅支
指浅屈肌腱
正中神经

指浅、深屈肌腱
拇收肌
指掌侧总神经
正中神经返支
拇短展肌
桡神经浅支
屈肌支持带
拇短伸肌腱
拇长展肌腱
桡侧腕屈肌腱

彩图 8-11　手的神经（掌面）

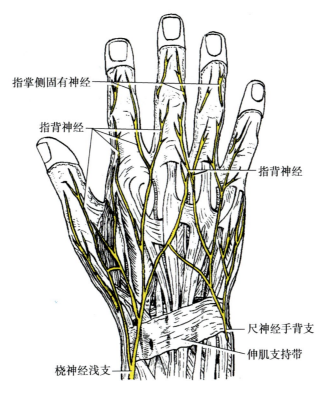

指掌侧固有神经

指背神经

指背神经

尺神经手背支
伸肌支持带

桡神经浅支

彩图 8-12　手的神经（背面）

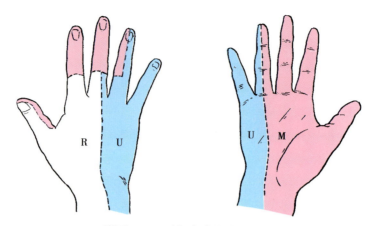

彩图 8-13　手部皮肤的神经分布
M. 正中神经；R. 桡神经；U. 尺神经

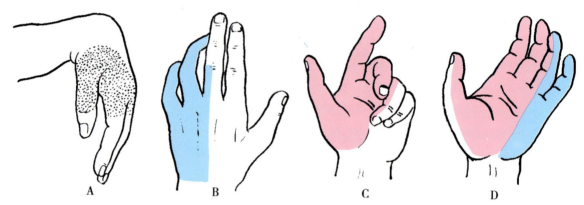

彩图 8-14　桡、尺和正中神经损伤时的手形及皮肤感觉丧失区
A. 垂腕（桡神经损伤）；B. 爪形手（尺神经损伤）；C. 正中神经损伤手形；D. 猿掌（正中神经与尺神经损伤）

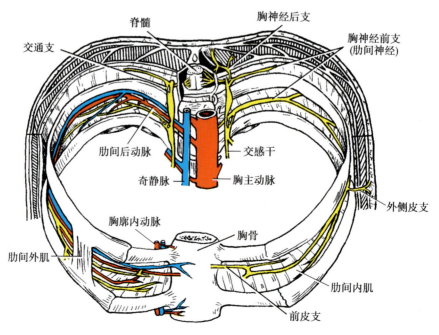

彩图 8-15　肋间神经走行及分支

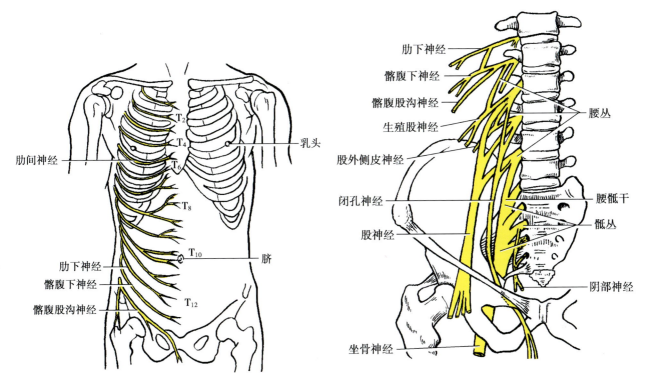

彩图 8-16　躯干皮神经的节段性分布

彩图 8-17　腰、骶丛的组成模式图

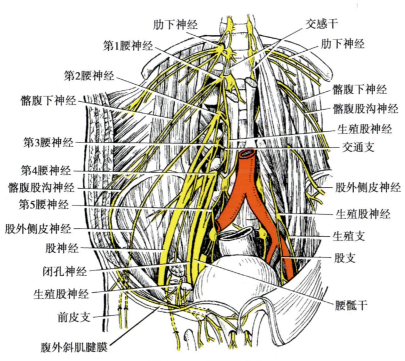

彩图 8-18　腰丛的分支

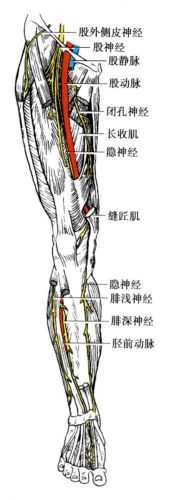

股外侧皮神经
股神经
股静脉
股动脉
闭孔神经
长收肌
隐神经

缝匠肌

隐神经
腓浅神经
腓深神经
胫前动脉

彩图 8-19　下肢的神经(前面)

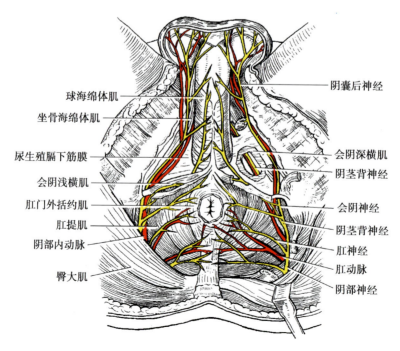

球海绵体肌
坐骨海绵体肌
尿生殖膈下筋膜
会阴浅横肌
肛门外括约肌
肛提肌
阴部内动脉
臀大肌

阴囊后神经

会阴深横肌
阴茎背神经
会阴神经
阴茎背神经
肛神经
肛动脉
阴部神经

彩图 8-20　会阴部的神经(男性)

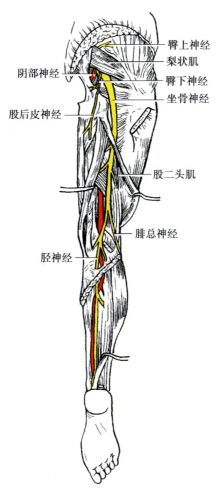

臀上神经
梨状肌
阴部神经
臀下神经
坐骨神经
股后皮神经
股二头肌
腓总神经
胫神经

彩图 8-21　下肢的神经(后面)

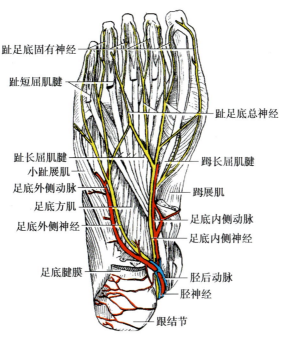

趾足底固有神经
趾短屈肌腱
趾足底总神经
趾长屈肌腱
𧿹长屈肌腱
小趾展肌
足底外侧动脉
𧿹展肌
足底方肌
足底内侧动脉
足底外侧神经
足底内侧神经
足底腱膜
胫后动脉
胫神经
跟结节

彩图 8-22　足底的神经

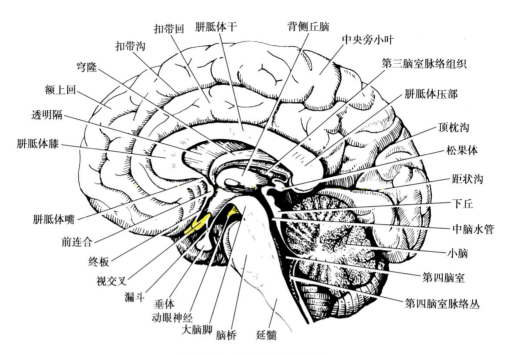

彩图 9-1　脑的正中矢状切面

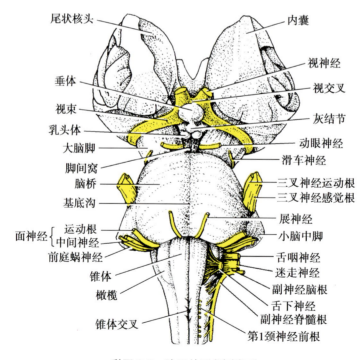

彩图 9-2　脑干外形(腹侧面)

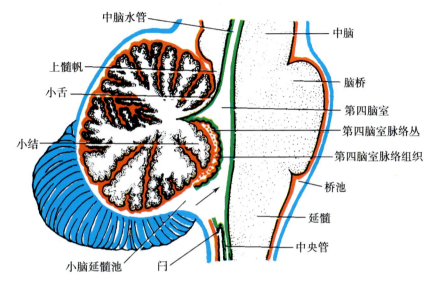

彩图 9-4　脑干、小脑和第四脑室正中矢状切面

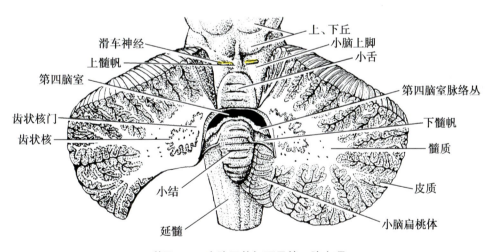

彩图 9-5　小脑冠状切面示第四脑室顶

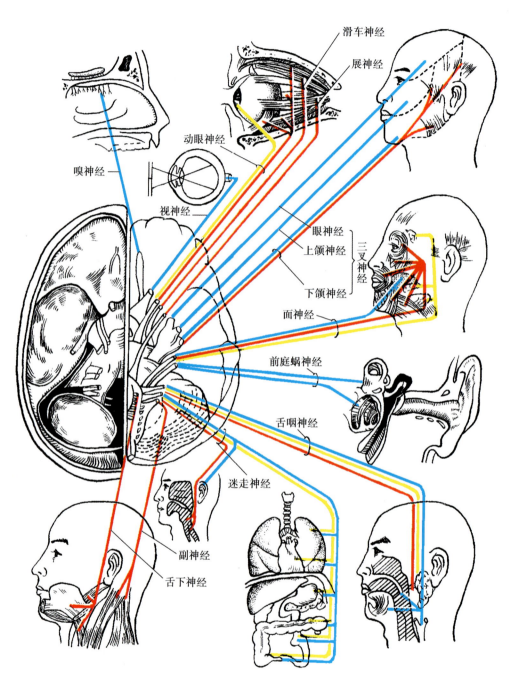

彩图 9-6　脑神经概况

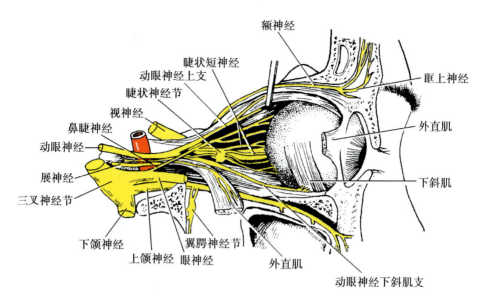

彩图 9-8　眶内的神经(右外侧面观)

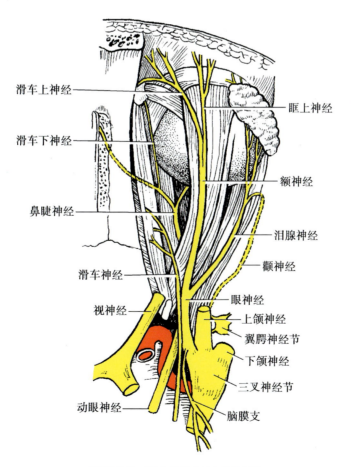

彩图 9-9　眶内的神经(右上面观)

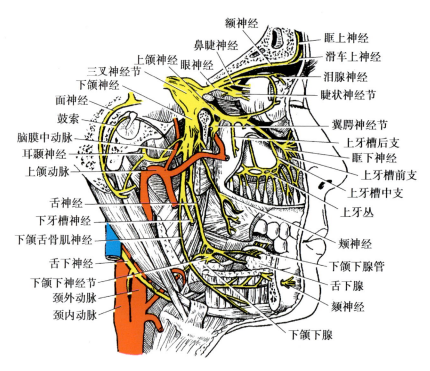

额神经
鼻睫神经
上颌神经　眼神经
三叉神经节
下颌神经
面神经
鼓索
脑膜中动脉
耳颞神经
上颌动脉
舌神经
下牙槽神经
下颌舌骨肌神经
舌下神经
下颌下神经节
颈外动脉
颈内动脉

眶上神经
滑车上神经
泪腺神经
睫状神经节
翼腭神经节
上牙槽后支
眶下神经
上牙槽前支
上牙槽中支
上牙丛
颊神经
下颌下腺管
舌下腺
颏神经
下颌下腺

彩图 9-10　三叉神经

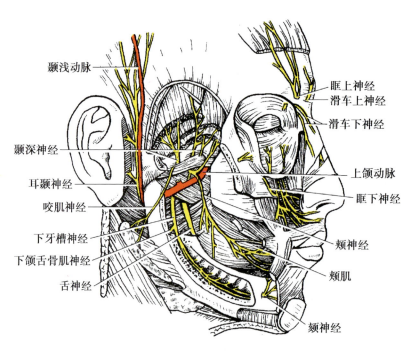

颞浅动脉

颞深神经

耳颞神经

咬肌神经

下牙槽神经

下颌舌骨肌神经

舌神经

眶上神经
滑车上神经
滑车下神经
上颌动脉
眶下神经
颊神经
颊肌
颏神经

彩图 9-11　下颌神经

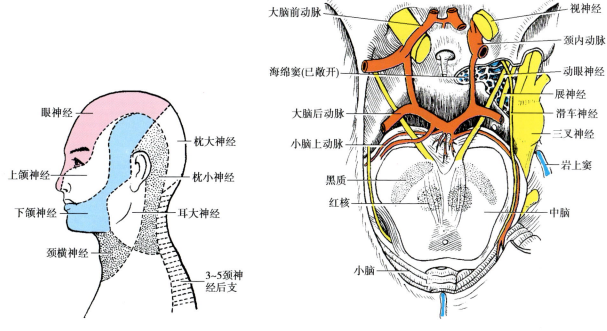

彩图 9-12　头面部皮肤分布示意图

彩图 9-13　眼外肌的神经与海绵窦的关系

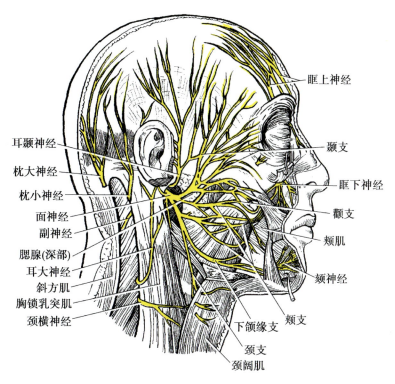

彩图 9-14　面神经在面部分支

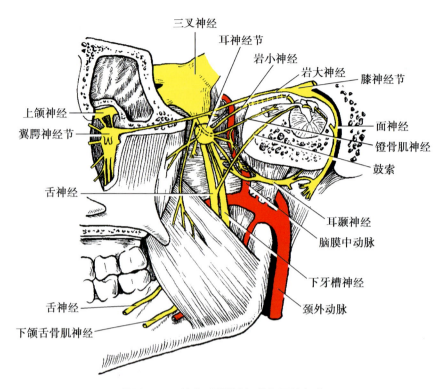

彩图 9-15　鼓索、翼腭神经节与耳神经节

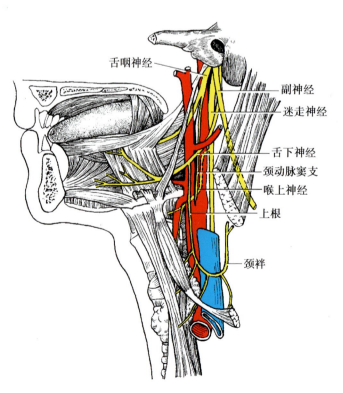

彩图 9-16　舌咽神经、迷走神经和舌下神经

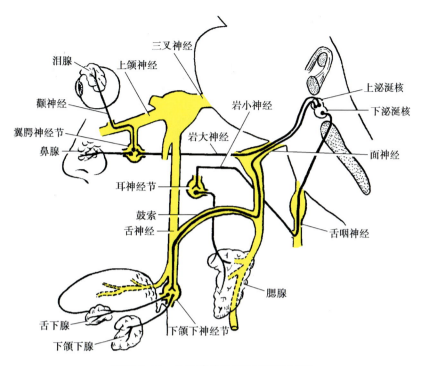

彩图 9-17　头部腺体的副交感纤维来源

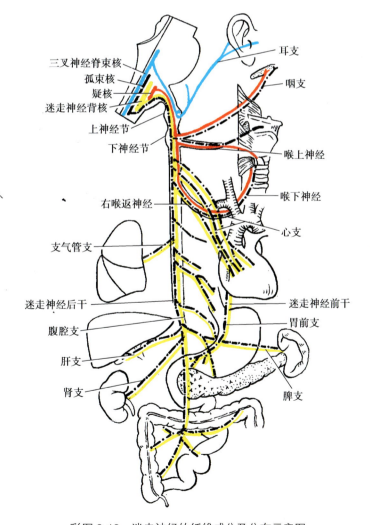

彩图 9-18　迷走神经的纤维成分及分布示意图

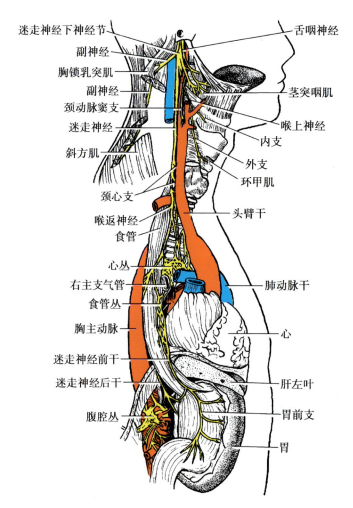

迷走神经下神经节
副神经
胸锁乳突肌
副神经
颈动脉窦支
迷走神经
斜方肌
颈心支
喉返神经
食管
心丛
右主支气管
食管丛
胸主动脉
迷走神经前干
迷走神经后干
腹腔丛

舌咽神经
茎突咽肌
喉上神经
内支
外支
环甲肌
头臂干
肺动脉干
心
肝左叶
胃前支
胃

彩图 9-19　舌咽神经、迷走神经和副神经

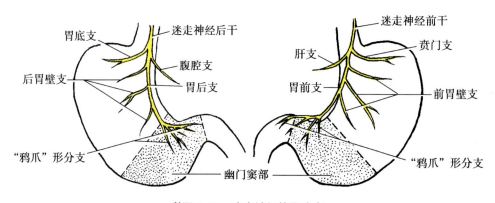

胃底支
后胃壁支
"鸦爪"形分支

迷走神经后干
腹腔支
胃后支

迷走神经前干
贲门支
肝支
胃前支
前胃壁支
"鸦爪"形分支

幽门窦部

彩图 9-20　迷走神经的胃分布

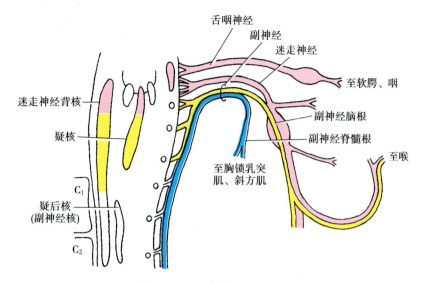

彩图 9-21　副神经两根示意图

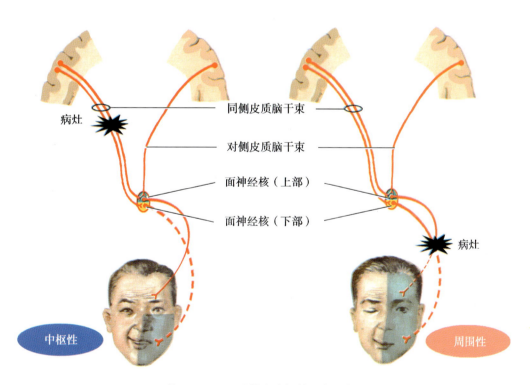

彩图 9-22　周围性和中枢性面瘫示意图

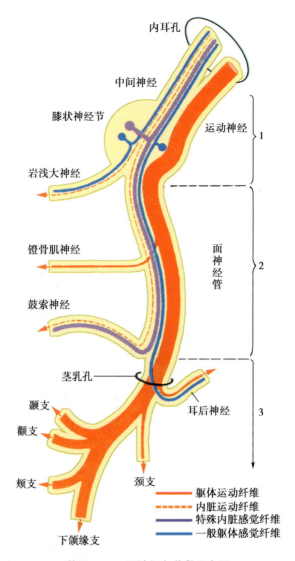

内耳孔

中间神经

膝状神经节

岩浅大神经

运动神经   1

镫骨肌神经

面神经管   2

鼓索神经

茎乳孔

耳后神经   3

颞支

颧支

颊支

颈支

下颌缘支

躯体运动纤维
内脏运动纤维
特殊内脏感觉纤维
一般躯体感觉纤维

彩图 9-23   面神经各节段示意图